$199

Dicen que un pesimista es un optimista con experiencia y que perdió la paciencia. Levy Yeyati cuenta con una rica experiencia, además de conocimiento y capacidad analítica, pero no ha perdido la paciencia. En este libro, único por su estilo, cobertura y profundidad, mantiene un férreo optimismo acerca de lo que puede lograr la Argentina en la etapa que se avecina. Pero no es un optimismo ingenuo o voluntarista. Está basado en lo que él llama "no quedar congelado en el presente". Mirar de frente los fracasos del pasado y las restricciones del presente, pero sólo para entender y sostener las promesas del futuro. No para asignar culpas. No para ganar algunos votos más. Pero sí para elaborar una hoja de ruta realista y convincente que permita a nuestro país realizar su potencial y romper los círculos viciosos. Este libro es excepcional en tal sentido. Es lectura indispensable para quienes deseen comprender la Argentina. Y mantener un optimismo realista.

MARIO BLEJER

Una exploración fascinante por las tierras del eslabón perdido del desarrollo argentino. Atrapante, original, bien escrito: este no es un ensayo más sobre los enigmas que nos desvelan como sociedad.

SEBASTIÁN CAMPANARIO

Uno de los verdaderos pensadores de lo que pasó, lo que pasa y lo que nos podría pasar si sabemos abstraernos de la coyuntura y pensar realmente qué país queremos y podemos construir.

ANDY FREIRE

El futuro de un país está menos determinado por la calidad de sus políticas actuales que por la calidad de sus ideas. Este libro lo hace a uno optimista sobre el futuro de la Argentina.

RICARDO HAUSMANN

Eduardo teje meticulosamente, con simplicidad pero sin exceso de simplificación, los rasgos estructurales y matices ilustrativos de una trama que nos ayuda a entender nuestro "curioso" país. Creencias, cultura, moral, prejuicios, política, economía, instituciones, finanzas, son muchos de los hilos elegidos para presentarnos un tejido inteligente, con múltiples focos de atención. Seguramente será fuente de encendidas polémicas, pero su fortaleza y aporte sustantivo es que mantiene permanente su obsesión por abstraer la esencia y los determinantes del desarrollo, desmitificando la apariencia de los hechos. Una atrapante indagación sobre nuestro pasado reciente, planteándonos con humildad la complejidad de una agenda de desarrollo, para poder construir una Argentina mejor.

BERNARDO KOSACOFF

El libro de Eduardo Levy Yeyati es, más que un desafío a mirarnos en el espejo, una provocación para decidir lo que queremos ser como sociedad y como Nación. Es, más que un mero repertorio de debilidades comunes, un ejercicio de esperanza para los argentinos. Reconocer lo que ocurre en el presente es el primer e imprescindible paso que nos permite recorrer el camino hacia el porvenir. De la Argentina futura, deseada y posible se trata este libro.

FACUNDO MANES

Eduardo Levy Yeyati

PORVENIR

Caminos al desarrollo argentino

Sudamericana

Levy Yeyati, Eduardo
   Porvenir - 1ª ed. - Buenos Aires :
Sudamericana, 2015.
   304 p. ; 23x16 cm. (Ensayo)

   ISBN 978-950-07-5288-6

   1. Ensayo Argentino. I. Título
   CDD A864

IMPRESO EN LA ARGENTINA

Queda hecho el depósito
que previene la ley 11.723.
© *2015, Random House Mondadori S.A.*
Humberto I 555, Buenos Aires.

www.megustaleer.com.ar

ISBN 978-950-07-5288-6

Esta edición de 4000 ejemplares
se terminó de imprimir en Elías Porter y Cía. S.R.L.,
Plaza 1202, Ciudad de Buenos Aires,
en el mes de junio de 2015.

Prefacio

Orígenes

A principios de 2012, junto con la doctora en Letras Karina Galperín y el economista fantasma Miguel Olivera, hacíamos *Tasas chinas*, "un wok de economía, política y cultura" (según decía la cortina del programa), que se transmitía en vivo desde Radio UBA los martes a la tarde (nunca sabremos para cuánta gente), con el que nos sacamos las ganas de tener nuestro propio programa, nuestro juguete. Las emisiones abrían con un monólogo libre que mezclaba temas varios de la semana tratando de eludir el tratamiento lineal y contenido del editorial clásico. Para no tirar esas ideas, luego las reescribía y las publicaba, domingo por medio, en la sección Ideas del diario *Perfil*.

Cuando hace un año nos pusimos a pensar con Roberto Montes, mi editor, una continuación de la serie de historia económica argentina (*La resurrección* y *Vamos por todo*), volví sobre estas columnas no sólo porque ya estaban escritas y me ahorraban parte del esfuerzo de producción, sino porque insinuaban un ensayo de aliento más amplio y menos atado a la crónica de la historia argentina reciente de los dos libros anteriores. Algo más afín a mi obsesión de auscultar el pasado para pensar el futuro de una Argentina siempre a punto de despegar, siempre atrapada en su laberinto de contradicciones, prejuicios y falsos dilemas.

Ante el obcecado rechazo de Roberto al concepto de la compilación, surgió la idea de usar las columnas como separadores de un libro que se metiera de manera más accesible y pausada en los temas que abordaban las columnas: el desarrollo perdido, las razones por las que elegimos a los gobiernos que elegimos, la relación entre la falta de líderes y nuestro destino circular, los caminos que se nos abren con el nuevo ciclo político. Por otro lado, la experiencia de estos treinta años de democracia indica que no podemos pensar la política económica argentina sin desplazar el foco desde la política (desde los políticos y sus tecnócratas, últimos culpables de todo) hacia la sociedad que los produce y, sobre todo, los vota. Este libro, en su exploración, ensaya este desplazamiento.

En un año signado por la retórica electoral, vale aclarar lo que este libro *no* es. Para empezar, no es un ensayo sobre mitos y simplificaciones. No intenta atar en una parábola improbable los "cien años de decadencia argentina" con la "maldición de los recursos naturales", el mantra del populismo o la tanguedia de la riqueza prematura.[1]

No es un ensayo fatalista que nos excusa de esfuerzos y acciones. Tampoco es un examen epidérmico sobre "qué nos pasa a los argentinos" ni un libro de indignación (ni un libro *contra* la indignación). No es una catarsis ni una asignación de culpas que nos consuele con la idea de que nuestro karma empieza y termina en unos pocos nombres, de que basta con un cambio de elenco para que todo mejore. No es una racionalización culposa de las malas elecciones: condenar a los malos gerentes no exime a los políticos que les dan las órdenes, ni a los votantes que los reeligen con pleno conocimiento de causa (en 1995 y en 2007 y en 2011). Por último, éste no es un libro sobre kirchnerismo; si bien el análisis se centra en un presente marcado por la influencia de la larga década de administración kirchnerista, el eje está menos en los actores oficiales que en su interacción con los verdaderos protagonistas: la sociedad, los votantes, nosotros. Nuestras creencias, nuestra cultura, nuestra moral, nuestros prejuicios.[2]

En suma, este libro intenta trazar un mapa de la Argentina de fin del ciclo, o de la Argentina de comienzos del nuevo ciclo, en la esperanza de que éste no sea apenas nuevo, otro más, sino el inicio de un camino gradual y sostenido hacia el desarrollo que nos viene eludiendo.

La economía es tan simple que la entiende un pibe que sepa sumar y restar; si no la entendés es porque te están engañando. Palabras más palabras menos, eso dijo Raúl Scalabrini Ortiz, pensador marxista-radical-peronista, referente del nacionalismo de entreguerras. La opinión no es inocua: está arraigada culturalmente y se extiende a otros aspectos del debate intelectual y político. Pero, sobre todo, la opinión es incorrecta: el desarrollo, la economía, las finanzas, las instituciones, la política, son conceptos complejos, difíciles de reducir a un conjunto de sumas y restas accesibles para el pibe de Scalabrini.

De hecho, parafraseando a Scalabrini, podríamos decir: si te parece simple —si alguien te explica en un par de líneas cómo hacer dinero y vivir de rentas, o cómo resolver el déficit de desarrollo, y todo te resulta claro y transparente—, es probable que te estén engañando. O que te estén contando sólo una parte de la historia.[3]

Cuentan que, exigido una y otra vez por un periodista para que le brindara una versión de la teoría de la relatividad que fuera lo suficientemente simple para sus lectores, Einstein contestó: "Podría decirle que la relatividad es masa más tiempo, pero le estaría hablando de otra cosa". Una versión anecdótica de la célebre "hagan las cosas tan simples como sea posible, pero no más simple que eso", también atribuida al físico alemán.[4] Simplicidad sin exceso de simplificación: ése es el criterio.

Este libro es menos un manual o una caja de herramientas que una exploración —y, a veces, una invocación. Contiene preguntas y respuestas, mira al presente para imaginar el futuro. Complejiza multiplicando ángulos y enfoques, simplifica hasta lo posible. Creo que el esfuerzo no es totalmente fútil: si no revisamos algunas creencias, será difícil que aparezca por arte de magia el estadista que exceda el rol meramente testimonial y nos libere de este fastidioso péndulo. La política no es autónoma, es un emergente de la sociedad que la genera. Para salir de la huella circular que venimos cavando hace más de treinta años tenemos que interpelarnos a nosotros mismos.

La Argentina está saturada de prejuicios. Está abrumada de presente y pasado, de coyuntura y cuentas pendientes. Por eso nos cuesta tanto pensarnos más allá de las próximas elecciones. Con este libro los invito a un ejercicio de distanciamiento de lo cotidiano, de suspensión del saber convencional.

Resistamos el desánimo y la bronca, bajemos las defensas, reconozcamos los errores y extendamos la mirada para comenzar a alumbrar una visión de la Argentina futura.

Fin de ciclo

Estamos con la heladera vacía a media tarde y no da para salir a la calle a chancletear en el asfalto viscoso. Mejor que esté vacía, para meter medio cuerpo adentro y refrescarnos cada vez que se corta la luz y el calor desciende como una nube de algodón sobre el departamento a oscuras. Faltan como mil horas para que llegue la noche o la lluvia y las esperamos quietos, boqueando.

Nos quedamos sin nafta a 50 kilómetros de todo y toca caminar o esperar a que alguien venga a recogernos. Midiendo las probabilidades, es mejor caminar. 50 kilómetros más adelante hay algo que puede o no ser un oasis y que, dada la situación, nada perdemos con imaginar como un oasis. Pero hay que cruzar el desierto. Mientras caminamos pensamos que no llegamos (con perdón de la aliteración), que esto no aguanta. Que el calor nos volverá locos y nos mataremos los unos a los otros como esos peces siameses que se devoraban entre sí en la película de Coppola. Rumble fish les decía Mickey Rourke, el chico de la motocicleta, y los comparaba con las banditas del gueto, apretadas en el calor y el hacinamiento, devorándose entre sí ante la mirada impávida o satisfecha de los policías irlandeses. ("Mirá los peces", le pedía sobre el final de la película el chico de la motocicleta al policía irlandés, "no se pelearían entre ellos si estuvieran en el río, si tuvieran espacio para vivir".) Así nosotros, mientras atravesamos los 50 km de desierto hasta el oasis que tal vez sea sólo un espejismo.

"Si querés garpar 200 pesos de luz cada dos meses no podés pretender que funcione siempre", decía un tuit de los días de apagones aleatorios. La premisa, en principio, aplicaría también a trenes y celulares (aunque tendría su contraejemplo en la educación, donde gastamos más e igual no funciona). Si pagás barato no podés pretender, es la

premisa. Pero ¿hasta qué punto es cierto? Nadie avisó que la tarifa subsidiada daba para veinte días de luz en verano, o que el abono telefónico incluía sólo dos hora de internet por día, o que el boleto barato venía con una ruleta rusa. ¿Cómo explicar ahora la letra chica del contrato populista, después de años de fiesta autocelebratoria y con 35 grados a la sombra? Esta penumbra caliente no es el mejor ambiente para reescribir el contrato, para racionalizar sus vueltas de 180 grados o las piruetas de sus becarios. Mal momento para explicar la naturaleza determinista de la década palíndromo: del corralito al desendeudamiento al corralito, de la recesión a las tasas chinas a la recesión, del descenso de Videla al ascenso de Milani. Y ahora resulta además que no teníamos ni para pagar la luz. El calor no ayuda, genera explosiones de bronca contenida, reacciones violentas, nos hace olvidar que el relato murió una muerte lenta y penosa en los últimos dos años y que hoy lo que queda es rescatar al país que estuvo hasta hace poco poseído por el relato. Nos queda rescatar el futuro, aunque más no sea para distraer la mirada de esta coyuntura pegajosa. Futuro es una palabra con resonancias líquidas, refrigeradas.

Nos quedamos sin nafta a 50 kilómetros de todo y por más que gritemos nadie nos vendrá a buscar. Estamos por las nuestras, como siempre. Así que hay que secarse el sudor, sacar las patas de la arena, levantar la mirada, cruzar el desierto.

Éste es el año del desierto.

1. Argentina en loop

Ciclos, palíndromos y psicología de café

Un día, mientras hablábamos sobre por qué el desarrollo argentino divergió del de países alguna vez comparables como Estados Unidos o Australia, Pablo Gerchunoff, querido amigo y maestro, me dijo que una de las razones probables del desencanto es que la Argentina fue rica demasiado pronto, a principios del siglo pasado, y luego dejó de serlo. Y hoy, aristócrata sin dinero, le cuesta acostumbrarse a no vivir de rentas, al lento trabajo de hacerse de abajo. De ahí nuestra relación conflictiva con el esfuerzo y el ahorro, o nuestra propensión a buscar atajos y comprar buzones, como el peso fuerte de la convertibilidad o la bonanza de la soja o Vaca Muerta.

Este síndrome de riqueza prematura (o de la abundancia perdida), simplista en su caracterización, es una buena puerta de entrada para abordar algunos aspectos que aún inciden en cómo nos vemos y qué esperamos de nosotros y del país.

El primer aspecto es psicológico: nos frustramos porque pensamos que merecemos más. Podríamos ir más lejos: recordamos una situación mejor de la que en efecto teníamos, lo que agrava la decepción. La nostalgia del granero del mundo, la pretensión de ser el representante de Europa en

América o esa incómoda divergencia con países con rique-
zas similares, aunque muy distintos, como Estados Unidos
o Australia, nos tientan con explicaciones simplistas o, peor
aún, con el reconocimiento resignado de la derrota. Más
allá de la obviedad de que otros crecieron más que nosotros,
y de que los niveles de ingreso de países cercanos se acer-
caron a los nuestros, tenemos los sentimientos encontrados
del aristócrata que ve crecer a su vecino humilde: autocon-
miseración, desdén y el impulso de encontrar algún chivo
expiatorio que nos exonere de culpas. O alimentamos un
conveniente escepticismo, subrayando el lado oscuro del
otro: la pobreza y la desigualdad, el costo de la educación,
el fracaso del sistema de transporte, incluso la elegancia de
sus mujeres; usamos cualquier cosa para bajarle el precio
al progreso relativo del vecino. Todo aderezado con una
propensión al rentismo cortoplacista y un desdén por el
esfuerzo casi el negativo del trabajador inmigrante.

El segundo aspecto del síndrome de riqueza prematura
es menos especulativo, más político: la Argentina tiene
desde hace décadas conflictos distributivos propios de
países de ingresos medios altos. Exigimos, no sin razón,
vivir como escandinavos, con vacaciones largas, servicios
públicos eficientes, educación y salud pública de calidad,
salarios altos y protección social y laboral extendida. Todas aspiraciones legítimas, surgidas de los años de acumulación de ahorro externo y de la incipiente industrialización de la Segunda Guerra Mundial, que chocaron
enseguida con la realidad de los términos de intercambio
declinantes, y de una administración perezosa y rentista
de los dones, que nos puso de lleno en la secuencia de crecimiento acelerado y caída igualmente acelerada que llega
hasta nuestros días (y que la anglófila jerga económica
bautizó como *stop and go*).[5]

Pensemos, por ejemplo, en la propensión al consumo de las clases medias, la contracara de nuestra escasa capacidad de ahorro como país —salvo, claro está, durante los dramáticos e indeseados ajustes de las crisis. El país consumista es parte de un círculo vicioso de difícil solución: ve como natural que se castigue al ahorrista con tasas de interés por debajo de la inflación, o con pesificaciones y defaults varios. Y es este sesgo prodeudor, este previsible y repetido castigo el ahorrista, lo que alimenta la propensión a consumir: mejor comprar hoy que invertir para consumir mañana, no sea cosa que mañana el ahorro haya sido licuado por la inflación o apropiado por los bancos, o arrebatado por la próxima crisis.

Este consumismo explica, a su vez, el voto cuota, cautivo y defensivo y, por definición, reacio al cambio. En la misma línea, el escaso ahorro de las familias incrementa su fragilidad de ingresos —el miedo literal de quedarse en la calle— potenciando la dependencia de las transferencias y subsidios del gobierno: las familias sin ahorros son grandes electores de la continuidad. El escaso ahorro nacional también incide sobre nuestra historia económica: nos ha llevado al endeudamiento externo, a la dependencia del capital extranjero y a la violencia de los ciclos financieros.

Pensemos también en nuestra relación conflictiva con las instituciones, que en la Argentina muchas veces están para flexibilizarse o torcerse. De nuevo, conviene no simplificar: hay un ancho intervalo entre la rígida literalidad que uno atribuye a alemanes y estadounidenses (el actuar *by the book*) y el "todo vale" canchero del argentino con el que nos negamos (y nos vengamos) de los límites que nos imponen las instituciones. Pero en nuestra relativización de las instituciones o nuestro ninguneo de la autoridad uno puede intuir la ansiedad por llegar antes, por recuperar lo que sentimos que nos pertenece. La resistencia adolescente a los duros límites de la realidad.

La Argentina es el país en el que cualquiera puede hacer cualquier cosa: desde las pequeñas manifestaciones del país okupa —el auto en doble fila, el perro en el arenero de la plaza, el "trapito" o el mantero o el restaurante en la vereda— hasta la aceptación social de la corrupción, son señales de nuestro desprecio por las reglas, de nuestra impugnación e inmediata descalificación de la autoridad y las reglas como "botonas" y "ortibas", o represivas, conservadoras y reaccionarias.

Argentina: lugar común

Cuentan que el premio Nobel de Economía Simon Kuznets decía que había cuatro categorías de países: los desarrollados, los subdesarrollados, Japón y Argentina.[6] Con esto no sólo insinuaba un supuesto carácter especial, único de nuestro país, sino sobre todo una suerte de determinismo económico de compartimientos estancos. Más allá de las políticas y experimentos con los que se intente torcer el destino, un país será lo que fue.

La historia mostró que esta distinción de Kuznets (probablemente apócrifa, vale aclarar) era más tenue de lo que él imaginaba: países como Israel, Singapur o Corea se desarrollaron, mientras que países desarrollados como Grecia perdieron su brillo. Y Japón, el campeón de los 80, entró en los 90 en una recesión de la que aún no sale.

Sin embargo, desde aquel enunciado hasta la más reciente tapa del semanario británico *The Economist* que muestra a un Messi desangelado y de espaldas, la Argentina sigue siendo vista como el paradigma de lo inclasificable, de la oportunidad perdida, del fracaso previsible e inexplicable. La Argentina es el blanco fácil del lugar común, al que la prensa extranjera vuelve como se vuelve al celebrity que dio el mal paso, en busca de la nota didáctica y sentimental. La Argentina es ese amigo prometedor y canchero cuyo fracaso apena en público y regocija en privado. Incluso a los propios argentinos.

"Hay mucho para amar de Argentina", decía en 2014 *The Economist*, y se devanaba lo sesos pensando por qué dejamos de ser ricos como lo éramos en 1920. "Desde sus gloriosos descampados patagónicos hasta el mejor futbolista del mundo, Lionel Messi", incluyendo "la gente más apuesta del planeta", abundaba en elogios de observador casual el corresponsal británico, desde su mesa de Palermo o Puerto Madero. Pero enseguida advertía que el país era un desastre: "Harrods cerró en 1998".[7] (Puesto así: Patagonia, Messi y gente linda de un lado, Harrods del otro, no parece que tengamos un problema insalvable. Lamentablemente, la realidad es menos pintoresca que lo percibido por el corresponsal en su breve periplo porteño.)

Tenemos que resistir estas simplificaciones. La Argentina, como cualquier otro país, no es raro ni excepcional. Es, apenas, complejo. Y si algo caracteriza la "complejidad" argentina es su inconstancia, eso que el frío lenguaje científico llama "volatilidad". La Argentina es inconstante tanto en su economía como en sus expectativas y consensos. Así como pasamos de la recesión del siglo a las tasas chinas, transitamos del fatalismo de las crisis al triunfalismo de las recuperaciones.

Este resultadismo influye en nuestros políticos: después de todo, la política es un emergente de su sociedad de origen y, como tal, refleja sus valores, consensos e ilusiones. Quizás por eso pocos países latinoamericanos exhiben la pendularidad de ideas y enfoques que mostró la Argentina en los últimos treinta años. Pensemos en la proliferación de etiquetas: republicanismo, populismo, liberalismo, aperturismo, progresismo, estatismo, proteccionismo. O en la experimentación constante, y muchas veces circular. O en la bipolaridad de las expectativas.

Podríamos hablar, por ejemplo, de las asignaturas pendientes. Decir que, después de treinta años de democracia y diez de bonanza, tenemos 30% de inflación, saldo comercial cero y crecimiento enano. Que tenemos un déficit fiscal contenido con ajuste de jubilaciones, reservas internacionales flaqueando a pesar de los cepos, servicios públicos anémicos, viviendas precarias, educación a marzo. Podríamos decir, en suma, que la Argentina está condenada al fracaso.

O podríamos hablar, en cambio, de todo lo bueno que nos espera. Decir que tenemos recursos naturales, financiamiento externo haciendo fila para entrar y capital humano para industrializar nuestros productos primarios o desarrollar servicios de exportación. Que a pesar del desgaste de nuestra imagen internacional, el país está en una posición privilegiada para recuperar su rol de articulador diplomático regional, como el que juegan Francia en Europa o Corea en Asia. Que un país que se levanta de las cenizas como lo hizo la Argentina en 2002 tiene el capital empresarial para encontrarle la vuelta al desarrollo sin emular a países con recursos y realidades políticas distantes. Podríamos decir, en suma, que la Argentina está condenada al éxito.

En ambos casos, nos sacamos de encima la tarea, desplazamos la responsabilidad hacia afuera, adoptamos la actitud pasiva de quien merece lo peor o lo mejor. A las propuestas constructivas oponemos el fatalismo: eso nunca será posible con nuestros políticos, nuestra corrupción, nuestras instituciones. Seguí soñando. Y de pronto, en un giro ciclotímico digno de otras disciplinas, crecemos a tasas chinas un par de años y enseguida nos subimos al caballo del nuevo modelo nacional y popular, ninguneando a los países que crecen de manera más pausada y esforzada, sólo para volver al fatalismo del subdesarrollo cuando más tarde el crecimiento se detiene y comienzan los controles y restricciones típicos del gastador sin plan de contingencia. Hasta que la nueva ilusión, la soja o el petróleo o la lluvia de dólares, nos devuelve las esperanzas y la propensión a asignar recursos que aún no tenemos. ¿Será que la estabilidad nos angustia?

Condenados al fracaso: Esperando la crisis

A fines de 2006, con crecimiento a tasas chinas, superávits gemelos e indicadores sociales recuperados, la Argentina parecía condenada al éxito; a fines de 2013, apagones, cacerolazos y paros nos traían ominosos recuerdos de 2001. El paralelo de la "década ganada" de la posconvertibilidad (2002 a 2012) con la "década ganada" de la poshiperinflación alfonsinista (1989 a 1999) era poco halagador. "Lo único que pregunto es si la crisis llegará antes o después de las elecciones", me consultaba una lectora después de leer una de mis columnas en *Perfil*.[8] "Esto así no dura", resumía un colega en enero de 2013 con la combinación de inflación en ascenso, reservas en descenso, brecha cambiaria bolivariana, crecimiento japonés y malestar social latente.

Este tipo de impresiones emocionales, sin embargo, suele pintar mejor el árbol que el bosque.

Vivimos esperando la definición. Hace décadas que el país oscila, parafraseando a Gerchunoff y Llach, de la ilusión de la recuperación al desencanto de la crisis.[9] No tenemos registro de períodos de crecimiento lento pero seguro, ni de largas recesiones. Lo más parecido a una recesión, la odisea aliancista, fue en realidad un lento descarrilamiento.

Tal vez por eso nos cuesta concebir un escenario malo en el que nada cambia, o en el que todo cambia de manera pausada, imperceptible, como en un estofado lento. Tenemos una aversión natural a la medianía, especialmente si esta medianía intermedia, neurótica, está asociada al malestar y a la postergación. Soñamos con un desenlace, un cierre, y así alimentamos las fantasías de crisis o recuperación.

¿Rebotamos o colapsamos? Ésas son las dos opciones en el menú. Pero en la Argentina actual la dinámica de una crisis es casi tan difícil de delinear como las razones de un despegue espontáneo. Para que algo se rompa hace falta una fragilidad, como el déficit crónico heredado del sobreendeudamiento ochentista en 1989, o el sobreendeudamiento en dólares heredado de la convertibilidad noventista en 2001. Sin éstos, lo más probable es el estancamiento. Ni emergencia ni hundimiento sino una lenta y prolongada deriva, justo en el punto medio entre el colapso y el milagro.

¿Por qué no hubo crisis? Las razones son varias. Hoy el endeudamiento es bajo, aun contando las deudas pendientes. El déficit fiscal es alto (4,5% del PBI) pero manejable, e incluye subsidios a la clase media que debieron haber sido reducidos hace tiempo. La inflación podría atacarse de manera incruenta con una combinación de transparencia (un IPC genuino), política (un Banco Central con un programa monetario) y un acuerdo de precios y salarios alrededor de una pauta de inflación. Y la escasez de dólares se debe menos a la apreciación del peso que a la obcecación del gobierno por alienar al capital privado, extranjero y local. Simplificando, podría concluirse que si la Argentina moderara la inflación y recibiera inversiones extranjeras en petróleo, minería e infraestructura —algo que todos descuentan sucederá a partir de 2016 con el próximo gobierno— el tipo de cambio estaría más cerca del oficial que del paralelo, los controles serían redundantes, reviviría el crédito de mediano plazo y el crecimiento convergería al promedio regional.

Una crisis económica es la manera traumática de resolver un reacomodamiento que no puede instrumentarse de manera gradual: una quita de deuda, una devaluación real permanente de la moneda, un ajuste de ingresos reales. Pero si el escenario de llegada no difiere mucho del de partida, si no existe esta necesidad de un reacomodamiento brusco, no hay razones para que la acumulación de errores precipite una corrección masiva. Con un tipo de cambio bajo presión pero que al final del día podría ser no muy distinto del actual y un déficit que se estira pero sin llegar al desmadre de los 80, podríamos decir que el colapso de 2001 y la terapia intensiva de 2002 hicieron que la Argentina transite de la penuria extrema de las crisis al malestar cíclico de las recesiones.

Condenados al éxito: Esperando la lluvia de dólares

Si del lado de los escépticos la palabra fetiche es crisis, la pata de conejo de los optimistas es la lluvia de dólares. O era, habida cuenta del desplazamiento del viento global y la caída, previsible en el tiempo pero sorprendente en la magnitud, del precio del petróleo.

La lluvia obedecería en principio a dos factores. El primero es lo que no llegó en los años precedentes: muchos de nuestros recursos naturales (minería, petróleo, incluso el campo) han sido blindados del capital extranjero por una combinación de retórica anticapitalista y regulaciones y controles. Casi nadie hunde capital en un país si hay riesgo de una confiscación ulterior ya sea por aumento de impuestos, regulación de la tasa de ganancia con restricciones de precios y de exportaciones o, en el extremo, prohibición de retiro de los dividendos obtenidos en el país. Y los que lo hunden se aseguran algún acceso privilegiado al poder (aunque a veces ni eso es viable, como lo demuestra la fallida eskenización de YPF-Repsol). Así, desprovista de inversiones, la tierra argentina vale la mitad que la tierra comparable en Chile o Paraguay, la minería produce muy por debajo de su potencial y el petróleo espera bajo tierra.

Este argumento se alimenta de un dato cierto: en el mundo hay mucho dinero sin invertir. Sin entrar en detalles, digamos apenas que la expansión monetaria en los Estados Unidos para salir de la crisis llenó el mundo de dólares y que la crisis europea redujo a bonos basura las emisiones de países como Grecia o España, que hace unos años eran considerados activos seguros. Esta combinación de muchos dólares y pocos activos de reserva pone al inversor ansioso por explorar opciones más redituables y hace más atractivas la deuda, las acciones y las inversiones reales (campos, minería, petróleo, empresas) de las economías en desarrollo.

El segundo factor detrás de la esperada lluvia de dólares es más específico y lleva un nombre premonitorio: Vaca Muerta. Como antes lo fue la soja, Vaca Muerta es la ilusión reconfortante de este consenso de gente rica, políticos y votantes, que aspiran a vivir de rentas. Vaca Muerta es la bala de plata de nuestra ilusión rentista, el *leitmotiv* de nuestra complacencia.

La mala noticia es que ni la lluvia de dólares ni Vaca Muerta son lo que parecen. Las inversiones vendrán y elevarán la producción del complejo petrominero y la producción (y los precios) de los campos. Y Vaca Muerta dará sus frutos, al menos en las áreas con bajos costos de extracción que puedan ser rentables con precios más bajos de gas y petróleo. Pero los capitales se concentrarán en actividades extractivas con un derrame limitado en la economía local, y con una renta concentrada en firmas internacionales y en el gobierno, según la carga impositiva que se fije al comienzo. Y la rentabilidad de Vaca Muerta no es tan alta como sueña el político panglossiano, sobre todo con el precio del petróleo lejos de sus picos.[10] En todo caso, no da para distribuir a todo el país: la nueva ley de hidrocarburos concentra la renta en las empresas (en particular, YPF) y en las provincias petroleras. Al resto le tocará lo que el Estado Nacional pueda obtener y distribuir vía impuestos y transferencias.

Además, aun si la lluvia viniera por unos años aprovechando los precios de liquidación de nuestros activos, esto no aseguraría el desarrollo —de hecho, podría demorarlo. Como el pobre que gana la lotería sin saber qué hacer con su dinero, un país subdesarrollado sin instituciones ni capacidad estatal de gestión, sin una visión de desarrollo que oriente la asignación de la bonanza, puede consumir su riqueza repentina demasiado rápido, como lo hizo hace un siglo, sin reproducirla. Así como la lluvia de dólares es la excusa para soslayar la obviedad de que en un país con alto déficit es imposible gastar más y cobrar menos impuestos, de materializarse puede ser la excusa para no avanzar con las reformas necesarias hasta que sea demasiado tarde. En regímenes presidencialistas como el nuestro, se sabe, lo que no se prepara en los primeros seis meses y se aprueba el primer año de gobierno, difícilmente vea la luz una vez que se acerque la elección de medio término (a los dos años) y menos aun cuando se vislumbra el horizonte de la reelección, inhibidor natural de cualquier reforma que involucre un riesgo político. En ese contexto, la abundancia efímera puede ser un salvavidas de plomo.

Resumiendo, ni crisis ni maná del cielo. Tenemos que resistir las simplificaciones. La Argentina no está condenada ni al éxito ni al fracaso. No está condenada a nada. O, mejor dicho, está condenada a nosotros mismos. A su gente, sus líderes y sus votantes.

El ciclo como palíndromo

La memoria es muchas veces perezosa. Cuesta pensar para atrás, de dónde venimos. Pero la mayoría de los razonamientos sufre un déficit de perspectiva histórica. La historia, sus grandes líneas, echan una luz distinta sobre el presente. Y nos permite levantar algunos prejuicios y preconceptos, primer paso esencial para salir del loop.

¿De dónde venimos?

Sinteticemos todo en un solo párrafo largo. La crisis de la deuda de principio de los 80 nos llevó al déficit crónico (para pagar la deuda) del resto de esa década, a la emisión desesperada de moneda, el colapso de las tablitas y las hiperinflaciones. Las hiperinflaciones que voltearon al gobierno de Alfonsín nos llevaron al atajo, también desesperado, de la "convertibilidad" (para bajar la inflación), que a su vez derivó en el endeudamiento en dólares de los 90, el enamoramiento con el dólar como remedio para la incontinencia monetaria, la ilusión del uno a uno eterno, y la recesión de 1998 que, tras una larga agonía, derivó a su vez en la crisis de 2001, los controles cambiarios y el default. La crisis de 2001 nos llevó a una licuación de pasivos públicos y privados y a una combinación de salarios bajos y tarifas subsidiadas que aceleraron una recuperación basada en una rentabilidad privada extraordinaria, hasta que la inflación y el déficit y el obcecado rechazo del financiamiento externo terminaron otra vez en la corrida cambiaria, los controles, el default.

En una charla reciente con Michael Reid, hasta hace poco director para Latinoamérica de *The Economist*, le describía la década posconvertibilidad como un palíndromo.[11] Partimos en 2000 con déficits gemelos (fiscal y externo), destrucción de empleo y salario, aumento de la pobreza y la inequidad, crecimiento nulo, exceso de endeudamiento, caída de reservas, moneda sobrevaluada. De ahí pasamos en 2002 al desendeudamiento con un peso devaluado, crecimiento a tasas chinas, recuperación del empleo y el salario, mejora de la pobreza y la equidad, acumulación de reservas, superávits gemelos. A los pocos años volvimos sobre nuestros pasos: lenta apreciación del peso, pérdida de los superávits, caída de reservas, pérdida de empleo y reducción de salarios, aumento de la pobreza y la inequidad, recesión y endeudamiento.

Naturalmente, el arco de estos años no es perfectamente simétrico: la historia es siempre más compleja que las formas clásicas, y no se repite a sí misma más que a grandes rasgos. No estamos en 2001, ni 2016 será como 2003. Pero el guión de la década se parece demasiado a una secuencia capicúa, una película pasada primero para adelante, luego para atrás. De la crisis al milagro a la crisis y vuelta a empezar. Esta belleza canónica del palíndromo esconde una interpretación más conceptual y menos halagadora de los últimos años: la aparente imposibilidad de escapar la ronda de repeticiones. Y una insinuación, la posibilidad de que efectivamente 2016 sea como 2003, y 2020 como 2015.

Las ruinas discursivas de la experimentación

La Argentina ha sido en estos treinta y dos años de democracia un laboratorio de políticas. Intentó y fracasó con la socialdemocracia europea alfonsinista en los 80, con el populismo de derecha menemista en los 90 y con el populismo de izquierda en los años 2000.[12] Tres décadas de fallidas transposiciones ideológicas, jaqueadas por condiciones externas. ¿Pero hasta qué punto es cierto esto último?

El contexto internacional no pudo ser más favorable al experimento de los 2000.[13] Y tampoco fue adverso durante la gestación del endeudamiento externo de los 90, fruto de las expectativas infladas y la voracidad fiscal de un gobierno que creía que crecería al 7% para siempre financiado con ingreso de capitales, y que sólo pensaba en la reelección eterna.

Y quién asegura que Alfonsín habría encontrado la paz fiscal o avanzado con el plan modernizador de Rodolfo Terragno si el plan Brady que redujo el servicio de la deuda externa y pateó los pagos diez años para adelante hubiera aparecido no en 1991 sino en 1989, cuando la oposición peronista militaba en Washington la fuga de capitales. Quién dice que habría encontrado los votos que no tuvo durante la luna de miel de 1984 para aprobar la reforma sindical, o que habría abrazado la disciplina monetaria en vez de hacer del Banco Central la tesorería del gobierno.

Si bien el disparador de la crisis de 1989 fue la pesada herencia de la deuda externa impagable, y el de la crisis de 2001, la valorización mundial del dólar junto con la caída de los precios de los bienes primarios, uno no debe exagerar el rol de estas palancas externas: las crisis se gestaron sin ellas y, sin ellas habríamos visto otro tipo de fracaso, más parecido al que vemos ahora después de una década de vacas gordas.

Esto nos lleva al segundo aspecto en el cual el país experimentó de más: las acciones, las políticas, la preferencia por modelos alternativos, la aversión a lo conocido. Desde la privatización previsional hasta la convertibilidad, pasando por los planes de estabilización de los 80, el congelamiento de depósitos de 1989 o la pesificación de deudas de 2002, la Argentina exhibió una creatividad digna de un caso de estudio. No es que estemos solos en estas aventuras: algunos países en desarrollo crearon fondos de pensión o combatieron a la inflación con tablitas cambiarias; algunos compraron el paquete de la convertibilidad o su descendiente directo, la dolarización oficial. Pero ninguno de ellos pasó por *todos* estos ensayos en el lapso de treinta años.

Y si bien no hay maneras "correctas" de hacer las cosas, existen maneras probadamente incorrectas con las que la Argentina sigue experimentando hasta el día de hoy: cepo a la importación y a la compra de dólares, precios cuidados, prohibición de exportación para reducir el precio doméstico. Quizá lo más llamativo de este fin de ciclo es que volvemos a ensayar algunas de las cosas con las que fracasamos en el pasado. Dicen que el ministro de Economía Axel Kicillof, ante la pregunta de por qué intentaba emular el modelo de planificación estatal que había llevado a la ruina a la Unión Soviética, respondió que aquél había fracasado porque entonces no se contaba con las capacidad de recolección y elaboración de datos necesaria para gestionar tantos recursos de manera centralizada. Puesto de manera simple, no tenían un Excel lo suficientemente poderoso. En este sentido, el cierre de nuestra década palíndromo reproduce la experimentación que nos dio el plan Austral, el peso "convertible" o la ley de déficit cero. Pero al hacerlo vuelve al comienzo, copia controles y regulaciones ensayadas sin éxito en los 80, como si la experimentación se hubiera quedado sin repertorio para los bises.

Lo anterior no pretende ahondar en un análisis histórico: como nos recuerda Gerchunoff en el ensayo citado, "la historia sirve para rescatarnos del provincianismo del presente, pero muy poco para perfeccionar el futuro". Mi crítica es apenas advertencia: el misterio de nuestro desarrollo no está fuera de nosotros (los factores globales son accesorios) y su solución no está atada a una fórmula mágica que alinee los planetas macroeconómicos. La estabilidad que hoy nos parece tan lejana no precisa de innovaciones de política. De hecho, en el camino al desarrollo, estabilizar es fácil, como lo demostraron nuestros vecinos en los últimos veinticinco años. Lo difícil es florecer en la estabilidad.

El ex ministro de Economía de Michelle Bachelet, Andrés Velasco, contaba que Patricio Aylwin, primer presidente chileno tras la salida de Pinochet, durante las reuniones de gabinete recibía de cada ministro novedosas propuestas de gasto, y de su ministro de Economía, Alejandro Foxley, advertencias sobre la falta de recursos. Personalmente estoy de acuerdo con todos ustedes, decía Aylwin a sus ministros y señalaba a Foxley: pero voy a hacer lo que dice él. La anécdota es, como toda anécdota, una simplificación, pero ilustra la relación de complementación entre la política, preocupada por la asignación de recursos, y la economía, preocupada por la asignación de recursos *escasos*. En la Argentina hoy este balance está roto. La economía (y la mayoría de las decisiones) se subordina a la política de manera inconsistente, se gasta de más para después tener que gastar de menos, se gasta no para crecer sino para ganar votos, se gasta caprichosamente, y el ministro aplaude o se va. Saltamos del superministro de las crisis al ministro consorte de los buenos años al ministro militante del ocaso, sin pasar por un ministro profesional que no ordene ni engañe al político.

El exceso de experimentación le debe mucho a esta obsesión fundacional de la política argentina, la exigencia de soluciones tajantes, rápidas, efímeras. Y con el tiempo, alimenta una visión peculiar de la economía de parte del intelectual, el analista o el votante. Tantas idas y vueltas dejan su marca en la manera en que pensamos las causas y efectos de la economía. La marca de esta vorágine de inventos fallidos es la confusión: el revisionismo, la reescritura de la historia, los falsos dilemas, los consensos sin fundamento, los prejuicios, que influyen sobre las políticas y sobre nuestro futuro.

El mundo que se nos cae encima

El mundo a veces cae de un lado y a veces del otro. A veces nos juega en contra (como a fines de los 90 cuando el dólar al que habíamos atado nuestra estabilidad se apreció en el mundo mientras el precio de nuestras exportaciones bajaba a sus mínimos de décadas) y a veces a favor (como a principios de los 2000 cuando ocurrió lo contrario: dólar bajo y precio de exportaciones en alza).

Y la historia (la herencia) también juega: a veces en contra (como cuando el sobreendeudamiento de la dictadura llevó al déficit fiscal y las hiperinflaciones alfonsinistas; o cuando el sobreendeudamiento de la convertibilidad menemista llevó a la crisis de deuda de la Alianza) y a veces a favor (como la inversión de los 90 que nos ayudó a vivir con lo nuestro en la poscrisis).

Pero el mundo y la historia no pueden ser la excusa de nuestro naufragio.

Ya en los años 70, Carlos Rangel, "aprista" venezolano, en su libro *Del buen salvaje al buen revolucionario* protestaba contra la atribución del fracaso latinoamericano al accionar de los Estados Unidos citando a Schumpeter: "Hasta el robo, por moralmente odioso que sea, plantea el problema del origen de la fuerza del ladrón y de la debilidad de su víctima".[14] Haciéndose eco de Rangel, el pensador francés Jean-François Revel señalaba en el prólogo que "en Latinoamérica el subdesarrollo económico es consecuencia del subdesarrollo político, y no lo contrario, como sucede en el verdadero Tercer Mundo".

La protesta contra el mundo no es nueva; de hecho, se ha ido diluyendo en las últimas décadas, con la desaparición del comunismo, el éxito del capitalismo de Estado y el advenimiento de un mundo multipolar. Y si América Latina tuvo hasta hace poco el sentimiento de haber sido desposeída por Estados Unidos, hoy ese antiamericanismo no incide en la política más que de manera limitada y en contados casos (Bolivia, Ecuador, Venezuela). En la Argentina, sin embargo, ha mantenido su popularidad y aún se explican nuestras recesiones como consecuencia de planes y acciones del capitalismo mundial capitaneado por el gran país del norte.[15]

El mundo, claro, cambia todo el tiempo. Y los países bien gestionados no lo ignoran, sino que se hacen fuertes en las buenas para asimilar mejor los golpes en las malas. El mundo no es una excusa a posteriori de errores propios: un político sabe que es difícil desviar culpas, que el votante lo evaluará en función de lo que pasa hoy, le atribuirá todo.

Ahondar acá en lo que sucedió en el mundo en los últimos años nos desviaría demasiado de nuestra hoja de ruta. Pero sí vale la pena entender qué es lo que nos espera en 2016. El mundo no determina nuestro destino pero es ingenuo pensar que podemos imaginarlo sin tomar en cuenta los cambios que se están produciendo más allá de las fronteras.

Granos y petróleo en baja, crecimiento moderado a pesar de contar con estímulos monetarios excepcionales, bilateralismo comercial a contrapelo del multilateralismo del Mercosur, un exceso de liquidez global amenazado por la caída de los commodities, demanda mundial más intensiva en tecnología. En fin, un 2016 sin viento de cola y a merced de los motores domésticos que nos interpela: ¿la Argentina puede vender algo más que recursos naturales más o menos elaborados? ¿Dónde quedó nuestra ventaja logística, nuestra capacidad de incorporar conocimiento a la producción de bienes y servicios? ¿Cuáles son los argumentos del optimismo, más allá de la bella ilusión del supermercado del mundo o el espejismo de Vaca Muerta?

El misterio del desarrollo es mucho más complejo que

nuestra historia mítica de riqueza perdida. Pero para resolverlo, tenemos que despojarnos del fantasma de la riqueza perdida. Y de muchos prejuicios que se han exacerbado y anquilosado en estos últimos años, y que son un obstáculo a la hora de poblar y popularizar una propuesta de cambio.

País en loop

¿Le perdieron nuestros políticos las ganas al futuro? Y si los políticos son apenas los emergentes del voto, ¿le perdimos nosotros las ganas al futuro? La Argentina parece congelada en el puro presente. Fugaz como la señal del celular, como los discursos presidenciales, como las alianzas electorales. A la deriva, un país en loop.

Pero también esto puede ser sólo una ilusión. Porque al fin de cuentas un loop es la repetición mecánica de un fragmento musical. Y, como dice Diedrich Diederichsen, lo que escuchamos en un loop es siempre distinto porque, a cada repetición, nosotros estamos cambiando. Y en estos cambios en nosotros mismos está nuestra esperanza de futuro.

Este capítulo es apenas la primera estación, la del paso atrás para ganar impulso. Lo que sigue es un ensayo de recorrido abierto sobre los obstáculos al desarrollo, pero también sobre los argumentos para el optimismo. 2016 es un año bisagra para la Argentina. Una oportunidad más, en un contexto adverso pero manejable. Una oportunidad de cambio con éxito incierto. Ya estuvimos acá, pero nunca fue igual que esto. No teníamos esta experiencia, esta perspectiva, esta ausencia de excusas. Si no miramos de frente al fracaso, si no sentimos la necesidad de interrogarnos sobre nuestros errores, nuestro futuro no será muy distinto.

La historia no se repite. No estamos condenados a nada.

Espacio publicitario

Fernando Braga Menéndez, publicista oficial, dice en una entrevista de marzo de 2014 que, para ampliar sus base electoral, el gobierno tiene que "contar lo que se hizo en forma divertida". Da un ejemplo: "En un comercial que hicimos, un tipo va en el auto y escucha el GPS que le dice: "Che, flaco, a la derecha tenés una parrillita que es bomba bomba [sic]. ¿Sabés que ahora en Tierra del Fuego están fabricando GPS totalmente argentinos?". Ignoro si, de tanto repetir el guión, el publicista suscribe a la idea de que el ensamblado fueguino de componentes importados —que nos costó miles de millones de pesos en subsidios con impacto minúsculo en la demanda laboral o el balance de divisas— es una versión del desarrollo industrial o una faceta de la política laboral inclusiva. Pero probablemente muchos votantes lo crean.

Hace una semana un amigo, historiador peronista que se resiste al desaliento, escribía: "Lindo tu libro con Marcos Novaro, poco énfasis en el saldo de la década, que te deja un estado de bienestar criollo restaurado, una base tributaria sólida, pleno empleo, desendeudamiento pleno, avances notables en la distribución del ingreso". Y advertía: "Los voy a citar cuanto me toque argumentar".

Más allá del tic retórico (el "criollo" remite al especialismo argentino: Tierra del Fuego es desarrollo criollo; el pago con reservas, o la postergación del pago, o el pago con cheques diferidos es desendeudamiento criollo), me llamó la atención la confusión entre estado de bienestar y red de protección social, algo que no debería serle indiferente a un historiador.

El estado de bienestar en su versión moderna surge en gran medida de las penurias de la Segunda Guerra. El "welfare state" que el gobierno británico opuso en 1945 al "warfare state", siguió de cerca al Informe Beveridge de 1942 que urgía al Estado a proveer los "cinco grandes": ingreso (incluyendo un programa similar a la Asignación Universal por Hijo), empleo, salud, educación y vivienda. Así, el estado de bienestar de posguerra, hijo de la guerra, incluye la provisión de bienes y servicios públicos tanto o más que la de transferencias. En este frente la década ganada reprueba con honores: ¿o hace falta pasar revista al estado del transporte, la educación y la salud públicas o la vivienda social? En cuanto a la protección social propiamente dicha, como en toda América del Sur, mejoró en los años buenos a expensas de los servicios públicos —es decir, del estado de bienestar— y hoy hace agua, por ejemplo, a través del ajuste real de las jubilaciones o del desconocimiento de fallos previsionales. En suma: se repartió lo que había, se recoge el sobre ahora que no hay y, en el ínterin, el estado de bienestar se herrumbró y derrumbó y juntó deudas de inversión que nadie se atreve a dimensionar. ¿Es esto lo que mi amigo pretende argumentar?

Quizás el test más claro de los efectos persistentes de la publicidad oficial surja del anuncio del 3% de crecimiento en 2013. La noticia, claro, no es el 3% de 2013 (las estimaciones privadas pronostican un crecimiento de entre 2,5% y 3% desde hace un año) sino la revisión a la baja del crecimiento en 2012, 2011, 2010, 2009... Ahora resulta obvio que, desde que en 2007 dejamos de calcular el crecimiento para pasar directo al comunicado de prensa, crecimos menos de lo que creíamos que crecíamos —digamos, para ser generosos, un 16% menos. ¿Cuánto tardará el votante de las tasas chinas en asumir este desmilagro argentino? ¿Lo hará algún día?

El dilema entre innovación
y desigualdad tecnológica

Al costado de un camino rural un campesino está descansando a la sombra de un árbol. Pasa una camioneta, se baja un hombre de traje y portafolio, dos celulares en la cintura. Se le acerca al paisano y le pregunta:

—¿Esas dos ovejas son suyas?

—Sí, señor, son mías.

—¿Y por qué no las hace reproducir?

—¿Para qué?

—Así tiene más ovejas.

—¿Para qué?

—Bueno, si tiene más ovejas puede vender más lana.

—¿Para qué?

—Si vende más lana puede comprar más ganado.

—¿Para qué?

—Si tiene más ganado puede comprar bienes. El campo de al lado, por ejemplo.

—¿Para qué?

—Para ser un gran productor y tener mucha plata.

—¿Para qué?

—¡Para poder tirarse a descansar!

—¿Y qué estoy haciendo?

35

A esta altura del desarrollo económico, al igual que el paisano, todos deberíamos estar trabajando menos. Cuando a fines de los años 20 el economista John Maynard Keynes dijo que la revolución tecnológica multiplicaría el ingreso per cápita de las economías desarrolladas de Occidente ocho veces en cien años, estaba diciendo básicamente que los ciudadanos del futuro —nosotros, hola Keynes— podríamos satisfacer nuestras "necesidades económicas" sin tener que trabajar más de 15 horas por semana, liberando así tiempo libre para el ocio. (Risas.)

Keynes pecó de optimista. Tuvo razón en que el ingreso se multiplicó y la pobreza disminuyó, pero las horas trabajadas no se redujeron mucho desde 1930. Peor aún: en general los que más ganan, más trabajan. Una vez que saciamos el consumo indispensable de bienes y servicios, en lugar de descansar a la sombra de un sauce, seguimos trabajando. En la desindustrialización y el crecimiento de los servicios está parte de la explicación a esta paradoja.

Las predicciones de Keynes, sobre las que volveremos más adelante, revelan lo difícil que es pensar el futuro: es un desafío a abstraerse de lo conocido para sondear las hipótesis más osadas. En este capítulo hacemos una pausa para pensar el futuro —o una parte de ese futuro— y poder describir mejor el campo de juego que enfrentará la Argentina cuando levante la vista para revisitar las políticas de desarrollo.

El futuro, en 1940

Hablar de primarización y desindustrialización en la Argentina es un lugar común impreciso y arcaico. El primer término es inexacto. Es cierto que exportamos más soja porque subió su precio y porque no es consumida domésticamente. Pero el producto argentino de hecho se *desprimarizó*: el sector primario creció apenas 28% en el período 2004-2013, menos de la mitad del 63% de crecimiento del PBI para esos mismos años.

El segundo término, en cambio, es empíricamente correcto: la industria hoy representa una fracción menor del producto y del empleo. Pero no es un fenómeno argentino, ni regional propio de economías exportadoras de bienes primarios como Brasil o Chile. Al contrario, la desindustrialización es común a todos los países que se desarrollan —incluso a China, un país con manufacturas intensivas en mano de obra pero que hace años recorta empleos industriales, o los exporta a países limítrofes más pobres donde puede pagar salarios menores.[16]

El hecho de que la desindustrialización sea global y previsible no la elimina como problema, pero cambia su contexto y su interpretación. Nos dice que la composición del producto y de la demanda laboral está modificándose aceleradamente en el mundo —y, con algo de rezago, en la región y en nuestro país.

Una manera gráfica y sencilla de pensar la desindustrialización en el contexto del desarrollo es la hipótesis de los tres sectores acuñada por el neozelandés Allan Fisher, el australiano Colin Clark y el francés Jean Fourastié.[17] Según esta hipótesis, a medida que nos desarrollamos, la actividad económica se desplaza de la extracción de recursos naturales (sector primario) a la elaboración de manufacturas (sector secundario) y de ésta a la provisión de servicios (sector terciario). Los países pobres y subdesarrollados basan sus ingresos en la producción primaria; los semidesarrollados viven de la producción secundaria, los más avanzados, de la terciaria.

El modelo de Clark en el pizarrón

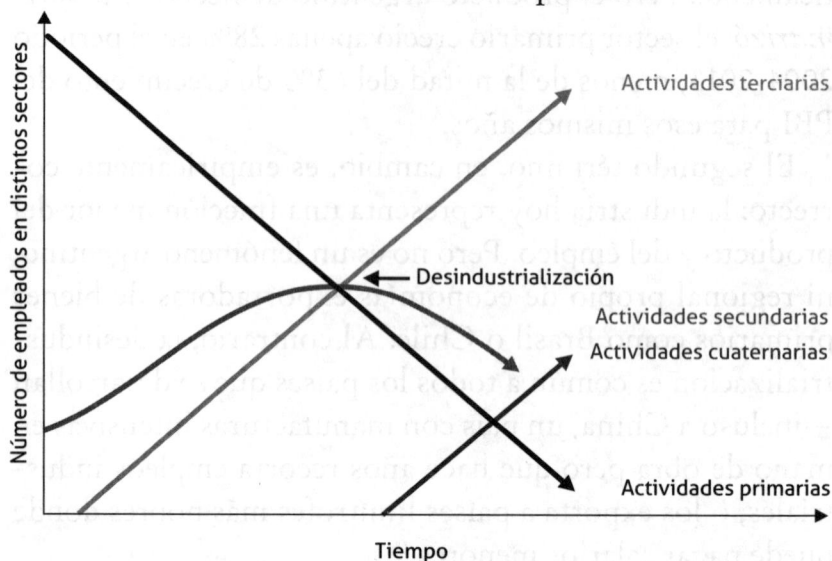

Número de empleados en distintos sectores

Actividades terciarias

Desindustrialización

Actividades secundarias
Actividades cuaternarias

Actividades primarias

Tiempo

En *La gran esperanza del siglo XX*, publicado en 1949, Fourastié veía al crecimiento relativo del sector servicios, la "terciarización", como una consecuencia positiva del progreso económico. Para el autor, terciarización era sinónimo de aumento de la calidad de vida, asociada a la universalización del acceso a la seguridad social, la educación y la cultura, y a la humanización del trabajo. La terciarización nos llevaría al fin del desempleo y la inequidad, porque el sector terciario emplea mano de obra homogéneamente calificada (lo que elevaría el promedio salarial y reduciría su dispersión), tiene escaso margen para incrementar la productividad (lo que pondría un techo al recorte de puestos de trabajo por incorporación de tecnología) y tiene un espacio ilimitado para crecer (o sea, puede expandirse para ofrecer trabajo para todos).

El sector cuaternario del gráfico agrupa a los servicios intensivos en conocimiento y diseño, es decir, en mano de obra calificada, que Fourastié —y, antes que él, Fisher, Clark y hasta el mismo Keynes, entre otros— veía liderando el crecimiento en países desarrollados.

¿Por qué un sector cuaternario? Porque los servicios no resultaron ser tan homogéneamente sofisticados como los pensaban sus apólogos (ni tan básicos como los piensan sus detractores). En el sector servicios siguen conviviendo el trabajo de baja calificación de limpiadores, albañiles y choferes de taxi con el de alta calificación de educadores, investigadores y programadores. Por eso, para evitar confusiones semánticas, conviene extender el modelo introduciendo ese cuarto sector, el cuaternario, para agrupar los servicios que empujan la frontera productiva en el contexto de la tercera revolución industrial.[18]

Nada de esto es muy novedoso: Fisher y Clark publicaron las bases de su modelo en 1939 y 1940. La novedad es que, desde entonces, el mundo avanza en esa dirección, y hay ejemplos y números que permiten contrastar aquellas imágenes utópicas o distópicas de los visionarios con algunos datos puros y duros de la realidad.

Pero vayamos por partes: definamos primero las coordenadas del debate en el mundo desarrollado.

Bloomsbury, la revolución tecnológica y el nirvana de Keynes

A fines de los 20, Keynes, a contrapelo del contexto preocupante de la Gran Depresión, argumentaba que la crisis de entonces era en gran medida la consecuencia —y el preámbulo— de una revolución tecnológica que a la larga daría frutos en términos de bienestar. Keynes, como otros antes y después que él, señalaba que el crecimiento del producto per cápita y del bienestar, que había seguido una tendencia lineal por miles de años, había comenzado a crecer exponencialmente a partir de la creación de la máquina de vapor de Watts, el puntapié inicial de la primera revolución industrial. Y presagiaba que las nuevas tecnologías de la segunda revolución industrial de fin del siglo XIX (la del acero Bessemer y los ferrocarriles, la de la electricidad y la línea de producción, la de las grandes innovaciones basadas en la investigación básica) mantendrían esta tendencia. Con el avance de la ciencia, la productividad se elevaría a tal punto que las economías desarrolladas de Occidente multiplicarían su ingreso per cápita ocho veces en cien años. Cien años, el número redondo que Keynes asociaba con el intervalo que llevaría a la adultez a sus propios nietos.[19]

Así, los ciudadanos del futuro podrían satisfacer sus "necesidades económicas" sin tener que trabajar más de 15 horas por semana, liberando tiempo para el ocio —que Keynes asociaba a actividades intelectuales y estéticas. "Por primera vez desde la creación el hombre enfrentará su problema real y permanente: cómo usar su libertad de las necesidades económicas para ocupar su ocio para una vida sana y agradable y buena", prometía el economista británico, y llegó incluso a citar un conocido epitafio en la tumba de un ama de casa de un estado del sur de los Estados Unidos para ilustrar el punto.[20]

El trabajo de Keynes se convirtió con los años en un clásico —desproporcionado en relación con las modestas aspiraciones de su autor— tanto por su optimismo a contracorriente como por su curiosa combinación de aciertos y desaciertos.

Como preveía Keynes, el ingreso se multiplicó incluso más de lo previsto por él: el economista Fabrizio Zilibotti, en un trabajo de 2008, estima que proyectando a cien años la evolución desde la publicación del ensayo de Keynes, el incremento sería cercano a 17 veces: más que el doble.[21] Y la pobreza (el concepto más cercano al "problema económico" de la lucha por la subsistencia que definía Keynes) se redujo mucho en las últimas décadas y el ingreso per cápita, ajustado por poder adquisitivo, se multiplicó varias veces.[22]

En cambio, no disminuyeron muchos las horas trabajadas desde 1930. Eso no es todo: dentro de un mismo país, generalmente se verifica que los que más ganan más horas trabajan, en directa contradicción con la intuición económica de Keynes de que, una vez saciado el consumo indispensable de los bienes y servicios, descansamos. Si el trabajador rico trabaja más horas que el trabajador pobre, puede ser que el trabajo esté en un principio determinado por la necesidad de alcanzar un ingreso mínimo universal para formar y mantener una familia.

La persistencia de la jornada laboral

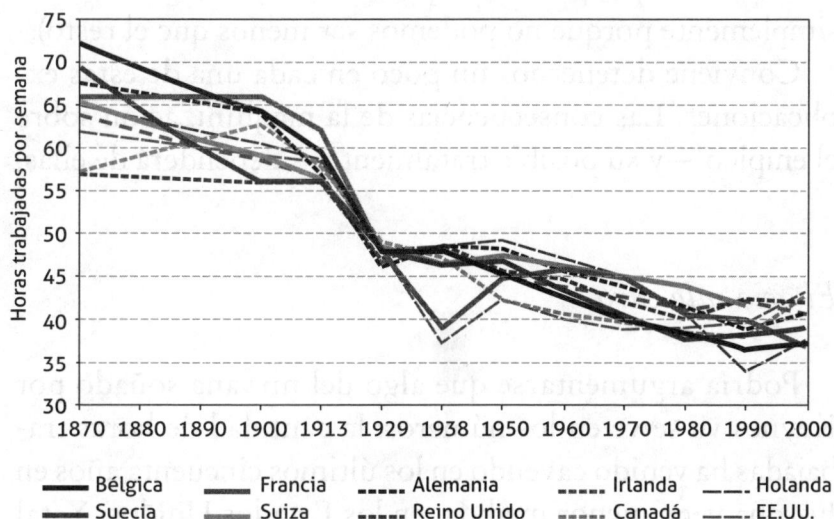

Eje vertical: Horas trabajadas por semana (30 a 75). Eje horizontal: 1870 1880 1890 1900 1913 1929 1938 1950 1960 1970 1980 1990 2000. Leyenda: Bélgica, Francia, Alemania, Irlanda, Holanda, Suecia, Suiza, Reino Unido, Canadá, EE.UU.

Uno se ve tentado a atribuir el mal pronóstico a la personalidad de Keynes. Junto con Virginia Woolf y E. M. Forster entre otros, el inglés formaba parte del influyente grupo de Bloomsbury: escritores, filósofos y artistas que predicaban y elaboraban la premisa de G. E. Moore de que los objetivos en la vida son el amor, la creación y el goce de la experiencia creativa y la búsqueda del conocimiento.[23] De ahí, el entusiasmo de Keynes por la extinción de las necesidades económicas y la libertad que esto traía en términos del disfrute de la vida. Nublado su razonamiento por este sesgo esteticista, Keynes podría haber incurrido en el error de asumir que el hombre eludiría el consumo suntuario y abrazaría, dichoso, el ocio creativo o contemplativo.

Pero esta explicación histórica está lejos de aclarar el enigma de fondo: ¿por qué si somos cada vez más productivos no podemos trabajar menos?

Las respuestas a esta pregunta podrían dividirse en dos grandes grupos: las económicas (trabajamos más para ganar más dinero o porque sube el costo de vida) y las psicosociológicas (trabajamos más de lo necesario porque no podemos vivir sin trabajar, porque no podemos dejar de consumir o simplemente porque no podemos ser menos que el resto).

Conviene detenernos un poco en cada una de estas explicaciones. Las consecuencias de la maquinización sobre el empleo —y su posible tratamiento— dependerá de ellas.

El ocio sale caro

Podría argumentarse que algo del nirvana soñado por Keynes ya se ve en los números: la cantidad de horas trabajadas ha venido cayendo en los últimos cincuenta años en Europa y, en menor medida, en los Estados Unidos. Y, tal como indicaba Keynes, el trabajo en el hogar es hoy mucho más liviano gracias a la proliferación de electrodomésticos, por lo que uno podría atribuir la falta de tiempo del profesional moderno a una cuestión de mera percepción. Si, como decía William James, nuestro sentido del tiempo está sujeto a la ley del contraste, la velocidad del multitasking nos deja siempre con la sensación de algo pendiente —casi la definición de la falta de tiempo contemporánea— a pesar de la mayor disponibilidad de horas. El exceso de trabajo sería, de este modo, un sentimiento.

Pero el dato irrefutable es que la jornada laboral en el mundo avanzado casi no se ha modificado desde 1930, y está lejos de las 15 horas semanales keynesianas. De hecho, la única modesta modificación —el recorte a 35 horas que se implementó en Francia a fines de los 90— es hoy vista como un fracaso, al punto de que el gobierno socialista de Hollande ya sugiere su eliminación, bajo el eslogan "Trabajar más para ganar más".[24]

¿Por qué no estamos todos en la calle ahora mismo exigiendo la reducción de la jornada laboral? En una serie de trabajos sobre el breve texto keynesiano se ensayan varias hipótesis para reconciliar estas contradicciones.[25]

La más economicista de ellas (es decir, la más afín al estereotipo del economista) es la del premio Nobel Gary Becker, para quien todo en la vida puede ser explicado como un problema de maximización de utilidad. Fiel a su mantra, argumenta que, a medida que nos pagan más por trabajar, nos cuesta más no trabajar. Es decir, sube el costo de no estar trabajando y ganando ese dinero; en jerga económica, el "costo de oportunidad" del ocio. Por contraposición, cuanto mayor el salario, mayor la ansiedad del ocio y el esparcimiento: más rápido leemos, vamos al cine, comemos.

"Los neoyorquinos corren más que los residentes de Nairobi", comentaba hace poco un artículo de *The Economist*, en referencia a la relación entre el tratamiento del ocio y el costo del tiempo en el mundo. "Cuanto más ricos en dinero son, más pobres en tiempo se sienten", señalaba Gallup sobre una encuesta en los Estados Unidos del año 2011. Alguien puede "tomar café brasileño, fumar un cigarro holandés, tomar coñac francés, leer el *New York Times*, escuchar un Concierto de Brandenburgo y atender a su mujer sueca, todo al mismo tiempo, con niveles de éxito", ilustraba ya en 1970 el economista sueco Staffan Linder en alusión el consumo simultáneo del consumidor apurado.[26]

El costo de oportunidad explicaría por qué el rico trabaja más que el pobre. Pero debe haber un límite, si no psicológico, al menos físico a la estimulación económica. De lo contrario, uno podría imaginar una paga lo suficientemente alta como para inducir a alguien a trabajar sin parar (sin comer ni dormir ni ir al baño) hasta la muerte por inanición o insuficiencia cardíaca. ¿Improbable?

En un trabajo de 2013 que precisamente analiza el texto de Keynes a la luz del contexto actual, el economista Larry Summers pone el foco en la evolución del costo de vida y muestra la variación de los precios de diferentes ítems de la canasta en los Estados Unidos. El precio de un juguete cayó 50% en el lapso 1982-2012; el de un televisor, ¡95%! En el mismo período, sin embargo, el costo de los servicios —donde el aumento de la productividad es más limitado— aumentaron: la educación privada se multiplicó por siete; la atención médica, por cuatro; la vivienda, por dos.[27]

En las sociedades avanzadas, el costo del *real estate* (al menos del cercano a los centros urbanos y comerciales, impulsado por la aglomeración y el tiempo de transporte) y de la educación privada (donde la tecnología no se traduce en caída de costos, por ahora) ha subido en términos de salario. Esto podría haber causado un impacto diferencial de la inflación: más alta para la canasta de consumo de las clases altas, generando la necesidad de trabajar proporcionalmente más horas para acceder a estos bienes "de lujo". La capacidad de compra de manufacturas más o menos competitivas, desde juguetes a electrodomésticos, ha crecido de manera pronunciada en las últimas décadas. ¿Por qué el salario real no creció del mismo modo? Porque la canasta de consumo incluye bienes y servicios que utilizan insumos escasos como la energía o la tierra, o servicios intensivos en conocimiento no reproducible como educación y salud. De hecho, la oferta de servicios públicos de calidad en los países ricos de Europa podría explicar la diferencia en horas trabajadas por las clases media y alta a ambos lados del Atlántico (en alza en los Estados Unidos; en baja en Alemania).

Otro aspecto del problema es la evolución del patrón de consumo en el tiempo. El consumo se modificó con los años por el cambio de precios relativos: si el precio de los bienes cae en relación con el de los servicios, éstos aumentan su participación en la canasta en relación con aquéllos. Pero también cambió el consumo con el desarrollo y el aumento del ingreso, lo que lleva a asignar una proporción menor a los bienes y servicios básicos (las necesidades económicas de Keynes) y uno mayor a los suntuarios. Si hiciéramos una lista de nuestros principales consumos, ¿cuántos existían en 1930 cuando Keynes imaginaba su nirvana? O, invirtiendo la comparación, ¿cuánto vale actualmente un canasta de consumo típica de 1930?

Hoy podemos comprar más televisores y computadoras y automóviles que hace treinta años, y de una calidad muy superior.[28] Más aún, agregamos a la canasta productos nuevos (tabletas, películas en HD), no todos "tecnológicos" (varietales, rúcula, oliva y aceto), y muchos de ellos gratuitos y por ende no incorporados en el índice de precios (aplicaciones para el móvil, reseñas de productos y cursos online, esparcimiento en las redes sociales).

¿Es realista entonces decir que el poder adquisitivo creció muy modestamente? ¿O estamos consumiendo más y mejor, y sentimos que no nos alcanza el dinero porque subimos la vara de las necesidades básicas? ¿Puede ser incluso que estemos —desde un punto de vista del abuelo Keynes— consumiendo de más?

La teoría económica predice que, a medida que aumenta

el ingreso, los incentivos a trabajar más y descansar menos en respuesta a una suba adicional del salario (el denominado efecto sustitución) se ven superados por la utilidad decreciente del consumo cuando ya se consume lo suficiente (el efecto ingreso). En la práctica, para la mayoría de la gente, el punto en que el ingreso le gana a la sustitución (es decir, el placer le gana a la codicia) parecería no llegar nunca.

Ocio: ese oscuro objeto del deseo

El viejo chiste del pastor y el capitalista ilustra este interrogante: ¿Para qué trabajar y ganar más cuando ya tengo lo suficiente para vivir confortablemente? ¿Por qué no trabajar menos y disfrutar del tiempo de ocio?

Quizás el mejor ejemplo del valor extraeconómico del trabajo es el aumento del empleo femenino en hogares de clase media alta de sociedades occidentales avanzadas. Las mujeres trabajan, se reducen las horas disponibles para las tareas en el hogar, y se alimenta el sentimiento de falta de tiempo. ¿Por qué una madre casada y sin necesidades económicas saldría a trabajar 40 horas por semana? Las respuestas son, desde luego, no económicas: salir de la rutina de la casa, socializar, realizarse profesionalmente, independizarse del cónyuge. Aun así, ¿por qué no compartir trabajos de tiempo parcial con el hombre —en el mismo sentido en el que en los países escandinavos se comparte la licencia por maternidad?

O, más en general, ¿por qué no hay más trabajos de tiempo parcial como prometió Keynes?

Por un lado, como un buffet que alimenta el deseo de comer más allá del hambre, la aparición constante de nuevos artículos de consumo genera necesidades de consumo insospechadas para las cuales necesitamos ganar dinero. Si hace cien años trabajábamos para la comida y el techo, hoy trabajamos para el iPhone, el LCD y la 4×4.[29] ¿Qué viene primero: la aversión al ocio que nos empuja a consumir lo que sea, o la siempre cambiante oferta de consumo que nos roba el ocio? ¿El consumo o su objeto? Invirtiendo apenas esta línea de razonamiento, uno podría pensar en el tiempo como el oscuro objeto del deseo que, una vez consumido, reaparece metamorfoseado en otro objeto de consumo, para nunca satisfacerse. ¿Hasta qué punto la insatisfacción del consumidor compulsivo se potencia por este "efecto buffet"?

Por otro lado, está el tabú del desempleo. La comparación con los demás, la cultura del trabajo, los prejuicios contra el desocupado, son motores no económicos que pueden mantenernos en el mercado laboral más de necesario. ¿Por qué el que no trabaja —sobre todo si es hombre— es visto como un vago o un animal raro? Parecer ocupado tiene un encanto enfermizo en una sociedad en la que el que tiene demasiado tiempo libre es percibido como un perdedor. El ocio, una virtuosa marca de clase en el siglo XIX (y en el grupo de Bloomsbury), hoy está mal visto en varios contextos. En cambio, estar agobiado de tareas y reuniones es en muchos círculos una señal de status.[30]

Una variante más benigna del tabú del desempleo es la hipótesis del valor social del trabajo: el trabajo como parte de la realización humana. Dejemos de lado al trabajador obsesionado con salir de la pobreza que, una vez alcanzado el objetivo, descubre que le ha perdido el gusto al tiempo libre. Pensemos mejor en los muchos estudios que muestran los efectos devastadores del desempleo en la salud mental del desempleado y en su dinámica social y familiar. "Las revoluciones del siglo XX, la liberación de las masas por medio de la producción, crearon la vida privada pero no nos dieron nada para llenarla", se quejaba,

al borde de la locura, el profesor Moses Herzog, el protagonista de la novela de Saul Bellow. ¿Qué hacemos en las
treinta horas ganadas al trabajo en los últimos 150 años?,
se preguntaba Marc Rosen mirando el gráfico al comienzo
de este capítulo. Miramos televisión, se contestaba, mostrando este otro.[31]

La televisión como sustituto del yugo

Cambio en minutos por persona por día, 2012-2013

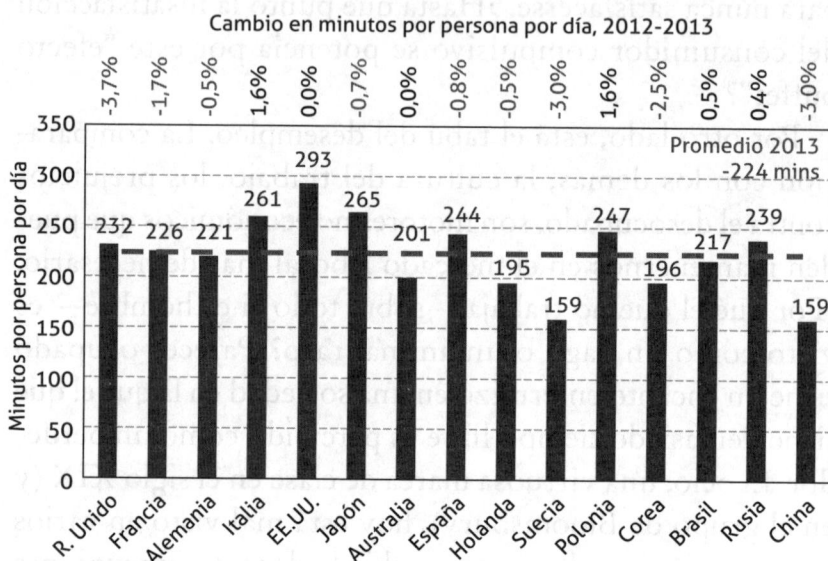

¿Cuánto hay de cultural en este fracaso del tiempo libre,
cuánto de una sociedad que nos impone el trabajo como un
imperativo categórico, privándonos del placer de "perder"
el tiempo en una paciente apreciación estética como soñaba
Keynes, o simplemente haciendo algo distinto del trabajo
pautado y remunerado, como mirar televisión o chatear en
redes sociales o escribir este libro?

Está claro que la estabilidad de la jornada laboral no puede explicarse sólo por cuestiones económicas. Para algunos,
como en la canción "Heaven" de Talking Heads, el nirvana del
tiempo libre sin apremios ni obligaciones se parece demasiado
a una versión del infierno. Pero si para muchos el despertador

a las siete y la jornada de ocho horas (sin contar almuerzos ni traslados) son el paradigma del yugo, y el ocio continuo es una puerta a la depresión, ¿dónde está el término medio, el punto dulce de satisfacción? ¿Cuál sería la rutina ideal de trabajo?

En todo caso, para nuestra discusión, una conclusión es clara: una asignación universal para el desocupado no resolvería todos los aspectos negativos de un potencial desempleo tecnológico.

Dicho todo lo anterior, bien puede ser que también en este frente estemos atravesando una silenciosa transición. ¿No hay en el distanciamiento a la cultura del trabajo de las nuevas generaciones en países avanzados (la permanencia en casa de los padres, el estudio sin prisa, la rotación laboral) un principio de adaptación a una sociedad que recupere la apreciación del ocio? ¿No será que los jóvenes están formateados para el tiempo libre del mismo modo en que nosotros estamos formateados para trabajar? Los hijos del nuevo milenio, menos presionados por mostrarse ocupados, menos apurados por hacer carrera y formar familia, más desapegados al progreso social y a la cultura del trabajo, podrían ser el comienzo de una tardía *bloomsburización*. Tal vez en veinte años los jóvenes trabajen 20 horas desde la casa, o 6 meses al año. Veinte años, justo a tiempo para validar la profecía de Keynes.

Terminator

Más allá de las múltiples razones por las que muchos de nosotros trabajamos más de lo estrictamente necesario, lo cierto es que si le preguntáramos a la mayoría de los trabajadores por qué trabaja, la respuesta sería bastante más pedestre: dinero. Cubrir los gastos y ahorrar para los hijos y para el retiro. Más todavía viviendo en un país como la Argentina donde la jubilación es más un salvavidas de subsistencia que un ingreso comparable con el de los años en actividad.

El salario promedio en la Argentina era de 11.000 pesos en septiembre de 2014. Imaginemos que la jornada se reduce a la mitad y que, ajustando por productividad (es decir, por los menores tiempos muertos y la mayor felicidad del trabajador con jornada reducida), el salario se reduce algo menos que proporcionalmente, digamos, en un 40%, a 6.600 pesos. No es mucho. Si a este trabajador se le ofreciera esta opción (media jornada, 60% del sueldo) la respuesta podría tener tanto un componente psicosociológico (no sabría qué hacer con mi tiempo, mi familia dudaría de mi vocación para aportar económicamente al hogar, no podría comprarme el segundo auto o el tercer LCD) como uno económico: con ese dinero tendría que recortar seriamente mis consumos. Si hubiera que apostar, apostaríamos a la segunda.

El punto es bastante más general: el fracaso de la profecía keynesiana tiene su correlato en un problema de distribución —un aspecto notoriamente ausente en las obras del economista inglés. No todo lo que se gana en productividad vuelve al trabajador de la mano de mayores ingresos que le permitan reducir su carga laboral. La era de las máquinas ha elevado el ingreso a la vez que empeoró la distribución.

Este lado oscuro del progreso económico se combina con otro fantasma de esos que nos quitan el sueño cada vez que la ciencia levanta su amenazante cabeza: el de la dominación de las máquinas. No en el sentido ominoso de la ciencia ficción, sino en uno mucho más concreto: el de la sustitución de puestos de trabajo humano por máquinas.

El fin del trabajo, la inequidad del capitalismo tecnológico, la hegemonía final del dueño de los recursos —en suma, el mismo fantasma invocado por la literatura de la distribución liderada por Thomas Piketty y colegas, que atribuyen la creciente concentración de ingresos en los estratos más altos a la mayor rentabilidad de capital en relación al trabajo.

Si una máquina puede hacer por cinco pesos el trabajo que una persona hace por diez pesos, el trabajador tiene dos opciones: trabajar por cinco pesos (una reducción de 50% de su salario) o buscar otro trabajo. Por eso, la máquina que sustituye trabajo aumenta la productividad (y el ingreso del empresario) pero reduce el salario (y el ingreso del trabajador), profundizando la inequidad. Como pronosticaba el Nobel de Economía Wassily Leontief ya en 1983, "el rol de los humanos como insumo de la producción disminuirá como disminuyó hasta desaparecer el rol de los caballos en la producción agrícola con la introducción de los tractores". A medida que el trabajo pierde importancia como factor de la producción, cae la participación del trabajo en la distribución del producto, algo que en el mundo desarrollado viene sucediendo hace décadas.

El economista Nouriel Roubini, pesimista célebre conocido por sus pronósticos tormentosos, sintetiza este maquinismo distópico en tres características fundamentales:

- Intensivo en capital: favorece a los que tienen el dinero y las máquinas, pero también a los que tienen los recursos humanos calificados que las máquinas, muchas veces, complementan y potencian;
- Intensivo en aptitudes: favorece, como dijimos, a los trabajadores con las calificaciones adecuadas;
- Sustitutivo de trabajo: desfavorece a los trabajadores sin las calificaciones adecuadas, en la medida en que reduce el número de puestos de trabajo en la economía, sobre todo los de baja calificación.

El desplazamiento de trabajadores de calificación media en países desarrollados viene ocurriendo desde hace treinta años, no sólo por la mudanza de puestos industriales a economías emergentes (por efecto de la denostada globalización) sino también por la sustitución por la máquina. De hecho, la desaparición de empleos industriales no es privativa de países avanzados con salarios altos: desde 1996, el empleo industrial en China cayó aproximadamente un 25%, no muy lejos de la marca en economías desarrolladas. Así, la globalización de empleos sería apenas una parada intermedia hacia la automatización.

La máquina y la desaparición de la clase media

¿Por qué no cae el empleo en los países avanzados? Por el crecimiento del empleo en el sector servicios, como anticipaba el modelo de tres sectores. ¿Por qué la nueva revolución podría ser diferente? Porque la automatización reemplaza también las tareas en el sector servicios, donde recalaban los trabajadores desplazados de la industria. Empezando por el medio en la escala de calificación: la máquina que antes eliminaba al trabajador industrial, ahora reemplaza al cajero, al dibujante y al contador de impuestos. Como señala el neurolingüista Steven Pinker, la primera lección de treinta y cinco años de investigación en inteligencia artificial es que los problemas difíciles son fáciles y los fáciles son difíciles.[32] Los nuevos artefactos inteligentes compiten hoy con el analista financiero y el ingeniero petroquímico; los jardineros y cocineros, por ahora, están menos expuestos.

La contracara de esta sustitución es un "ahuecamiento" de la oferta de empleos de remuneración intermedia, que crecen menos que los de baja y alta calificación, con algunos efectos colaterales importantes: castigo a la clase media, aumento de la diferencia entre salarios altos y el resto, y deterioro de la distribución del ingreso.[33]

Ahuecamiento del mercado laboral (1980-2005).
El empleo (y el salario) crecieron menos para puestos de remuneración media.

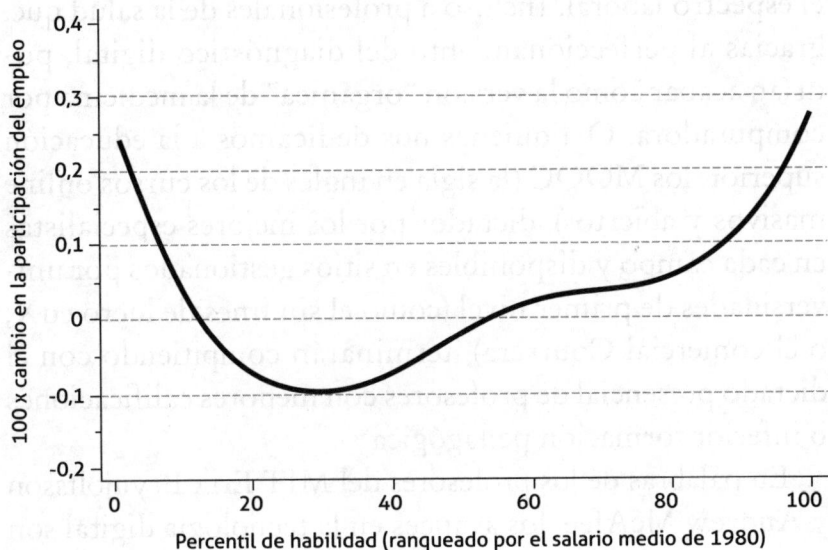

Percentil de habilidad (ranqueado por el salario medio de 1980)

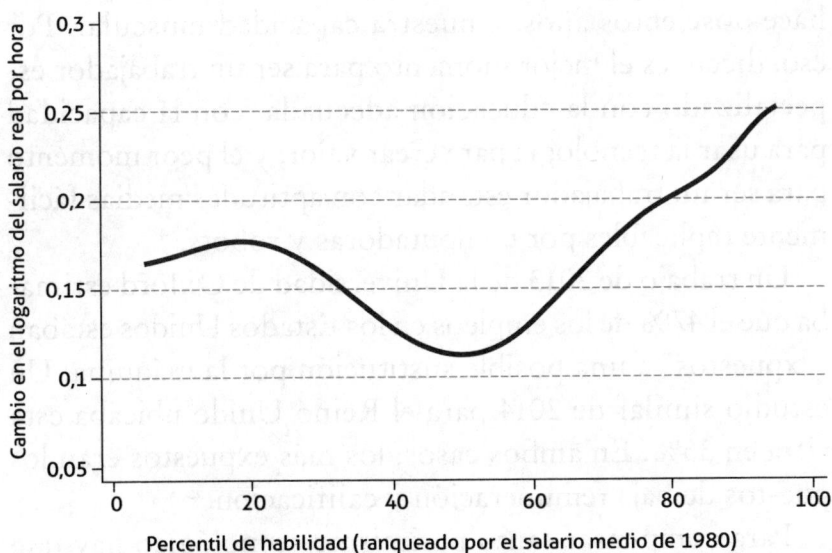

Percentil de habilidad (ranqueado por el salario medio de 1980)

Sin embargo, la historia no terminaría ahí. En la medida en que los robots ganen en flexibilidad y capacidad de aprendizaje, podrían sustituir a los empleos protegidos: el auto sin conductor remplazaría al chofer, el robot al reponedor de stock e incluso al personal de limpieza. Y el progreso en la digitalización podría poner en jaque a todo el espectro laboral. Incluso a profesionales de la salud que, gracias al perfeccionamiento del diagnóstico digital, podrían acabar como la versión "orgánica" de la medicina por computadora. O a quienes nos dedicamos a la educación superior: los MOOC (la sigla en inglés de los cursos online masivos y abiertos), dictados por los mejores especialistas en cada campo y disponibles en sitios gestionados por universidades de primer nivel (como el sin fines de lucro edX, o el comercial Coursera), terminarán compitiendo con el dictado presencial de profesores con menores calificaciones o inferior formación pedagógica.

En palabras de los profesores del MIT Erik Brynjolfsson y Andrew McAfee, los avances en la tecnología digital son a nuestra capacidad mental lo que la máquina de vapor fue, hace doscientos años, a nuestra capacidad muscular. Por eso, dicen, es el mejor momento para ser un trabajador especializado con la educación adecuada, con la capacidad para usar la tecnología para crear valor; y el peor momento para ser un trabajador estándar con aptitudes medias fácilmente replicables por computadoras y robots.[34]

Un trabajo de 2013 de la Universidad de Oxford estimaba que el 47% de los empleos en los Estados Unidos estaban "expuestos" a una posible sustitución por la máquina. Un estudio similar de 2014 para el Reino Unido ubicaba esta cifra en 35%. En ambos casos, los más expuestos eran los puestos de baja remuneración y calificación.[35]

Para compensar tanto pesimismo tecnológico hay que decir que todo esto llevará algún tiempo. Y que no toda la evidencia reciente apoya esta profecía, como sugiere Bob Butcher, del National Institute for Economic and Social Research de Londres, en un artículo reciente.[36]

Gari Kasparov, el mejor ajedrecista de su tiempo, demostró que no todos los trabajos son de fácil sustitución. Vencido por Deep Blue en 1997, y convencido de la futilidad de cualquier intento de enfrentar al hombre con programas de ajedrez con capacidad de cómputo creciente, creó en 1998 una competencia "estilo libre" donde los maestros se enfrentan jugando "en pareja" con una computadora. La propuesta fue retomada en 2005 por el sitio de ajedrez online Playchess.com. Sorprendentemente, el ganador no fue un gran maestro con una gran computadora sino dos jugadores amateurs con tres laptops estándar. Kasparov concluye que un jugador débil + una máquina + buen proceso es superior a un jugador fuerte + una máquina + mal proceso (y que ambos son superiores a la mejor máquina).

En otras palabras, hay esperanzas en la cooperación.[37]

¿Cómo vivir con la máquina y no morir en el intento?

A la hora de buscar la mejor manera de integrarnos al mundo que nos toca, los expertos en la intersección entre tecnología y educación coinciden en señalar tres aspectos:

- *Formación de capital humano.* Como decía el Nobel de Economía Jan Tinbergen, la desigualdad es una carrera entre la educación y la tecnología; cuando la segunda avanza demasiado rápido para la primera, la inequidad se profundiza. ¿Pero a qué nos referimos exactamente con "la educación"?

    Por lo pronto, como veremos más en detalle en el capítulo 4, no hay que pensar la educación como más de lo mismo: más presupuesto, más computadoras, más horas en el aula o estudiando en casa. La formación requerida por las nuevas tecnologías es mucho más específica, exige una actualización de programas y formatos y, sobre todo, de los educadores, tanto con una mejor selección y preparación como mediante la importación de contenidos. Muchos de ellos online y gratuitos: la computadora en el aula no sólo cambia el rol del docente presencial; complementa contenidos e incluso sustituye alguna de sus tareas.

Y la reforma educativa no es únicamente contenidos mínimos e inclusión en los tramos primario y secundario, donde se centra el debate cuando se piensa en la educación como instrumento de inclusión y movilidad social. Desde el punto de vista del desarrollo económico, la reforma educativa involucra fundamentalmente a la educación terciaria, sobre la que el Estado suele tener una incidencia mucho menor. Es en los institutos y las universidades donde se generan el conocimiento y la especialización que son insumos esenciales de la innovación. Sobre estos temas volveremos más en detalle en los siguientes capítulos.

- *Fomento de la innovación y el emprendedorismo.* No es realista pensar que todos pueden tener su propia empresa: de hecho, las empresas dinámicas, por su mismo aumento de productividad, tienden a reemplazar trabajo no calificado concentrando el ingreso y, en el mejor de los casos, terminan siendo como cualquier empresa, a pesar de la renuencia del emprendedor a aceptar el menos glamoroso mote de "empresario". Y el microempresismo en boga en los 90 probó ser intrascendente en la creación de empleo y producto, y financieramente muy precario.

Pero a medida que las viejas tareas se automatizan, es necesario crear nuevas tareas (nuevos bienes y servicios, nuevas industrias) y nadie mejor preparado para este reto que el emprendedor. Como sostenía el economista Joseph Schumpeter, padre del concepto de destrucción creadora: no es el dueño de la carreta el que construye las vías del tren. De ahí que tanto en la escuela secundaria como, sobre todo, en la educación terciaria, es necesario sembrar la semilla de la iniciativa y la creatividad, de la aplicación de conocimiento a la búsqueda de buenas nuevas ideas. Y generar las redes imprescindibles para conectar las ideas con las demandas del mercado y para conseguir el financiamiento necesario para ensayarlas. Universidades tecnológicas, incubadoras de ideas, ángeles y fondos de inversión, fueron los ingredientes del boom de nuevas patentes y empresas en Silicon Valley e Israel. Como veremos más en detalle en el próximo capítulo, no estamos tan lejos de adaptar y recrear, a nuestra escala, ese modelo exitoso.

- *Investigación y desarrollo.* El investigador es el primer emprendedor, el que genera el saber científico básico y construye el puente con la aplicación práctica. La mayoría de los grandes inventos surgen por esta vía. Pero la investigación básica por sí sola no se refleja en patentes, invenciones y aumentos de productividad. Es necesario el clúster, la conexión entre soluciones y problemas. Los productores agropecuarios están interesados en los avances de la biotecnología, los farmacéuticos en la medicina y la genética, los petroleros en la geología y la mecánica de materiales. Los países innovadores son los que logran facilitar el encuentro del saber académico con estas demandas de la producción.

Desde luego, todo lo anterior es bastante vago como programa, y debería complementarse con factores como una buena infraestructura, instituciones sólidas que preserven los incentivos (sobre todo, en inversión en investigación, que depende de manera crítica de la protección legal), y estabilidad política y económica que no acorte fatalmente el horizonte de las decisiones. Pero vale la pena anotar estos tres aspectos, para retomarlos más adelante cuando discutamos desarrollo, educación y el rol del Estado en la Argentina.

¿Hay para todos?

Es posible e incluso probable que, librada a su propia dinámica, la tercera revolución industrial siga generando mayor inequidad salarial y peor distribución de la riqueza entre el trabajo y el capital. Como mencionábamos, si la máquina hace un trabajo por la mitad del costo horario, el trabajador terminará desocupado o trabajando por la mitad del salario.

¿Por qué se crea cada vez más riqueza a la vez que se genera cada vez más pobreza? Si el desplazamiento de empleo es inevitable, ¿qué nos separa de la utopía de Keynes? ¿Por qué no reducir la jornada laboral a la mitad (o a 15 horas, como proponía)? Es cierto, como dijimos, que tener todo el tiempo libre del mundo puede ser para algunos bastante parecido al infierno. ¿Pero cinco horas, tres días a la semana? ¿Tres horas todos los días? ¿Dos meses de vacaciones, dos veces al año?

Más allá de la logística de acomodar esta rotación laboral en el ritmo de la empresa (tarea en la que la digitalización también ayuda), el problema obvio es económico: menos horas es menos ingresos. Y si bien la productividad de un trabajo flexible y concentrado daría espacio para un aumento del salario por hora, esto estaría lejos de compensar la pérdida de salario mensual.

Acá es donde entra el Estado como redistribuidor. ¿Es justa esta distribución? Más importante aún, ¿es mejorable? A los lectores que estén temiendo lo peor (la propuesta de un estado Leviatán que subsidie a todo el mundo a costa de los empresarios ricos), les advierto que esa idea ya fue planteada hace rato por el monetarista Friedman, y estuvo a punto de ser implementada por el republicano Nixon.

La pregunta relevante, sin embargo, es doble, y doblemente compleja. Por un lado, ¿podemos quedarnos con el pan y la torta: garantizar un ingreso mínimo y preservar los incentivos a la inversión, la innovación y el desarrollo? ¿No corremos el riesgo de ahogar al sector privado con impuestos para fondear las transferencias a los hogares? Por otro lado, ¿el bienestar se trata sólo de garantizar un ingreso a la gente o, como vimos, el trabajo es un ingrediente ineludible del bienestar?

Viejas y nuevas soluciones

"Debemos crear empleo y debemos *crear ingreso*. El pueblo debe convertirse en consumidor de una manera o de otra… La solución a la pobreza es abolirla directamente mediante… el ingreso garantizado." Tales las palabras de Martin Luther King en 1967.[38] Pero no fue King el primero en sugerir la necesidad de un ingreso básico universal; entre sus precedentes se cuentan los diez dinares del califa Abu Bakr, suegro de Mahoma; el dividendo ciudadano en base a la renta de la tierra fiscal del activista estadounidense Thomas Paine; y el mismo Napoleón Bonaparte.

Más cerca en el tiempo, economistas ilustres —liberales como James Tobin, Paul Samuelson y John Kenneth Galbraith, y conservadores como Friedrich Hayek y Milton Friedman— apoyaron la medida. En 1968, el año del asesinato de King, 1.200 economistas de variada extracción firmaron una carta dirigida al Congreso de los Estados Unidos pidiendo la implementación de un ingreso universal, lo que llevó al presidente Richard Nixon a diseñar una propuesta de asistencia familiar: el Family Assistance Plan. Los grupos de interés se pronunciaron en contra: asistentes sociales encargados de la asignación de planes no universales (por temor a perder sus trabajos), líderes sindicales (por miedo a perder apoyo en su prédica por la suba del salario mínimo) y parte de los trabajadores de clase media, que consideraban injusto subsidiar con sus impuestos al trabajador sin trabajo. En 1972, año electoral, Nixon prefirió no dar la batalla y cajoneó la idea.

La historia del ingreso básico no implica que éste haya sido la solución desperdiciada al problema de la distribución. Pero llama la atención que una idea que hoy parecería emblemática de la izquierda heterodoxa y populista (una idea mucho más ambiciosa que nuestra Asignación Universal por Hijo) fue hace apenas 45 años sugerida por el padre de la escuela de Chicago y casi puesta en práctica por un gobierno republicano.

Una versión proporcional del ingreso básico, también desarrollada por Friedman y ensayada sin suerte en el Congreso estadounidense, es el impuesto negativo a las ganancias (NIT, por sus siglas en inglés). El impuesto parte de un mínimo no imponible a partir del cual se grava el ingreso, y por debajo del cual se lo subsidia: si el mínimo es, digamos, 5.000 pesos, y el ingreso es 8.000 pesos, se cobra impuesto por el exceso (3.000 pesos); si el ingreso es de 3.000 pesos, se le paga al trabajador un porcentaje de la diferencia con el mínimo (2.000 pesos), que Friedman ubicaba en 50% (es decir, se le paga 1.000 pesos al trabajador). De este modo, se preserva la proporcionalidad del subsidio, y se garantiza que no haya trabajador sin ingreso.

El ingreso garantizado enfrenta al menos dos problemas. Por un lado, como ya vimos, la gente prefiere trabajar a quedarse en la casa. De ahí el énfasis de King en el trabajo social como forma de ocupación útil que contemple las razones no económicas mencionadas anteriormente. Otra alternativa, barajada por escépticos de la tercera revolución industrial como Summers, es el empleo público. No de cualquier manera, sino como evolución natural del mercado laboral. Para Summers, la destrucción de empleo por aumentos de productividad desplaza trabajo a servicios menos mecanizables como educación o salud, ambos fuertemente relacionados con el sector público. Sería esperable que estos servicios —y el mismo Estado— elevaran su participación en el producto de la mano de la maquinización.

El otro problema aparente de garantizar ingreso para todos es su fuente de financiamiento —lo que lo liga directamente con el impuestazo a la riqueza propuesto por Piketty y coautores para subsanar el aumento de la desigualdad entre capital y trabajo. Más allá de consideraciones morales, esenciales pero de discusión interminable, la idea de aplicar un ingreso universal fondeado con una suba de impuestos presenta al menos dos aspectos prácticos.

El primer aspecto es familiar: ¿en qué medida un aumento del impuesto a las ganancias, al reducir la ganancia marginal del empresario, ahoga la inversión y la innovación, inhibiendo la creación de riqueza y el desarrollo? Dicho de otro modo, ¿enfrentamos un dilema entre crecimiento y equidad? En principio no. El Nobel de economía Peter Diamond, junto con Emmanuel Saez, coautor de Piketty, sugieren en un trabajo reciente que la carga impositiva óptima al tope de la escala de ingresos podría superar el 75%, en línea con Piketty —y con el 90% recientemente propuesto por el presidente francés François Hollande por razones más políticas que económicas. Más allá de lo que uno piense de estos números teóricos, el dato es que, al menos en las economías avanzadas con buena eficacia tributaria (es decir, baja evasión), no parecería haber demasiada conexión entre la tasa de ganancia y el crecimiento. Así lo sugieren el bajo impacto de la suba del impuesto a las ganancias de Clinton en la economía americana, o los resultados empíricos del economista de la Universidad de Wisconsin Menzie Chinn, que no encuentran un vínculo entre el nivel del tributo y el crecimiento en los Estados Unidos. En todo caso, siempre queda el recurso de una combinación de impuestos indirectos como el IVA y transferencias a los hogares más pobres, para reemplazar impuestos directos a las ganancias o al trabajo, que suelen desincentivar la inversión y la formalidad.

El segundo aspecto es más novedoso y tiene que ver con los derechos de propiedad. A medida que el ingreso se acumula en manos de los dueños del capital (físico y humano), algo que la revolución tecnológica podría profundizar, ¿cómo varía el valor para estos dueños de los servicios prestados por el Estado para preservar su seguridad y la propiedad de sus recursos, y para facilitar la reproducción de su riqueza generando conocimiento básico o conteniendo protestas sociales?

Bajando a tierra: Sinopsis

¿Qué nos dice todo esto de nuestra visión de la Argentina futura?

Planear la política pública para acelerar el desarrollo es como correr un tren en movimiento. El tren, vale aclarar, es el mundo. Este mundo cambiante que describimos anteriormente. Lo importante mientras corremos al lado del tren no es tanto ver dónde está la puerta ahora sino dónde va a estar al momento de lanzarnos a ella. Lo esencial para pensar las políticas públicas de largo plazo es anticipar la tendencia.

Ese futuro que se nos insinúa —porque, como vimos, siempre hay más de una opinión sobre cómo sigue la historia, y la historia siempre nos puede sorprender con un cisne negro— cambia el valor relativo de nuestros recursos: en baja la soja y el petróleo, las manufacturas básicas y el trabajo poco calificado; en alza, el conocimiento y la innovación, los servicios sofisticados y el diseño.

No todos los analistas están convencidos de que las máquinas vendrán a salvarnos del bajo crecimiento de los últimos años. Los pesimistas del estancamiento secular como los economistas Robert Gordon o Larry Summers sostienen que los inventos de la segunda revolución industrial ya rindieron sus frutos y que los Estados Unidos (y, podríamos agregar, el resto del mundo desarrollado) ya no aumentan la productividad como solían hacerlo.[39] La prueba: la estabilidad del salario real o el modesto crecimiento mundial después de que la crisis financiera de 2008-2009 pinchara la burbuja inmobiliaria y pusiera las cosas en su lugar. A esto, los optimistas de la tercera revolución industrial y el desempleo tecnológico le responden con los ejemplos de lo últimos avances y la promesa de un crecimiento exponencial. El sector cuaternario recién está calentando motores: ¡la ley de Moore no ha muerto![40]

Más allá de la contradicción entre ambas visiones (¿pueden ser las dos ciertas?), las máquinas seguirán avanzando y alterando la naturaleza del aparato productivo y de las demandas del mercado laboral. Y marcando la agenda de prioridades. ¿Qué tipo de calificaciones deberíamos promover para facilitar la creación o instalación de las empresas dinámicas del futuro? O, asumiendo que se creen o instalen por otros motivos, ¿qué capacidades deberíamos generar para facilitar el acceso al mercado laboral formal de las nuevas generaciones? ¿Qué políticas públicas, en general, tienden a potenciar estas nuevas fuentes de crecimiento?

Por último, los pesimismos del estancamiento secular y de la maquinización tienen una víctima en común: el empleo. De hecho, uno de los principales argumentos del estancamiento secular es la demanda insuficiente, que puede caer aún más con el desempleo y la transferencia de ingresos a hogares ricos con alta propensión al ahorro. En ese caso, ¿qué podemos hacer para proteger los puestos de trabajo sin negar la realidad? ¿Qué reforma tributaria nos acercará al paradigma de Keynes, convirtiendo la inequidad en distribución del fruto de los avances tecnológicos?

La nostalgia es el final de todo

"Bennie recordaba a su mentor, Lou Kline, diciéndole en los 90 que el rock había llegado a su epígono con el Monterrey Pop. Estaban en la casa de Lou en LA, con sus cascadas y las muchachas hermosas que Lou siempre tenía cerca y su colección de autos al frente, y Bennie lo había mirado y había pensado: estás acabado; la nostalgia es el final de todo, todo el mundo lo sabe." En la novela de Jennifer Egan, Bennie se lamenta de su propia nostalgia, de cuando producir música era hacer música, era creer en el poder transformador de la música —aunque el poder transformador de la música (o del cine o de la literatura) nunca haya sido tan grande como supusieron sus creadores. Bennie se lamenta de su propia nostalgia condenando la de su mentor. Se lamenta de haber perdido la capacidad de creer en lo que hace.

La política argentina se muere de nostalgia. Se debate en la guerra de las décadas (sesentistas contra noventistas, setentistas contra ochentistas). ¿Qué nombre identificará a las décadas del nuevo milenio? La Argentina huyó del incendio de la crisis en un auto ensamblado de urgencia por Duhalde a principios de 2002; Néstor tomó la posta sin pasar por el service pisándolo a fondo e ilusionándose con la velocidad con la que se alejaba del fuego. ¿Qué nombre le pondremos a estos diez años de tasas chinas y capitalismo de amigos y políticas de hilo y alambre? ¿Kirchnerismo? ¿Duhaldismo tardío, exacerbado, necesitado de un nuevo corazón o de una transfusión de sangre? ¿Panperonismo transgénico?

La política argentina se muere de nostalgia. Busca en el pasado para zafar de un presente en el que, con el motor ahogado, vemos cómo nos pasa el pelotón que creíamos liderar. Mira a boxes, convoca a marcha y festival de apoyo, circula manifiestos e insiste con la #decadaganada, el revival noventista o las saudades ferroviarias.

La nostalgia es el fin de la política. ¿Qué hace falta para un recambio de rostros y de ideas? ¿Es absolutamente necesario discutir qué capitalismo queremos como si todavía estuviéramos cursando Sociedad y Estado en el CBC? ¿Cómo llamaremos a esta época, la próxima, la que mañana o en octubre o dentro de treinta meses genere el comienzo de una nueva ilusión? Habrá que ponerle un nombre cuanto antes para salir de la huella en el barro y espantar la nostalgia. Un nombre que no nos congele en el tiempo, que nos obligue a pensar fuera del cajón de incunables y viejas fotografías que nos demora en el desván.

Aristóteles, cuenta Héctor Leis en su Testamento de los años 70, postuló el concepto de philia (amor fraterno) como cemento de la comunidad política. Son pocas las comunidades políticas donde la philia está más ausente que en la Argentina, dice Leis, la distinción amigo-enemigo atraviesa toda la vida política, y sus actores tienden a enfatizar el lado enemigo. Políticos facciosos, plagados de mutuas asignaturas pendientes. Políticos phobicos.

Propongo un programa abierto y voluntario de deconstrucción ideológica anaeróbica: los nostálgicos salen a la calle y arman su club de la pelea y se pelean todos contra todos hasta ajustar cuentas con el pasado y, después de sacarse las ganas a los golpes, se retiran o se tiran al piso, los cuerpos azules pero livianos, a pensar otra política que sea más que una industria de trabajadores poco calificados capaces de cerrar con cualquiera para no perder *el conchabo o una organización de* fund raising *vendiendo asientos preferenciales a altruistas privados en busca de una terminal para hacer negocios con el Estado.*

3. Recalculando

La agenda paralela

En 1983, Canal 13 pasaba un ciclo de unitarios argentinos llamada *Compromiso*. En uno de sus capítulos, un taxista —el actor Miguel Ángel Solá— se baja del taxi frente a la escalinata del edificio de la Facultad de Ingeniería de Paseo Colón, y empieza a putear. "Me cagaste", le grita al edificio, a la educación, a sus profesores y a él mismo, y tira el título de ingeniero al suelo. Cómo olvidarlo: era mi primer año en esa misma facultad, y el comienzo no podía ser más propicio. El ingeniero taxista fue el paradigma del profesional terciarizado de los 80. En los 90, la fauna de actividades de los terciarizados a la fuerza incorporó el quiosco, el videoclub, la cancha de paddle, el parripollo.

Si en la Argentina uno dice servicios, piensa en informalidad, precariedad y sobrecalificación laboral. Piensa en el ingeniero conduciendo un taxi. El trabajo en el sector servicios tiene una larga historia como sinónimo de ajuste y repechaje. Por ejemplo, en los noventa "neoliberales", con privatizaciones y reformas del Estado que incluían reducciones de planta mediante jubilaciones anticipadas, el nuevo microempresario, cuentapropista a la fuerza, se compraba el fondo de comercio del quiosco o del videoclub ilusionado con una renta. Pero a la larga, la sobreproducción de servicios de baja productividad —la sobreabundancia de quioscos y videoclubes— se consumía el dinero del jubilado prematuro y lo convertía en un trabajador sobrecalificado y subempleado, en vías de extinción. Después de pasar por un programa de reentrenamiento que era apenas un mecanismo de contención, el desocupado se retiraba definitivamente de la fuerza laboral y de las estadísticas de empleo.

La fantasía industrializadora —o la pesadilla desindustrializadora— que domina la discusión económica de la Argentina suele menoscabar al sector servicios. Supone que la producción de manufacturas (una metalúrgica, una mueblería) aumenta su productividad más rápido, y crea más y mejores salarios. Y que los servicios, en cambio, generan puestos precarios, de baja calificación y remuneración. Como veremos, nada más alejado de la realidad.

El enfrentamiento entre industrias y servicios y su incidencia en la calidad del empleo es una de las discusiones que aparece —o debería aparecer— cada vez que pensamos en la economía argentina más allá de nuestros problemas cotidianos. Pero, con una realidad ruidosa y cambiante que nos salta a la cara cada vez que abrimos el diario o prendemos la televisión, nuestro debate económico está saturado de coyuntura.

El verano pasado, en una charla playera mientras caía el sol y el viento atlántico reclamaba un abrigo, conversaba con un economista amigo alineado con uno de los candidatos presidenciales. Hablábamos de la necesidad de mejorar y actualizar la educación, de modernizar las instituciones públicas, privadas y políticas, de reformar el sistema tributario y el gasto social en respuesta al nuevo normal de crecimiento tecnológico y concentración de riqueza. En definitiva, de cómo subirnos al tren del desarrollo del que hablábamos en el capítulo anterior. "Esto es todo muy valioso, pero a mí lo que me preocupa es cómo gobernar los primeros dos años", me confesó. Y para ilustrar, enumeró: dólar, inflación, empleo, default.

Estas preocupaciones no son ilógicas, ya que el ciclo que termina deja asignaturas pendientes que habrá que resolver cuanto antes para avanzar con el desarrollo. Pero la inmediatez de la coyuntura no debe confundirnos. A partir de 2016 tendremos una nueva oportunidad y el éxito o el fracaso dependerán tanto de lo que hagamos con el dólar, la inflación y el financiamiento externo, como de nuestra visión y proyecto de largo plazo. Es cierto que la coyuntura no es fácil, pero al menos sabemos desde hace décadas cómo enfrentarla. En cambio, el desarrollo es un desafío para el que no hay libreto. La inflación, el dólar, los cepos, los holdouts, hegemonizan la campaña y probablemente condicionen las políticas en 2016. Pero son apenas la punta del iceberg de un balance más espinoso entre productividad y demanda de trabajo, crecimiento y bienestar.

Tenemos que subirnos a un tren que corre. ¿Por dónde empezamos? Una certeza: El mundo cambia con o sin nosotros.

Tigres, canguros, gacelas: el desarrollo como juego de roles zoológicos

El debate económico argentino está teñido de nostalgia, detenido en el desarrollismo de posguerra. Los optimistas torturan datos para dibujar un proceso de reindustrialización, mientras que los escépticos exhiben nuestra desindustrialización como ejemplo del fracaso oficial. Ambos insisten en asociar el desarrollo con una industria tradicional que, como vimos en el capítulo anterior, está globalmente en baja desde hace un siglo. Y proponen sustitución de importaciones basada en la protección, o exenciones y subsidios a la micro y pequeña empresa y a exportaciones con contenido nacional, todas fórmulas ya ensayadas que, aun si no hubieran fracasado en las últimas décadas, lo harían en un mundo integrado y multipolar.

En la Argentina, la idea de política productiva suele asociar la industria con el empleo de calidad, tomando como referencia la industrialización de los tigres asiáticos, países como Corea del Sur que eran pobres en la posguerra y se volvieron potencias manufactureras en los 80.[41] Esta fascinación se extiende a la segunda generación de tigres (Indonesia, Filipinas) que tomaron la posta industrializadora allí donde la dejaron sus mentores: largas jornadas de trabajo, escasa sindicalización y derechos laborales mínimos y, sobre todo, salarios bajos. Incluso China, agotado ya el ejército de trabajo rural que contenía los salarios urbanos, recurre hoy a su propia periferia, exportando trabajo a tigres de tercera generación como Vietnam o Camboya, para reducir costos laborales.

Ése es uno de los detalles que los promotores locales de la industrialización asiática pasan por alto: la Argentina alcanzó tempranamente niveles de ingresos medios y de protección social y laboral de país desarrollado, comparables con la Corea actual pero lejos de la Corea de hace cuarenta años. La Argentina nunca estuvo en condiciones de competir en este frente con los tigres. Abundan las pruebas: vean si no los fallidos y poco transparentes sistemas de promoción industrial, o el perenne régimen fueguino, ese costoso dinosaurio del voluntarismo económico que probablemente sea la mejor ilustración de hacia dónde *no* hay que ir para desarrollarnos. La Argentina fue, es y esperemos que siga siendo, demasiado rica para ser tigre. Esto no es una mala noticia, es sólo un dato insoslayable a la hora de pensar el desarrollo por fuera de la profecía de Vaca Muerta.

Dejemos de lado el fantasma de la primarización (contrario a la evidencia, el sector primario de hecho *redujo* su participación en estos años) y concentrémonos en su gemelo, el fantasma de la "terciarización" (es decir, el aumento de los servicios a expensas de la industria) que fue el verdadero patrón de las últimas décadas. Este patrón es más general de lo que a veces se insinúa en el debate local.

La terciarización sube a medida que las ganancias de productividad en la producción industrial reducen el precio de las manufacturas en relación con los servicios. Más simple, recordemos el ejemplo del capítulo anterior: mientras entre 1982-2012 el precio del televisor cayó en Estados Unidos un 95%, el de la educación privada se multiplicó por siete.

Esto también se explica porque la demanda de servicios aumenta. A medida que nuestro ingreso crece y satisfacemos necesidades básicas, gastamos más en nuevas necesidades (esparcimiento, turismo, diseño, medios). Subimos la vara de nuestro consumo y con esto subimos la demanda relativa de servicios.

Un factor menos "fundamental" detrás de la tercerización es que la participación industrial suele caer "estadísticamente": si una empresa industrial reemplaza su departamento de marketing contratando a una empresa de servicios de marketing, en las cuentas nacionales veremos a los servicios subiendo a expensas de la industria. Muchas de las actividades que en el pasado se realizaban *dentro* de la empresa industrial (transporte, telecomunicaciones, seguridad, catering, servicios de salud, de correo) son ahora provistas de manera externa por empresas de servicios. Por lo tanto, parte de la terciarización medida puede deberse a un "efecto de reclasificación".[42]

73

Esto hace que la mayor productividad industrial y la ter-cerización de los servicios puedan leerse incorrectamente como desindustrialización, lo que sugiere que la separación tradicional entre campo, industria y servicios es insuficiente para caracterizar la complejidad de la economía moderna.

Entonces: el tamaño relativo de la industria y del empleo industrial cae con la productividad y el desarrollo, y con la contratación de los servicios por fuera de la empresa. Hasta en China, paradigma de país factoría, el empleo industrial cae hace años. El proceso puede demorarse —pero no de-tenerse— con políticas de protección y fomento industrial. ¿Vale la pena hacerlo?

Los servicios son, como ya señalamos, muy heterogé-neos, tanto que algunos se vieron tentados a distinguir un sector terciario de servicios poco sofisticados y uno cua-ternario de servicios de alto valor agregado. Sin embargo, a pesar de la esperable diversidad de salarios, son los servicios los que pagan más en promedio, como ilustramos en un trabajo reciente para el Banco Mundial.[43] Y si bien es difícil estimar la productividad por sector, en los últimos años la productividad de la industria y la de los servicios fueron de la mano, alimentadas por el avance tecnológico.

Si en la Argentina uno dice servicios piensa en informa-lidad, precariedad y sobrecalificación laboral. Piensa en el ingeniero conduciendo un taxi o en el ex empleado público gestionando un quiosco en el que invirtió la indemnización de su jubilación anticipada. Pero estas imágenes (el taxi, el quiosco) no se condicen con los servicios que han mostra-do mayor dinamismo y crecimiento en los últimos años: finanzas, educación, turismo, informática, biotecnología, industrias creativas.

Una fantasía que compite con la de los tigres asiáticos en la charla casual sobre desarrollo es la de los "cangu-ros", exportadores desarrollados de bienes primarios, como

Australia, Nueva Zelanda o Canadá, que invierten la renta de los commodities para diversificar la producción hacia servicios exportables de alta calidad. Australia, por caso, importa celulares del sudeste asiático a cambio de manufacturas agrícolas, educación, turismo.

Para abusar de la analogía animal, podemos agregar un tercer modelo, el de un país que, ante la ausencia de recursos naturales, orienta su especialización hacia la investigación y desarrollo, la innovación y el emprendedorismo: Israel, la economía con la mayor concentración de startups per cápita (cerca de mil firmas nuevas por año). Para lograrlo, los israelíes apalancaron su rico capital humano, aumentado por la masiva inmigración calificada proveniente de Rusia, con una fuerte inversión en universidades de excelencia y un exitoso sistema de capital de riesgo. Llamaré a este grupo "gacelas", por el animal nacional de Israel.[44]

La Argentina es aún poco sofisticada para ser canguro, ni qué decir gacelas. Pero, puestos a elegir hacia dónde apuntar los esfuerzos, mejor ganar en sofisticación —modernizando la educación y la infraestructura, fomentando la innovación y la creación de empresas; en fin, aceptando que los tiempos modernos ya no son los de Chaplin— que perder en salario.

La industrialización es un sueño eterno

Antes de sacar conclusiones conviene mirar los números. La industria no crece y esto no es ni un fenómeno específico de la Argentina ni es reciente. Las últimas décadas mostraron un lento corrimiento de la actividad desde la producción de manufacturas y materias primas a la producción de servicios, tanto si lo medimos como participación en el producto como en términos de empleo. Ya vimos que este proceso, anticipado por los economistas ya a principios del siglo XX, es común a muchas otras economías. De hecho, podríamos decir que nos alcanzó una ola que pasó por las economías avanzadas hace décadas. Y si una mirada más atenta revela que el fenómeno comenzó a mediados de los 90, la tendencia no ha cambiado desde entonces. La terciarización llegó para quedarse y no debe ser vista como un obstáculo a subsanar sino como un dato de la realidad sobre el que tenemos que actuar.

La desindustrialización de América Latina ya lleva 25 años

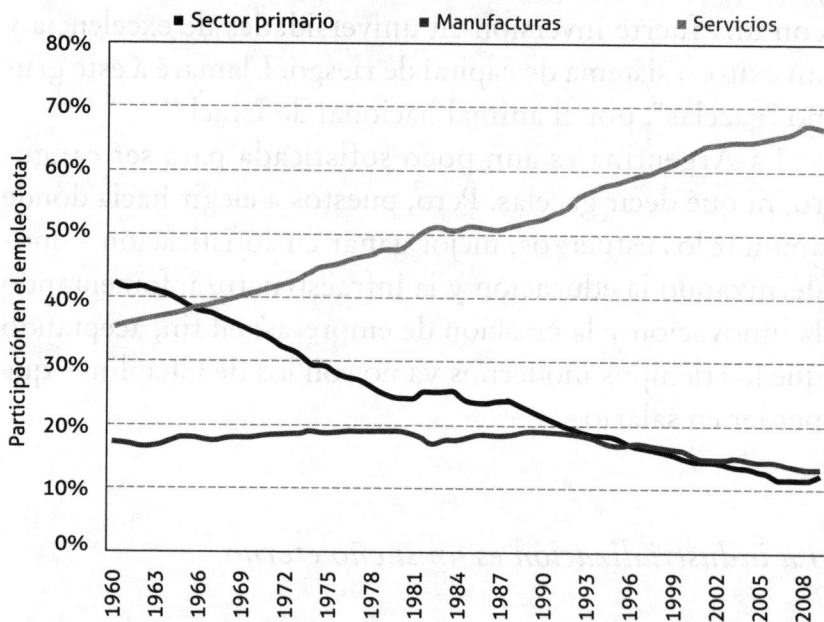

Nota: Promedio de Argentina, Bolivia, Chile, Colombia, Costa Rica, México, Perú y Venezuela.

Fuente: Base de datos de Marcel P. Timmer y Gaaitzen J. de Vries.

En un trabajo reciente para el Banco Mundial, junto con Augusto de la Torre y Samuel Pienknagura, analizamos el fenómeno del crecimiento de los servicios en América Latina en la última década y sacamos algunas conclusiones preliminares:

- Los servicios que más crecieron y contribuyeron al crecimiento son los de alta calificación;
- La productividad de los servicios aumentó casi tanto como la de la industria;
- Los servicios emplean mano de obra más calificada y mejor remunerada que la industria (la diferencia viene agrandándose con el tiempo);
- Nuestras exportaciones de servicios son muy bajas o, puesto de otro modo, nuestros servicios no son competitivos.

En otras palabras, nuestro patrón no es muy distinto del observado en economías avanzadas: lo que crece son servicios de alta productividad y mano de obra calificada. Pero nuestros servicios, como nuestros productos industriales, no son ni sofisticados ni exportables.

El debate acerca de los pros y los contras de la terciarización como reflejo del nuevo normal tecnológico es particularmente relevante en países dotados de recursos naturales como la Argentina que, desaparecido el viento de cola mundial, queda a mitad de camino entre dos modelos: demasiado ricos (es decir, demasiado caros) para competir con los nuevos tigres asiáticos, y demasiado pobres (es decir, no lo suficientemente productivos) para emular a los canguros y gacelas. Por otro lado, no todo el desarrollo se agota en un sector. En naciones como Australia, los servicios complementan a los recursos naturales y a la agroindustria. De otro modo, ¿quién le daría trabajo a tanta gente?

¿Quién le teme a los servicios?

La variante sofisticada, "moderna", de la terciarización australiana e israelí genera entusiasmo en los desarrollistas y temores en los laboralistas. Para los primeros, es la entrada a puestos de trabajo productivos de salarios altos. Para los segundos, es el anticipo de la destrucción del empleo.

Como siempre, el modelo es más simple en los libros que en la calle. En la teoría, a medida que cambia el patrón de producción (es decir, que se amplían unos sectores y se achican otros), el trabajador se recicla y se muda a actividades más rentables. En la práctica, sin embargo, el trabajo es mucho más específico y, por lo tanto, menos reciclable. Es difícil reentrenar a un trabajador de mediana edad, y más aún hacerlo competir como novato con trabajadores más jóvenes y con menores pretensiones económicas. Cada vez que una crisis modifica de cuajo la composición de la producción de un país, sólo una parte de la caída del empleo en los sectores más castigados es absorbida por los grupos sobrevivientes y en alza. En el proceso, un número no menor de trabajadores afectados queda suspendido entre el subempleo y el desempleo, al punto de desalentarse y dejar de buscar trabajo —lo que lo hace invisible para la tasa de desempleo.[45]

Todo esto también pasa, aunque a una velocidad menor, con el cambio tecnológico. El nuevo paradigma de producción hace obsoletas ciertas calificaciones. Como alertan algunos observadores de esta tercera revolución industrial, puede ser que al final tengamos "un mundo donde las fábricas consistan en un trabajador calificado manejando cientos de máquinas, y otro menos calificado limpiando el piso (¡de hecho, este último podría perder su trabajo a manos de un Roomba Robot!)".[46]

Del mismo modo, hace menos competitivos a los países donde los insumos que demanda este nuevo paradigma son escasos. Los países que no cuentan con capital físico o humano son menos fértiles para las nuevas tecnologías y quedan rezagados en actividades maduras o de baja productividad, condenados a un crecimiento modesto del producto y los salarios.

Por eso, la tecnología puede generar inequidad en dos dimensiones. Dentro de un país, porque eleva la productividad y la riqueza del país pero la distribuye inequitativamente, favoreciendo a los dueños del capital (físico y humano). Y en el mundo, porque amplifica el atraso de aquellos países orientados a explotar recursos naturales y trabajo barato.

El nuevo normal tecnológico puede ser un arma de doble filo: sube tanto el premio como el costo de perder la apuesta. Porque el mundo acelera y todo lo que dejamos pasar nos aleja un poco más de la frontera. E incluso si logramos subirnos a este tren, no siempre los resultados son justos o sostenibles.

Nuevas tecnologías y talleres del conurbano: el problema del empleo

Defensores de la terciarización, como el economista del Banco Mundial Ejaz Ghani, apuntan a los servicios sofisticados como fuente de empleos de alta calidad y de crecimiento, en particular cuando se trata de nuevas economías emergentes. Éste sería el caso de los llamados leones de África, que han sido "beneficiados por aumentos de la productividad en el sector servicios, mientras que el sector agrícola continúa sin aumento de productividad".[47]

A su vez, escépticos de la terciarización como el economista Dani Rodrik advierten que los servicios transables "son sectores intensivos en calificación".[48]

79

La crítica de Rodrik se resume en dos líneas. Primero, los servicios emplean pocos trabajadores de calificación media —que en países como el nuestro suelen ser la mayoría. Ilustremos el punto con un ejemplo local. En respuesta a una columna que escribí hace un año argumentando que la Argentina tenía que dejar de invocar el modelo de los tigres asiáticos para mirar más al de los "canguros" australianos (o, el de las "gacelas" israelíes), un colega me respondió con la siguiente pregunta: "¿Cómo hacen los canguros para dar de comer a los trabajadores no calificados de los talleres del conurbano?".

Esto es lo mismo que señala Rodrik, que sostiene que las finanzas y los servicios comerciales, la informática y las telecomunicaciones son actividades de alta productividad que pagan buenos salarios a trabajadores especializados y emplean pocos trabajadores no especializados. Dado que las economías en desarrollo tienen muchos de los segundos y pocos de los primeros, dice, los servicios modernos no pueden absorber la oferta de trabajo.

En otras palabras, el hecho de que el trabajo en el sector terciario haya subido tanto en estos años se debería sobre todo a puestos no calificados como limpieza o comercio minorista. De ahí que la contribución del celebrado sector de informática y comunicaciones al crecimiento y el empleo de la India sea bastante menor, mientras que las viejas manufacturas pueden generar un gran número de empleos más productivos a trabajadores que vienen "directo del campo".

Rodrik, vale señalarlo, tiene en mente la transición del campo a la ciudad en economías fundamentalmente agrarias como la India de los 80 o los leones africanos de Ghazi. Pero la Argentina hace tiempo que no es un país agrícola o una economía maquiladora de mano de obra barata. Los trabajadores argentinos son menos pobres y más calificados que el trabajador promedio de Rodrik. Y el milagro africano basado en servicios de consumo masivo, como el boom de la telefonía celular en Kenya, nos es a todas luces insuficiente. Por suerte, subirnos al tren tecnológico no debería resultarnos tan difícil.

Creatividad: la mano oculta del mercado

"La creatividad siempre llega sorpresivamente; por eso, nunca podemos contar con ella y no nos atrevemos a creer en ella hasta que ocurre. En otras palabras, no nos abocamos conscientemente a tareas cuyo éxito depende de la creatividad." Las palabras del economista alemán Albert Hirschman describen lo que bautizó, parafraseando la mano invisible de Adam Smith, como el Principio de la Mano Oculta. Corolario: la única manera de activar nuestros recursos creativos es errando.[49]

Hirschman va aún más lejos en su definición. Estamos más que dispuestos a aceptar la visión del historiador de que "caímos" en guerra o en caos o en crisis, de que los fracasos y los eventos penosos son accidentes. Pero nunca decimos que caímos en el bienestar y el desarrollo. Hasta el idioma, dice, nos formatea para aceptar la asimetría de que el fracaso es accidental pero el éxito es voluntario. El éxito, dice Hirschman, tiene su cuota de accidente; la creatividad es lo que hace del accidente un éxito. Antes que él, el filósofo italiano Eugenio Colorni, cuñado de Hirschman, sostenía que la duda es una forma de motivación, ya que nos libera de la creencia de que uno tiene que tener todo estudiado antes de actuar, de que la convicción es requisito de la acción. Que al miedo al error no sea obstáculo para la acción, decía Corloni.

Duda, fracaso, prueba y error como puertas a la creatividad. ¿Pero qué es exactamente la creatividad, qué creatividad aporta al desarrollo, ¿cómo la cultivamos y la apropiamos? Porque hay distintas formas, completamente valiosas, pero no toda la creatividad genera ingresos para el país que le dio origen.

En *Basta de historias*, el periodista Andrés Oppenheimer felicita a los países que fomentan los estudios de posgrado en el exterior como manera de promover la creatividad y estimular la aparición del Steve Jobs local.[50] Mandar estudiantes a los principales centros de estudios para que se especialicen y, sobre todo, interactúen con gente de todo el mundo, está bien. El viaje suma contactos, conocimiento y exposición a otras culturas y otros gustos —todos ingredientes útiles teniendo en cuenta que una de las condiciones para que una innovación agregue valor es que tenga una demanda amplia, regional o global.[51]

Pero una vez afuera, ¿cómo hacemos para repatriarlos, para que el valor que generan sume al país?

Si un innovador vende su creación a una firma extranjera para que la desarrolle masivamente, nos pone orgullosos como argentinos, pero al cabo terminaremos importando el producto para beneficio del país productor. De esta manera nuestra inversión en educación termina siendo apropiada por una economía extranjera.

No es este el único caso en donde mal vendemos producción local: como botón de muestra, basta citar la venta de urgencia de las últimas acciones de YPF en 1999. Dado que el costo financiero ha sido históricamente mayor en la Argentina que en el exterior, la misma empresa vale menos para un dueño argentino que para un extranjero que puede financiar la compra más barata y a más largo plazo.[52] De ahí la transnacionalización de nuestras mayores empresas, un proceso que ya lleva varias décadas y que no se detuvo en el nuevo milenio.[53]

Pero hay una diferencia importante entre vender la cervecería Quilmes a la brasileña Brahma (venta iniciada en 2002 y completada en 2006) que vender un prototipo o una patente o una empresa naciente a capitales extranjeros. En el primer caso, a lo sumo una fracción mayor de las ganancias no reinvertidas de la cervecería saldrán del país (al país de origen de los nuevos dueños). En el segundo, toda la producción cambia de lugar, y con ella el trabajo y los derrames hacia otras actividades.

Exportar ideas es un pésimo negocio para el país. En términos de contribución al desarrollo y al empleo, es preferible un extranjero produciendo en el país a un argentino produciendo en el exterior. De hecho, la fuga de cerebros a economías más desarrolladas no hace más que ampliar las diferencias entre éstas y nosotros. ¿Implica esto que tenemos que dejar de subsidiar la formación tecnológica en el exterior, o incluso en el país, para no financiar el capital humano de países extranjeros? Todo lo contrario, tenemos que poner tanto esfuerzo en la alta formación como en la creación de un ambiente atractivo para que el estudiante regrese a producir en el país.

Retener capital humano, o repatriarlo cuando se ha formado en el exterior, no es tan difícil como suena. La cultura, el idioma, incluso la voluntad de hacer algo en y por el país actúan como un atractor natural. Sólo por dar dos ejemplos, pensemos en el programa de repatriación de científicos del Ministerio de Ciencia y Técnica (mediante subsidios del programa Raíces, proyectos de investigación, y becas de reinserción del CONICET) o innovadores jóvenes como Emiliano Kargieman o Gabriel Wainstein que pasaron por Singularity University en California y hoy producen tecnología nacional.

Para repatriar y retener a nuestros especialistas e innovadores también se necesita un ambiente facilitador en el que se generen ideas y puedan llevarse a la práctica. Un sistema de conexiones que motive sinergias y relaciones, en el que el investigador y el emprendedor se sienta acompañado y estimulado: un ecosistema. El espíritu innovador no florece en aislamiento, necesita interacción en la diversidad.

Y dinero, mucho dinero.

Ángeles y capitalistas

Un emprendimiento exitoso típicamente atraviesa varias etapas en su camino a ser empresa, cada una de las cuales requiere financiamiento en aumento. La primera consiste en la definición y el prototipo del proyecto, se necesita "capital semilla", generalmente financiado por "ángeles". La segunda, la del startup, es la del desarrollo y el marketing de la idea en un producto comercial; acá entran en juego los fondos de capital de riesgo. La tercera (primer round de financiamiento) es la salida a la cancha: las primeras ventas. La cuarta (el segundo round) es el estirón: capital de trabajo para crecer y comenzar a generar ganancias. Si el emprendimiento es rentable, la quinta etapa es la rueda de expansión (*mezzanine*). La sexta es la salida: los accionistas originales (el ángel, el capitalista de riesgo, los emprendedores) venden parte de sus acciones mediante una salida a la Bolsa. Naturalmente, las etapas son menos si el emprendimiento termina en fracaso o se vende prematuramente.

Un ángel es una persona con mucho dinero que financia un proyecto de nueva empresa a cambio de una participación en la compañía (o de deuda convertible en una participación en la compañía). El término viene de Broadway, centro de las grandes producciones teatrales de Nueva York, y se refiere a esos ricos patrones del arte que fondeaban lujosas producciones, en parte por negocio y en parte por vanidad, como los descriptos por Mel Brooks en *Los productores*.

En el campo de las nuevas empresas hay más de negocio que de vanidad, pero las razones extraeconómicas no están ausentes. Los ángeles son, en muchos casos, exitosos empresarios o ejecutivos jubilados que siguen en el juego por el gusto de mantenerse activos y oficiar de coach de emprendedores noveles. El gancho tiene similitudes, aunque no es idéntico, al que mueve a una persona a patrocinar una organización de bien público o participar activamente en el board de una ONG. Del mismo modo que ocurre con las donaciones, estos patrocinios no son comunes en la Argentina, tal vez por falta de hábito, y los ángeles escasean. También puede relacionarse con el enanismo de nuestro mercado de capitales: las mismas razones que lo inhiben (inestabilidad financiera, regulación cambiante, escasa protección de los derechos de los accionistas, interminables procesos judiciales) también lo hacen con los ángeles.

En la práctica, como no hay mercado de ángeles, hay que armarlo de algún modo. La gente con ideas y la gente con plata se juntan en simposios y encuentros ad hoc como los organizados por la Fundación Endeavor, o en clubes de ángeles. Pero por lo general la cosa se pone en marcha con relaciones "boca a boca" o mediante el *crowdfunding* entre amigos y familiares —amigos y familiares con dinero, lo que explica la procedencia acomodada de la mayoría de los emprendedores locales.[54] Los mismos problemas de crecimiento se aplican también a la siguiente etapa del financiamiento, el startup, protagonizada por unos pocos fondos de capital de riesgo.

Este déficit de financiamiento temprano no es anecdótico. La manera natural de cultivar y, sobre todo, preservar el potencial emprendedor de la Argentina es financiarlo en casa. Si el emprendedor no encuentra fondos, la idea no se desarrolla —o, más probablemente, se desarrolla fuera del país. Si el emprendedor encuentra fondos en el exterior, como suele suceder, regalamos nuestro capital humano al mundo. En ambos casos, la falta de financiamiento nos transforma de productores de innovación a consumidores de innovación. Ya dijimos en el capítulo anterior que una parte importante del crecimiento del ingreso está unida a la innovación, y que la innovación abarata los productos tradicionales. Por eso exportar las ideas que no sabemos financiar, y pasar de productor a consumidor de innovación, no es trivial: con esto, el mundo se vuelve más rico, y nosotros más pobres.

El mismo argumento se aplica a la venta anticipada de empresas jóvenes al exterior antes de que entreguen todo su valor —algo así como vender jugadores a equipos de Europa antes de que debuten en Primera. Un problema recurrente hasta en la *startup nation*: Israel.

Un cuento de hadas

"Emprendimiento e innovación: un cuento de hadas para América Latina", desalentaba el título de un panel del congreso de economía de la Universidad Nacional de Moreno. ¿Un cuento de hadas?

Lo mismo que en el caso de los talleres del conurbano, el escepticismo tecnológico tercermundista nos condena a reproducir el trabajo precario y la informalidad y la pobreza. La idea de preservar y reproducir los trabajos baratos y precarios para compensar la baja calificación de nuestros trabajadores no sólo es profundamente pobrista. Es también insostenible, porque esos trabajos sobreviven en base a la precariedad, la evasión y la protección comercial, es decir, en base al gasto fiscal o a la mayor carga tributaria de otras actividades. Al menos una parte de nuestro estancamiento con inflación se debe a la protección y promoción de actividades inviables.

El mundo cambia con o sin nosotros. Una vez que aceptamos esto, sólo queda preguntarnos qué hacer. ¿Explotar la nueva ola en base a nuestras ventajas competitivas (desarrollando y potenciando estas ventajas) o construir defensas para mitigar el efecto del cambio sobre el empleo y la equidad? En principio, ni una cosa ni la otra. O, mejor dicho, las dos a la vez.

Por otra parte, no hay que sobreestimar el poder del emprendorismo, sobre todo su escaso impacto sobre el empleo. Aun en Israel, las startups crean empleo a menor velocidad de lo que sube la oferta. La participación del sector de alta tecnología en el empleo total cayó de 10,7% en 2007 a 8,9% en 2013. Para peor, los emprendedores israelíes (y los nuestros) venden rápido a grandes empresas para realizar tempranamente el valor de la inversión. Así, la innovación se agota, y el desarrollo queda trunco o pasa a manos extranjeras. Y el empleo, siempre el lado flaco del progreso tecnológico, queda en un segundo plano.[55]

Cualquier estrategia de desarrollo, aun una basada en la innovación y el emprendedorismo, implicará una convivencia armónica de lo nuevo y lo viejo.

¿Son viables las pymes agroindustriales?

No todo es alta tecnología.

A fines de 2001, Ignacio de Mendiguren, entonces presidente de la Unión Industrial Argentina, trajinaba los pasillos de Washington, DC con una lata de granos de choclo cosechados en la Argentina y enlatados en Brasil. ¿Por qué no podemos enlatar nuestros propios granos?, se preguntaba. Por el atraso cambiario, era la respuesta implícita. En realidad, no tan explícita: De Mendiguren llevaba consigo una propuesta del Grupo Productivo que recomendaba devaluación, reestructuración de deudas y seguro de cambio para los deudores privados dolarizados —el precedente del default con pesificación de enero de 2002.

Las visiones de la Argentina, en lo que hace al desarrollo productivo, varían con el tiempo y el contexto. Hace unos años era común sostener la idea de que el país debería convertirse en el supermercado del mundo, es decir, en el proveedor de alimentos elaborados. La idea llegó incluso a ocupar un lugar en el discurso proselitista de Cristina Fernández de Kirchner en 2011, bajo el eslogan "Industrializar la ruralidad". La idea de agregar valor a nuestra riqueza de recursos naturales y productos primarios tiene su lógica. ¿Qué mejor que usar lo que tenemos a mano, más barato, como insumo de producciones más sofisticadas? ¿Qué más fácil que elaborar lo que hay?

Sin embargo, la realidad es más ardua. Hace más o menos un año, el economista Javier González Fraga escribía una columna en el diario *La Nación* haciendo el post mortem de La Salamandra, una empresa de alimentos exitosa que él mismo creó en 1990 y que vendió, acechado por el costo financiero, entre 2001 y 2002.[56] ¿Por qué los premios y la reputación de La Salamandra nunca la hicieron rentable?, se preguntaba. Y daba cinco razones:

- El atraso cambiario que caracterizó la mayor parte de los años de democracia;
- La presión tributaria que enfrentan las empresas formales, hoy en niveles de países desarrollados;[57]
- La rigidez sindical, insostenible para una empresa pequeña que necesita más flexibilidad laboral;
- El exceso de regulaciones (por ejemplo, del Senasa y demás organismos de control);

- El control de precios de los alimentos, que limitó los márgenes de los productores (y trabó la exportación), y contrajo la producción de insumos básicos como la leche o la carne, aumentando su precio.

Algunos de estos factores, como la rigidez laboral y el exceso de regulaciones, nos acompañan hace años. Otros fueron relevantes en distintos momentos de la vida de la empresa: el atraso cambiario en los 90, el costo de financiamiento en la crisis, los impuestos altos y, de nuevo, el atraso cambiario en los últimos años.

La Salamandra no es un caso aislado y plantea la pregunta obvia: ¿hay maneras de eliminar alguno de estos obstáculos de manera sostenible? ¿O debemos resignarnos a que las pequeñas empresas sean viables sólo gracias a prohibiciones a las importaciones (sancionadas por la Organización Mundial del Comercio) o a la informalidad? Y, en todo caso, ¿debemos replantear la idea de fundar nuestro desarrollo en la valorización de nuestros recursos naturales?

¿Hacia dónde diversificar? Árboles y monos

Un grupo de investigadores de Harvard viene desarrollando con éxito hace años un enfoque del desarrollo algo más simple, basado en la "emulación de los mayores". El enfoque sigue tres premisas básicas.

La primera: dime qué exportas y te diré cuánto creces. Si tus exportaciones son similares a las de los países ricos, es más probable que seas rico en el futuro. Lo mismo vale si los productos que exportas son complejos, es decir, son exportados por unos pocos países escogidos, o por países desarrollados grandes y altamente diversificados. En base a esto, surge una categorización de productos según su complejidad: a mayor complejidad, más prometedor el producto. Según este enfoque, hay que ir por ellos.

La segunda premisa contradice la idea de industrializar los productos primarios. No siempre la elaboración de lo que hay es el salto más natural. Por ejemplo, es más fácil para un país agrícola saltar a la fabricación de tractores y arados, y de ahí a otro tipo de máquinas, que saltar de la harina a las pastas. Naturalmente, nada de esto es fácil de probar, pero abundan ejemplos de saltos transversales, como el de la madera a las sierras a las cortadoras de precisión a Nokia en Finlandia. La distancia más corta entre lo que hago y lo que puedo hacer no siempre depende del insumo; a veces, lo importante es el conocimiento, el know-how.

La tercera premisa se relaciona con la innovación, más precisamente con el costo de la innovación, entendida como el inicio de una actividad para la que no estamos entrenados. Y con otro concepto económico: la externalidad. La historia es más o menos así: cuando empiezo algo nuevo no sé si voy a tener éxito o voy a fracasar; si tengo éxito, mi know-how le sirve a todos los que vienen detrás. Por ejemplo, si salto del aserradero a la producción de sierras me puede ir mal, pero si después de un costoso proceso de prueba y error acierto, tengo la semilla de una industria de herramientas. Como el costo y el riesgo de innovar es alto, y el beneficio del éxito se comparte con el resto, muchas veces no se innova y se pierden oportunidades de generar valor. De ahí la necesidad de promoverla.

El enfoque está centrado en los bienes exportados pero no en los servicios exportados, sobre los que hay menos datos, ni en el mercado doméstico que representa la mayor parte del producto. Pero aun con esta salvedad, nos obliga a pensar más acá de la tecnología de punta y más allá de la elaboración de alimentos. Este enfoque nos dice que no todo es inventar productos y multiplicar patentes o abastecer el supermercado del mundo procesando lo que tenemos a mano. Podemos innovar emulando la manera en que otros hacen cosas o adaptándolas al contexto local. Podemos refinar petróleo y también desarrollar la maquinaria para su extracción. Podemos envasar alimentos y también desarrollar nuevas semillas y fertilizantes. Este enfoque nos ofrece una nueva razón para promover las ideas y los ensayos de nuevos productos y servicios: fomentar la experimentación, la prueba y el error, generar conocimiento práctico. La creatividad no es sólo diseño, la innovación no es sólo un invento patentable.

Es mucha la distancia que nos queda por recorrer, y son muy variados los caminos de la diversificación.

Máquinas versus empleos

Hace dos años, en "El futuro del empleo", dos investigadores de la Universidad de Oxford, Carl Frey y Michael Osborne, estimaban, para una larga lista de ocupaciones en los Estados Unidos, la probabilidad de que cada una de ellas fuera sustituida por una máquina en un futuro cercano.[58] Entre los más expuestos había telemarketers, analistas de crédito, modelos. Entre los menos expuestos, personal trainers, clérigos, editores. Los economistas estábamos en el medio de la tabla. Los maestros parecían protegidos; los profesores universitarios, no tanto. En la misma onda, David Autor divide las ocupaciones en rutinarias, abstractas y manuales. Las primeras son reemplazables y están muy comprometidas. Las otras puede que resistan más tiempo.

Todo esto parece ciencia ficción, pero está llegando a nuestras costas rápidamente. Los países de América Latina aún se están despabilando del boom de commodities que impulsó el crecimiento, redujo la pobreza y potenció el gasto público y social. Tal vez por eso, el dilema entre progreso y empleo hoy apenas se debate. Pero la discusión está abierta. El 47% de los puestos de trabajo en los Estados Unidos se encuentra "expuesto" a la sustitución por la máquina, dicen Frey y Osborne. Es cierto, no estamos en la misma situación. Pero, si pretendemos preservar nuestro nivel de ingresos, pronto lo estaremos. Esto también es parte del tren al que nos queremos subir.

El desafío de la tecnología, la amenaza del desempleo y la desigualdad tecnológica tienen tanto que ver con el patrón de crecimiento como con el atraso educativo. ¿Debemos condicionar el modelo de desarrollo a los déficits de la oferta laboral presente (por ejemplo, resistiendo la terciarización para preservar puestos de mala calidad y remuneración), o debemos aggiornar la oferta laboral con una reforma educativa y un mejor entrenamiento de trabajadores activos para elevar la productividad y el salario real? Probablemente, un poco de ambas cosas: protegiendo el trabajo existente mientras se generan las capacidades que demanda una terciarización eficiente, sin dejar de estimular actividades de alta calificación que nos permitan competir sin deprimir salarios.

La tercera revolución industrial todavía no incidió de lleno en economías con baja penetración de la tecnología y escasa mano de obra altamente calificada —en la Argentina, menos del 3% de la población tiene título terciario. Pero las primeras señales están a la vista para quien quiera ver: el precio de los bienes primarios ya no disfraza la caída continua de nuestras exportaciones, y si no fuera por el cepo a las importaciones, ya estaríamos importando mucho más de lo que exportamos. El recurso a la devaluación, la mano de obra barata y al aumento de la inversión esta vez no son suficientes.

La globalización desplazó trabajo no calificado a la periferia, hacia los países con mano de obra barata de Asia o los galpones de Centroamérica. Pensemos en las maquilas mexicanas o centroamericanas ubicadas en zonas de libre comercio que importan insumos sin pagar aranceles para elaborar prendas o ensamblar electrónica que luego se comercializa en el país de origen de los insumos importados. Esta periferia intensiva en empleos rutinarios quedó más expuesta a la automatización. Por eso, en la medida en que el trabajo no calificado repetitivo y mecanizable es más fácilmente sustituido por la máquina, la ventaja transitoria de importar puestos de trabajo de baja calificación (o preservar los existentes) merced a la globalización y al outsourcing, puede ser una maldición encubierta. De hecho, bien podría ser que el mayor efecto de la automatización no sea en los trabajadores de economías avanzadas sino en las economías en desarrollo que hoy compiten en base a la mano de obra barata.

Puede ser que los canguros y gacelas tengan problemas para crear empleos para todos, pero es probable que sean los empleos en los tigres los más expuestos al impacto destructor de la robotización.

Maquinización: Modo de uso

Del recorrido del capítulo 2 surgían dos desafíos, uno el reflejo dual del otro: cómo maximizar las ventajas de las nuevas tecnologías en términos de desarrollo, y cómo enfrentar la amenaza de las máquinas en términos de empleo. Para eso, vale la pena recuperar y adaptar la lista de acciones sugeridas en el capítulo anterior.

La formación de capital humano que nos lleva a la reforma educativa: actualización de contenidos, tecnología en el aula y en la formación docente, más graduados terciarios, currícula flexible, financiamiento estudiantil. De todo hablamos en el próximo capítulo.

El fomento de la innovación y el emprendedorismo que requiere un cambio profundo de la educación, esta vez no del contenido sino del formato, de lo que la educación pretende extraer de sus alumnos. Pero que también pide políticas que cambien la manera en que pensamos la investigación y la innovación. Y un ablandamiento de prejuicios, incluso dentro de la misma comunidad emprendedora, de lo que representa ser un empresario (sobre lo que volveremos en el capítulo 6).

Y el aumento de la inversión en investigación y desarrollo, donde todavía rezagamos tanto en presupuesto como en resultados. No es que empecemos de cero. En los últimos años avanzamos en la vinculación tecnológica de la mano de una nueva generación de científicos que no titubea en darle la mano al empresario o en comercializar la investigación con la ayuda de patentes. Y hubo casos exitosos de colaboración público-privada en la producción de tecnología. Pero necesitamos una política más agresiva en este frente, enfocada en la transferencia tecnológica. Toda la investigación es útil para el mundo pero no toda la investigación es útil para el país.

¿Qué más?

Dani Rodrik propuso recientemente una versión remozada del Estado empresario.[59] Si el futuro es la innovación, si la innovación necesita dinero, si el dinero para innovación es difícil de conseguir, si la innovación produce riqueza mal distribuida, que el Estado preste el dinero y sea socio de la innovación, de modo de poder repartir parte de sus dividendos más equitativamente.

La idea es menos nueva y más pequeña de lo que suena: existen fondos de este tipo en Israel o Chile, y los dividendos que se pueden obtener de esta inversión son pequeños en relación con los recursos fiscales. Pero es lógica e implementable, y Rodrik la imagina ampliada a escala masiva. Un fondo nacional (o muchos) de capital de riesgo. O mejor aún, un mecanismo de asociación con capitalistas de riesgo privados mediante la inversión en fondos cerrados (*private equity*). Los cada vez más difundidos premios (competencias entre innovaciones) o esquemas del tipo *matching funds* en los que el Estado invierte uno a uno con el privado, son otros ejemplos en la misma dirección.

Nada es la panacea: esta versión de la banca de desarrollo está expuesta a los mismos riesgos que la tradicional —incluso mayores en este caso— pero se le aplican los mismos paliativos. Con todo, es una iniciativa novedosa para la Argentina que vale la pena explorar.

¿Qué más?

Miremos, por ejemplo, lo que se está cocinando en Israel. Introducción de nuevos tipos de visas para repatriar e importar capital humano; reforma del mercado de valores para reducir los costos de cotización para pymes (sobre todo, startups y empresas de alto crecimiento); y la asignación a estas empresas de una parte del nuevo fondo de riqueza soberana creado con las regalías de las nuevas reservas de gas de la costa israelí —en línea con la propuesta sugerida por Rodrik.

¿Qué más?

Finanzas para todos

Si uno pregunta a los empresarios locales cuáles son los principales obstáculos que enfrenta para invertir y crecer es casi seguro que el financiamiento aparezca en los primeros lugares —sobre todo en el caso de empresas pequeñas y medianas. Y si bien en muchos casos habría una tasa de interés lo suficientemente alta a la que estarían dispuestos a prestarle, lo cierto es que ya hace tiempo que los bancos vienen corriéndose del lugar de financiador de la inversión. Puesto de manera más simple: los bancos dejan de prestarle al productor para prestarle al consumidor.

Las razones son bastante técnicas y tediosas. Digamos apenas que, con la creciente regulación bancaria y las innovaciones tecnológicas, al banco le resulta rentable reemplazar los complicados préstamos largos a las empresas por los más sencillos préstamos cortos a sus propios depositantes, mediante tarjetas de crédito o préstamos personales. Y así, con este giro, acá como en la mayoría de los países, los bancos pasan de financiar la oferta a financiar la demanda (un punto al que volveremos en el capítulo 5).

Este cambio en el modelo del negocio bancario tiene consecuencias directas para nuestros jóvenes innovadores y empresarios. En países financieramente desarrollados, lo que los bancos no prestan las empresas grandes y medianas los consiguen en los mercados de capitales mediante la emisión de bonos y acciones. Y las más pequeñas y nuevas, que no cuentan con un registro de facturación o con activos que puedan garantizar el préstamo, se las arreglan con un mix que va de amigos y familiares hasta créditos subsidiados, pasando por fondos de capital cerrado e inversores "ángeles".

En países como el nuestro, con un mercado de capitales virtualmente inexistente, las pocas emisiones de deuda las hacen las empresas grandes. La competencia deja a las empresas pequeñas y medianas con pocas opciones: tomar un préstamo corto y rogar que no haya problemas al momento de renovarlo, o hipotecar la fábrica o la casa del dueño. Y a los emprendimientos nuevos sin antecedentes ni activos que hipotecar, los deja sin nada.

No quiero insinuar que todos los proyectos deban ser financiados, ni que un subconjunto arbitrario de ellos deba ser subsidiado, obligando a los bancos a compensar el subsidio elevando el costo de otros préstamos, como es el caso de los préstamos del Bicentenario. Pero algunos de estos proyectos postergados por falta de financiamiento, sobre todos los de empresas jóvenes e innovadoras de alto valor agregado, deberían ver la luz con ayuda del Estado.

Sísifo y la banca de desarrollo

La discusión sobre el rol del Estado en la banca gira alrededor de posiciones irreconciliables. Por un lado, están los que reconocen que debe jugar un papel facilitador en la provisión de crédito a ciertos sectores (productores rurales, pymes innovadoras, largos proyectos de infraestructura) que, por diversas imperfecciones del mercado, tienen acceso limitado o nulo al financiamiento. Por el otro, están quienes señalan que esto no es más que una excusa para prestarle al gobierno de turno, o a grandes deudores relacionados con el gobierno de turno, transfiriendo las pérdidas al Estado y, en última instancia, a todos nosotros.

Ya nadie discute que la banca pública puede ser el vehículo de transferencias políticas. Sin embargo, decir que una historia de malas gestiones es razón suficiente para eliminar la banca pública como ingrediente del desarrollo, supone que no podemos corregir los errores pasados. Fue este fatalismo de la mala gestión el que nos llevó en los 90, con la convertibilidad, a resignar la política monetaria para protegernos de nuestra propia incompetencia. En otros países en desarrollo la respuesta a este dilema es menos dramática: preservan el instrumento y mejoran su utilización. Por ejemplo, con un mandato claro, un gobierno idóneo e independiente, y una gestión transparente.

Aun en ausencia de corrupción, la banca pública perdería dinero en la medida en que sus recursos se aplicaran a actividades con alto riesgo y baja rentabilidad privada, pero con importantes beneficios sociales. En la práctica, sin embargo, los malos resultados generan presión para poner a las entidades públicas en pie de igualdad con las privadas, orientándolas hacia actividades rentables y descuidando el objetivo social que motivó su creación. Es natural entonces ver a los bancos de la Nación, la Provincia de Buenos Aires y la Ciudad de Buenos Aires promocionando una tarjeta de crédito o un seguro de vida, antes que un plan de préstamos para el agro o la infraestructura. Y si miramos la cartera de préstamos, los dos ítems principales de estos bancos serán préstamos al sector público y préstamos al consumo. La banca pública enfrenta un síndrome de Sísifo: se le encomienda una misión bajo condiciones que la condenan al fracaso. Someter al Banco Nación a las estrictas normas prudenciales aplicables al sector privado lo transforma en otro banco privado —un banco privado con intereses políticos: lo peor de los dos mundos.

La solución más obvia sería convertir a la banca pública en una entidad de segundo piso, que no preste directamente sino a través de otros bancos, a su vez encargados de evaluar el riesgo del deudor. Al no recibir depósitos, se lo exime de la regulación tradicional y es libre de prestar allí donde nadie más presta. El problema es que puede enfrentarse a la indiferencia del banco privado, más interesado en los jugosos márgenes del crédito al consumo o a la eficiencia de la hipoteca que en analizar empresas medianas o actividades exóticas. Una alternativa, más flexible, es intervenir directamente en el otorgamiento del crédito ofreciendo garantías para abaratar los costos financieros, e incluyendo en el paquete asistencia técnica para solicitar el préstamo.

Más allá de las obvias bondades de contar con una caja

barata y discrecional del gobierno de turno, no está clara la utilidad del Banco Nación o de los bancos públicos provinciales. Sí está claro que ni ellos ni el invisible BICE contribuyen al desarrollo ni al financiamiento de empresas más que cualquier otro banco privado. Podemos discutir el formato pero algún mecanismo de apoyo financiero es imprescindible para estimular la creación y el crecimiento de nuevas empresas.

¿Y si todo esto no funciona? Las pequeñas tareas

Repasemos la lista. Innovación y emprendedorismo. Reforma educativa y vinculación tecnológica. Valorización vertical (industrialización de los bienes primarios) y especialización lateral (hacia actividades que requieren know-how similar). Financiamiento para resolver fallas de mercado, en lugar de gordos bancos nacionales financiando la compra de televisores y el déficit fiscal con los ahorros del empleado público. ¿Cuál de todos éstos es el camino? Todos, combinados. Uno de los errores más frecuentes en la discusión de políticas productivas es la creación de falsos dilemas entre sectores u orientaciones. O la presunción de que el hacedor de política debe elegir qué hacer, como si no pudiera hacer más que una cosa.

Este último punto se extiende a toda la arena política: ¿por dónde empezaría?, suele preguntarle el periodista al candidato o al técnico, como si la política pública fuera secuencial. Hay muchos ministerios y cientos de secretarías: se pueden ensayar muchas cosas simultáneamente, siempre y cuando no se contradigan o cancelen entre sí.

Pero hay más. La mirada moderna al problema del desarrollo es bastante más abarcativa que la simple selección de sectores y mecanismos de promoción. Por ejemplo, como señala Rodrik, la política industrial (¿no deberíamos usar un término más amplio, como políticas productivas?) involucra tanto la implementación de acciones como la extracción de información de los actores privados, sobre todo en lo referente a posibles externalidades y fallas de mercado que justifiquen la intervención estatal.[60]

Más simple. Hay que preguntarle a los productores e innovadores por qué no exportan, por qué es tan cara la producción local, por qué hay bienes y servicios que hoy no se proveen, por qué si la idea es buena no logra plasmarse. Este saber específico suele venir de manera desordenada, fragmentada y, en muchos casos, sesgada por la mirada recortada del productor. Está en el técnico tomar este material en crudo de muchas fuentes y trazar con él un diagnóstico consistente.

Más simple aún: el conocimiento no está en el funcionario sino fuera de él, hay que saber extraerlo y ordenarlo. A no confundirse, no se trata de tomar café dos horas con los productores: esta "mayéutica productiva" requiere protocolo, sistematización y disciplina.

La apertura al diálogo con el productor o el innovador también conlleva su propio riesgo: convertir al Estado en agente facilitador del interés privado. Después de todo, no se le puede negar al empresario su vocación de optimizar sus ganancias, muchas veces a costa de terceros. Aun si tenemos éxito en evitar la captura del Estado por parte de intereses privados, igual corremos el riesgo de que la relación entre lo público y lo privado se termine articulando en base a "negocios" particulares, en lugar de seguir reglas generales y transparentes.[61]

Por otro lado, para una política productiva exitosa es esencial alinear los objetivos de los líderes privados con el desarrollo del país. Esto que puede sonar tan trivial es tremendamente difícil en la Argentina. De hecho, no exageraríamos si dijéramos que la falta de liderazgo, y sobre todo la ausencia de un liderazgo comprometido con el desarrollo del país, explica en parte nuestros sucesivos fracasos. También explica la imagen negativa que suelen tener los empresarios, así como su propensión al bajo perfil y su resistencia a la participación pública —y el éxito de la responsabilidad social empresaria como su sustituto inocuo (sobre el que volveremos en el capítulo 6).

Primero la crisis global, luego este nuevo normal de menor crecimiento mundial y commodities en baja, nos ponen frente al desafío de crecer de manera sustentable y equitativa, sin viento de cola o ayuda externa. La respuesta hasta ahora oscila entre la nostalgia de los principios desarrollistas de los años sesenta (el fomento de las industrias de base a expensas del sector primario; la protección del mercado interno y la sustitución de importaciones a expensas del consumidor; la protección de las pymes a expensas del fisco) y una apertura esperanzada a la innovación y la productividad externa como puerta a un crecimiento cualitativo.

Entre estos dos extremos se va consolidando una visión alternativa, a mitad de camino entre el aperturismo y el proteccionismo, que no se basa en la restricción de la oferta externa o en el subsidio de la oferta doméstica sino en la promoción e incorporación de conocimiento, en la interacción entre el Estado y el sector privado, en la creación de liderazgos comprometidos con el futuro del país. El desarrollo no es un diseño de ingeniería pensado en una planilla de cálculo, sino que trabaja con lo que hay, acumulativamente, creativamente, con la mente abierta.

Dos noticias

En la Argentina hiperkinética del cepo y la emergencia económica permanente, una mañana de diciembre nos despertamos con dos noticias. La primera fue la devaluación fiscal: subió el impuesto al dólar del 20% al 35%, regalo de fin de año para la clase media ilusionada con las playas y los shoppings de Uruguay, Brasil o Suazilandia. Gran tristeza y desazón. Intensa cobertura periodística y política. La segunda noticia fue el pobre desempeño en las pruebas PISA que miden el rendimiento de nuestros estudiantes secundarios (el de hoy en relación con el de ayer; el nuestro en relación con el de otros países). Según la materia, rankeamos entre 58 y 61, de 65 países examinados. Números y tablas con ribetes técnicos recibidas con condescendencia por el gobierno y la "comunidad educativa" y con frialdad por los medios y demás fuerzas vivas. La novedad acá es que no hay novedad: seguimos en el fondo de la tabla a pesar del presupuesto récord y el crecimiento inclusivo.

¿Por qué gastamos más y nos va peor en educación? Un distinguido especialista recomienda mirar a los países de la región pero no el ranking global "porque la mayoría son países desarrollados". Pero al tope del ranking está Corea, y entre los diez primeros figuran Estonia y Polonia. Vietnam está en el puesto 13. Todas las economías ex soviéticas están bien por encima de Latinoamérica. Otro sugiere no comparar con los asiáticos, porque tienen puntajes altos pero al costo de infancias infelices. Pero de una infancia infeliz al dato de que el 67% de nuestros chicos felices no supera los contenidos mínimos de matemática hay una distancia de desidia y futuros truncados, salvo que nuestro modelo sea el de un trabajador no calificado, comoditizado y precarizado, pero dichoso. (De todos modos, tampoco rankeamos bien en felicidad PISA, lo que sea que ésta mida.)

Hay también quienes señalan que la extensión de la cobertura de la educación secundaria en los 2000 redujo el promedio de desempeño: si los hijos de hogares pobres, con menores estímulos y ambiente menos contenedor, suelen obtener peores resultados, nuestro retroceso relativo explicaría por la mayor inclusión relativa. Pero, de nuevo, los datos se niegan a consolarnos: la misma inclusión está presente en los países asiáticos, muchos de ellos con sistemas de educación pública más recientes que el nuestro y con un aumento de la cobertura comparable.

Puesto a pensar, me vienen a la mente las pocas horas de clase (el número creciente de feriados y paros), la inadecuada formación docente (reformas circulares y programas continuamente revisados), el sesgo anacrónico (enciclopédico y europeizante, que el Viejo Continente está abandonando espantado por el desempleo y la baja productividad), el folclore de criticar las pruebas PISA porque no representan nuestros valores (el recurso de compararnos con los malos y buscar excusas para los buenos). Pienso también en que las jefas de hogares pobres del conurbano bonaerense mandan a sus hijos al privado porque el público es inseguro, y que ni el público ni el privado están preparados para integrar la diversidad social de los secundarios de primera generación (pero no nos relajemos con esta explicación socioeconómica: en términos relativos, al estudiante privado de clase alta no le fue mejor).

Una mañana de diciembre nos despertamos con dos noticias. El aumento del impuesto al dólar es previsible. Mediáticamente ganchero, castiga al turista argentino sin beneficiar al turista brasileño, nos condena a las rutas argentinas sin acercar turismo receptivo, nos devuelve la sensación familiar de emergencia económica. Dispara muchas notas picantes en el diario de la mañana con miles de comentarios de figuras públicas y lectores anónimos.

El fiasco de PISA también es previsible. De efectos diferidos, nos condena a vivir de Vaca Muerta, o a endeudarnos para extender la fiesta, o a sincerarnos y empobrecernos. Nos dice que seremos un país que no irá a la universidad, que vivirá con lo justo y seguirá alquilando a los 50 a la espera de que se desocupe la casa de los viejos, sin perder los noventa minutos de gloria del Fútbol para Todos del domingo donde, en el entretiempo, funcionarios sonrientes entregan netbooks a chicos sonrientes. En la página del diario el tratamiento es breve, incluye una cita del ministro de Educación diciendo que podríamos estar peor y que estaremos mejor, y un par de columnas de opinión explicando que la vida continúa. Al día siguiente el tema es desplazado por Griesa.

4. Qué educación queremos

Invirtiendo en el bono demográfico

Manuel tiene 20 años y vive en Martín Coronado, partido de Tres de Febrero. Le dicen Kun; es, claro, hincha de Independiente. Chiquito de físico, se corta el pelo como Sergio Agüero, al que le sigue los pasos por las redes sociales; lleva su cara tatuada en el brazo derecho. Este año Manuel termina la secundaria, en una escuela pública. Le costó: sufrió con matemática, no puede explicar los textos que lee y no retuvo las nociones básicas de biología, física y química. Dice que le aburren. Repitió dos veces (segundo y cuarto año) y su promedio en muchas materias es un 4. El estudio no le gusta —le cuesta— desde la primaria, pero pasó todos los grados sin aplazos ni desaprobados. Nunca durante su paso por la escuela alcanzó la cantidad de días de clases previstos. Vio pasar varios docentes de una misma materia en un mismo año, varios sin experiencia en el aula, otros con demasiada experiencia y pocas ganas de estar ahí. Manuel es muy popular en su curso; fue elegido mejor compañero y, gracias a esto, después de años de dolores de cabeza, su mamá tendrá finalmente un motivo de orgullo: su hijo será abanderado.

Manuel no existe, es un promedio. Las personas de verdad tienen matices no contemplados en la frialdad de las estadísticas. ¿Podemos decir, sin embargo, que Manuel no es real?

"Mi política industrial preferida es invertir en educación", tuiteaba hace poco mi colega de la Universidad di Tella, el economista Guido Sandleris. La propuesta suena coherente, pero (como todo en Twitter) se queda corta en precisiones. Hace años que la Argentina viene invirtiendo en educación sin que se vean los frutos. ¿Es esto todo lo que podemos hacer? ¿Qué tipo de educación queremos? Como en muchos otros temas, esta pregunta es en realidad varias preguntas a la vez, y todas pueden y merecen ser tenidas en cuenta.

Por un lado, tenemos el enfoque inclusivo, la educación como política social. En economías en desarrollo como la nuestra (altos niveles de pobreza, marginalidad e informalidad laboral), uno no puede soslayar el rol de la educación, en particular de la escuela pública, como herramienta de inclusión y movilidad social. Para gran parte de la población, lo prioritario es que la educación no reproduzca la desigualdad de origen. Para esto es necesario una educación accesible que iguale para arriba: que saque a los pobres de la pobreza, integrándolos al mercado laboral formal y dándoles acceso a la red de protección social. Este enfoque incluye aspectos no comúnmente asociados con la educación pero esenciales, como el cuidado de la infancia temprana para que los hijos de hogares pobres no empiecen la educación formal con déficits irremontables, o el énfasis en las horas de escolarización para reducir el abandono y las horas muertas de los chicos.

Por otro lado, la educación es nuestro mejor mecanismo de defensa ante un mundo que se vuelve competitivo y con tendencia a la inequidad. La pregunta sobre la educación nos lleva a cuestionarnos qué tipo de formación le damos a nuestros estudiantes universitarios, y en qué medida el modelo tradicional enciclopédico europeo de currículas largas debería aggiornarse para aprovechar los cambios tecnológicos y la generación de valor en la era de la información. O, puesto más corto, si lo que importa sigue siendo memorizar los ríos de la Patagonia o las reglas de ortografía, o si vale más utilizar las nuevas tecnologías para reducir la carga enciclopédica y enseñar las *soft skills* menos expuestas a la digitalización: investigar y elaborar, diseñar y editar, innovar y solucionar problemas complejos.

"Educación e impuestos", pedía un reconocido economista para paliar la creciente desigualdad en las economías desarrolladas. La idea es inmediatamente atractiva: hoy casi nadie niega que la educación es esencial para el desarrollo o, en el peor de los casos, para no retrasarnos en relación con el resto. Pero de ahí en más la discusión explota en un sinnúmero de diagnósticos y recomendaciones.

El consenso en la educación como tema prioritario contrasta con el disenso en la educación como política pública. Quizás en ninguno de los aspectos cruciales del desarrollo el debate sea más acalorado y disperso, ni más dinámico.

Repasemos el mapa de este debate inconcluso. El tema lo amerita.

¿Qué educación tenemos?

Alejandro Ganimian, experto en educación de Harvard, en un informe titulado "No logramos mejorar", resume así los resultados de la Argentina de las pruebas estandarizadas a estudiantes secundarios de 15 años (pruebas PISA) realizadas en el año 2012, en las que participó Manuel.[62]

- La Argentina estuvo entre los peores ocho países participantes de América Latina y no mejoró en ninguna materia desde que comenzó a participar en las pruebas PISA en el año 2000 (varios países latinoamericanos mejoraron marcadamente);

- Dos tercios de nuestros alumnos no alcanzó el nivel mínimo de matemática y menos de un 1% logró niveles de excelencia en todas las materias;
- Fue de los pocos países con brechas urbano-rurales (los estudiantes rurales se desempeñaron un grado escolar por detrás de sus pares urbanos en matemática) y su brecha socio-económica es de las más altas (el desempeño de los estudiantes de menores ingresos es el cuarto más bajo de la muestra), pero aun las escuelas de mayor nivel socio-económico obtienen resultados bajos;
- Se desempeñó muy por debajo de otros países con niveles de ingreso o de inversión en educación similares.

De un análisis similar para las pruebas estandarizadas efectuadas en América Latina en el tercer y sexto grado de la primaria (pruebas TERCE) en lectura, matemáticas y ciencia, Ganimian concluye que la Argentina mejoró, aunque menos que el resto de la región, y que se desempeñó peor de lo que prediciría su tasa de pobreza, de inversión en educación o de abandono.[63]

Los resultados no son buenos. Sobre todo porque, al menos en el imaginario popular, la Argentina del 6% del PBI de presupuesto educativo hizo un esfuerzo presupuestario considerable para elevar el salario docente y para construir escuelas y mejorar las existentes. ¿A dónde fue a parar todo ese dinero si los chicos están igual o, en relación con otros países, peor que hace una década?

Antes de entrar en materia, vale la pena una breve digresión para repasar la respuesta institucional (típica del gobierno y de los sindicatos docentes) a esta pregunta.

Tapar el cielo

"La educación comparativa no se mide sólo en términos de rankings; no es necesario saber cuánto mal o cuánto bien nos va, porque los caminos son más generosos y más amplios [...]. No se puede hablar de calidad educativa, sin hablar primero de equidad. Debería haber un ranking de esfuerzo también." Las palabras del ministro de Educación Alberto Sileoni en el marco de un congreso educativo al momento de conocerse los resultados de PISA ilustran la actitud con la que, con menor o mayor vehemencia, el sistema educativo responde a los resultados cuantitativos adversos.[64] Las razones del ministro son previsibles: un gobierno siempre se defiende de evaluaciones desfavorables. Pero el argumento anticuantitativo, evidente en la negación de los rankings o en la invocación a una imposible medición del esfuerzo, refleja el enfoque involuntariamente reaccionario con que el establishment educativo (los funcionarios, el canon educativo académico, algunas ONG) encara el problema del déficit de calidad: la calidad no se puede medir, y lo que no se puede medir no existe.[65]

Una noticia relacionada con el mismo sesgo dio mucho que hablar (durante poco tiempo) en los primeros días de septiembre de 2014, justamente durante la Semana de Educación y en coincidencia con el día del maestro. La resolución 1.057/14 de la Dirección General de Cultura y Educación de la provincia de Buenos Aires modificó el sistema de calificación y promoción, eliminando las notas por debajo de 4 para cuarto a sexto grado del primario, y las notas en su totalidad para alumnos de primero, segundo y tercero (las nuevas calificaciones serían "muy bueno", "bueno" y "regular").[66]

El cambio no era nuevo, la metodología se remontaba a un consenso interprovincial de 2009 para que el alumno no sufra el estigma de un aplazo, y ya se aplicaba de hecho en algunas provincias.[67] Pero lejos de resolver el problema de base (la incapacidad para preparar a los chicos para que pasen de grado) podría exacerbarlo en la medida en que, al dejar pasar buenos y malos, aumente la heterogeneidad de habilidades en grados superiores, hasta hacerla inmanejable.

Y en combinación con los pobres resultados en los exámenes PISA, se conoció un proyecto de ley de educación comunitaria que permitiría dictar clases a docentes sin título, y una serie de documentos en los que el ministerio sugería a los maestros bonaerenses dejar pasar a los chicos a pesar de no haber alcanzado los contenidos mínimos. Esto pintó un cuadro de situación alarmante: escuelas reduciendo la exigencia para disfrazar la repitencia, y tomando no docentes para suplir la carencia de docentes. En fin, una inclusión educativa de dudosa utilidad, en la medida en que incluye físicamente al chico pero no logra educarlo.

Había otras opciones para mejorar la preparación de los alumnos, como escuelas de verano, apoyo escolar, programas remediales, tutores. Sin embargo, las medidas elegidas no son del todo sorprendentes. En un contexto plagado por discusiones salariales que privan a los alumnos de los 180 días de clase previstos por ley (que, en un rapto de voluntarismo, el Consejo Federal de Educación elevó a 190 a partir de 2010) y en el marco de una larga campaña política, qué mejor que cantar derrota y barrer el problema bajo la alfombra haciendo pasar a Manuel por un tubo que lo conduce directamente a la descalificación laboral, o al abandono, el subempleo o la marginalidad. ¿No es similar a la actitud del ministro que compensa la incapacidad de entender textos de nuestros estudiantes con su "vocación al esfuerzo"?

¿Qué tienen en común la defensa de Sileoni y la eliminación del aplazo? La subestimación del problema o, en última instancia, la impotencia ante el fracaso. El importante aumento de la cobertura educativa en los últimos veinte años se hizo a expensas de la calidad: los chicos pobres asisten a la escuela pero no aprenden. Esto mejora las estadísticas pero no la movilidad social. Y dentro de diez o veinte años nos preguntaremos por qué crece la población Ni-Ni (adultos jóvenes que ni trabajan ni estudian), por qué no aumenta la matrícula universitaria en carreras técnicas, por qué declina nuestra fuerza laboral y nuestro crecimiento. Mientras seguimos regodeándonos de nuestro capital humano, nuestros vecinos nos alcanzan y superan.

La reforma educativa no es una modificación menor del sistema. Es una batalla. Hay grupos de interés afectados, ganadores y perdedores, costos que pagar. Tapar el cielo con las manos o barrer el problema bajo la alfombra sólo atrasa y agrava la solución del problema.

Regar y rezar

De nuevo: ¿a dónde fue a parar todo ese dinero si los chicos están igual o, en relación con otros países, peor que hace una década?

Tal vez en respuesta a los desalentadores resultados de PISA, un trabajo reciente del experto en educación Axel Rivas, precisamente titulado "América Latina después de PISA", revisa la evolución de la educación en la región tratando de reconciliar la perspectiva cuantitativista y cualitativista. Del resumen de doce años de exámenes PISA (y seis años de evaluaciones de UNESCO con los exámenes TERCE y SERCE) se desprenden algunas ideas complementarias de las conclusiones más descriptivas de Ganimian.

Una de ellas es que la repitencia (más precisamente, la sobreedad, que incluye chicos reingresantes) baja en la primaria y sube casi en la misma proporción en la secundaria. A priori, esto alimenta la hipótesis de que la escuela se volvió más inclusiva en un sentido peculiar: dejando pasar a todos, mejorando las estadísticas y enviando alumnos sin preparación que, en el secundario, vuelven a chocar contra la pared de la repetición. Sin embargo, los datos contradicen esta historia: el desempeño en la primaria no empeoró como la hipótesis del "pasen todos" indicaría. De hecho, con excepción de Uruguay, el patrón en la región es: menos sobreedad y *mejora* en las calificaciones en el primario.

Donde la evidencia no deja dudas es en la crisis de la escuela secundaria, ilustrada claramente por sus "tres tercios": un tercio de los jóvenes de 17 años cursa el último año, un tercio tiene sobreedad (repitió y cursa un año anterior, como Manuel) y un tercio abandonó. La Argentina tiene, y tuvo históricamente, un alto grado de escolarización secundaria: más del 80% de la población en edad de secundaria va a la escuela. Pero los alumnos repiten y terminan con una formación pobre (los repetidores, previsiblemente, tienen peores resultados en PISA). O directamente se desalientan y abandonan. En 2011, sólo el 55% de la población de entre 20 y 24 años había terminado la secundaria. Un déficit que difícilmente se subsane con los programas express de secundario para adultos: más allá de las estadísticas, lo importante no es tener un título sino tener una educación.[68]

Otra victoria pírrica educativa se da del lado de la desigualdad de aprendizaje. Los alumnos provenientes de hogares pobres tienen en promedio un desempeño académico peor que el promedio. Pero ¿qué tanto peor? Una educación que fomenta la movilidad social debería limar esas diferencias, reducir la influencia del origen, igualar hacia arriba. En efecto, la Argentina fue la que más redujo la diferencia de resultados entre ricos y pobres. Pero no porque hayan mejorado los pobres sino porque bajaron los ricos. Movilidad social, sí, pero descendente.

El punto no es menor al entrar en el debate con los educadores. Una de las respuestas a la pregunta sobre el tipo de educación que queremos apunta a los efectos persistentes de la crisis de 2001 sobre el tejido social. La imagen es la de los hogares marginales del conurbano retrasado y violento, el Martín Coronado de Manuel. Pero el deterioro es general, y en muchos casos está centrado en las clases medias altas. Atribuir el fracaso educativo a un acontecimiento y una población en particular es otra manera de tapar el cielo con las manos.

Las ventajas de tener ya doce años de pruebas PISA en la región es que nos deja ver la evolución comparada, quiénes progresaron y quiénes se retrasaron. El primer grupo (en orden de mejora, Chile, Brasil, México y Colombia) se inclinó por un enfoque proactivo basado en la evaluación (de alumno, docentes y políticas) y en los incentivos por resultados y, más en general, en el contrato educativo entre Estado y escuelas. Como señala Rivas, el uso de evaluaciones e incentivos "pueden discutirse éticamente [...] pero tuvieron una coincidencia de fondo: modificar los aprendizajes de los alumnos".[69]

En el segundo grupo estamos nosotros. Acá primó lo que Rivas denomina "regar y rezar": esperamos que el aumento de los recursos generara calidad por sí mismo sin prestar mayor atención a los resultados e incentivos, ni exigirle a cambio al docente una revisión profunda de su contrato con el Estado. El tratamiento de la tecnología en el aula (la masiva y mediática distribución de netbooks) es apenas el ejemplo más visible de este enfoque pasivo.

Educación e igualdad: ¿estudiar no paga?

En los 2000, mientras en el resto del mundo aumentaba la desigualdad, en la Argentina mejoraba la distribución del ingreso. La mayor parte de esta mejora en la distribución se debió a una menor dispersión de salarios; más precisamente, al hecho de que se achicó la diferencia salarial entre trabajadores con estudios universitarios y secundarios, y entre trabajadores con estudios secundarios y primarios. Esto se denomina compresión salarial.

La menor desigualdad fue saludada como una de las victorias de la década. ¿La menor diferencia de salarios entre niveles de educación que explica esta victoria es una noticia buena o mala?

"Buena", dirían quienes apuntan que menor disparidad es más equidad.

"Mala", dirían quienes ven en la menor disparidad un menor incentivo económico para el estudio y la formación de "capital humano".

"Muy mala", dirían quienes lo atribuyen a un menor capital humano: si la calidad de la educación es inferior, el efecto del estudio sobre la aptitud y el salario debería ser menor, y el título no vale nada. En este caso, se trataría de una igualación a la baja, o de movilidad social descendente.

En todo caso, entender qué pasó con la prima salarial (la diferencia de salarios entre un graduado universitario y uno secundario, o entre éste y uno primario) es esencial para hacer un diagnóstico del estado de nuestra educación y para entender el nexo entre educación y desigualdad. Esto es lo que intentamos hacer en un estudio reciente con colegas del Banco Mundial.[70] Para empezar, listamos las distintas hipótesis más o menos consistentes con la compresión de salarios (la caída de la prima salarial) que queremos explicar.

Hipótesis 1: La compresión salarial puede deberse a un

exceso de oferta o déficit de demanda de trabajadores con título secundario o universitario. Del lado de la demanda, si dejáramos de producir localmente bienes y servicios sofisticados y pasáramos a importarlos (por ejemplo, con los dólares sojeros), caería la demanda de trabajo calificado y estos trabajadores deberían reducir su salario o cambiar un empleo para el que están sobrecalificados, con una paga menor. Del lado de la oferta, si hubiera más graduados secundarios y universitarios, no todos podrían encontrar trabajo calificado y la sobreoferta presionaría hacia abajo los salarios altos —y hacia arriba los bajos. En ambos casos, estudiar pagaría menos que hace una década.

Hipótesis 2: El aplastamiento de salarios puede deberse al cambio de composición de la oferta laboral por nivel de estudio. Los hijos de hogares de bajos ingresos, dicen las estadísticas, tienen en promedio un desempeño inferior para una dada educación, simplemente porque el ambiente familiar (parte esencial de la formación de aptitudes a edad temprana) suele ser menos estimulante. En ese caso, una educación secundaria que los incluyera podría reducir el desempeño promedio del egresado secundario, reduciendo a su vez la diferencia salarial entre secundarios y primarios. En otras palabras, más pobres terminan el secundario, menor el promedio de aptitudes de los graduados secundarios, menor el salario promedio del graduado secundario.

Algo similar sucedería al expandir la oferta de educación terciaria. No todas las universidades son iguales, no por sus profesores sino por su exigencia. Y por sus alumnos, algunos de ellos primera generación de universitarios en busca de un título con el que elevar sus ingresos y su nivel de vida. La proliferación de nuevas universidades, al extender el acceso a la educación terciaria, podría estar reduciendo el promedio de desempeño (y de salario) del egresado universitario en relación con el secundario. No es casual que, mientras la compresión salarial de los trabajadores con estudios secundarios comenzó en los 90, la caída en el diferencial de los trabajadores con estudios universitarios se vio recién en los 2000 cuando estas nuevas universidades consolidaron su crecimiento.

Esto no es necesariamente malo. De hecho, en la medida en que sectores que antes obtenían un título primario o secundario hoy accedan a educación secundaria o terciaria, el resultado es innegablemente bueno. Una vez que ajustamos los salarios por el nivel socioeconómico de origen del trabajador, estudiar pagaría como hace una década y la igualación de ingresos sería apenas el reflejo estadístico de una educación más inclusiva.

Hipótesis 3: La igualación de salarios puede deberse simplemente a un deterioro de la calidad de la educación: el desempeño del secundario y del universitario de hoy podría ser inferior al del secundario y universitario de ayer; de ahí su menor remuneración relativa. La calidad, un concepto que por difícil de medir no debería dejar de medirse, refleja desde las horas de clase efectivamente dictadas hasta la adecuación de los programas a la demanda del mercado laboral, pasando por la calidad de los maestros, la seguridad en las escuelas o el deterioro de la educación pública —esa fuente creciente de inequidad que también lleva a "dispersar" la muestra de estudiantes, entre privados y públicos. En este caso, también estudiar pagaría menos hoy que hace unos años, pero no por un exceso de oferta de educación sino porque la educación en sí misma sería de baja calidad y no agregaría mucho al estudiante. Éste, naturalmente, es el peor de los tres casos.

Y el ganador es...

¿Cuál de las tres hipótesis es la que vale?

En el trabajo del Banco Mundial, miramos los números recientes para identificar las causas de la compresión salarial que, recordemos, fue el principal motor de la mejora distributiva y podría ser el determinante de lo que suceda con la desigualdad en el futuro.

Lo primero que observamos es que la caída de la prima se correlacionaba con la oferta. En otras palabras, que el cociente entre el salario del graduado universitario y el graduado secundario caía a medida que subía el cociente entre el número de graduados universitarios y el número de graduados secundarios. De hecho, como los secundarios y universitarios de diferentes generaciones no son perfectamente comparables, fuimos un poco más lejos y mostramos que esta correlación entre cocientes se verificaba, incluso con más fuerza, dentro de cada grupo etario.

Hasta aquí, ninguna sorpresa. Esta relación, en línea con el modelo de oferta y demanda de trabajo calificado de Tinbergen, ya fue verificada para varios países. Si sube la oferta relativa de un tipo de trabajo, cae su remuneración. El dato a tener en cuenta es que, como ya dijimos, en el caso de los países desarrollados, y en particular en los Estados Unidos, el movimiento viene dándose en la dirección opuesta: los salarios se dispersan, la desigualdad aumenta. Y parte de esta historia, como vimos en el capítulo anterior, tiene que ver con la composición de la demanda; más específicamente, con la gradual sustitución de trabajos rutinarios de calificación media.

La pregunta natural, en nuestro caso, es si algo de esto pasó en la Argentina (si la demanda tuvo que ver con el achatamiento) y cuándo y de qué manera nos puede afectar la sustitución que ya hace estragos desde los Estados Unidos hasta China.

Más de un experto ha señalado la coincidencia de la caída de la prima por estudio en la Argentina con el boom de la soja y la desindustrialización.[71] Pero ya vimos en el capítulo anterior que los datos dicen otra cosa. De cada puesto de trabajo conocemos el sector, el salario y la educación del trabajador (así como su edad y género). De esta manera, sabemos qué sectores requieren trabajo más calificado. Si el sector con mayor porcentaje de universitarios crece menos que el resto, la compresión de salarios puede deberse en parte a un cambio en nuestra producción; por ejemplo, a que producimos cosas simples e importamos las complejas y nos sobran trabajadores con formación terciaria. Pues bien, una rápida mirada al crecimiento relativo de los sectores de la economía muestra precisamente lo contrario: son los sectores más intensivos en universitarios los que más crecieron (entre ellos, muchos servicios sofisticados). Lamentablemente, las otras hipótesis, en particular la que apunta a una caída de la calidad educativa insinuada en el magro desempeño en PISA, son difíciles de testear con la información disponible.

De lo anterior podemos sacar dos conclusiones. Primero, que gran parte del milagro social de los 2000 se asocia con la compresión salarial, fruto del aumento de la oferta de graduados secundarios y universitarios —y, posiblemente, de la caída de la calidad de la educación secundaria y terciaria. Segundo, que esta evolución se detuvo y que si queremos mejorarla, sólo podemos hacerlo empujando hacia adelante, es decir, aumentando el número de graduados secundarios y universitarios y mejorando la calidad de estos títulos.

El problema es que, así como no hay consenso en el diagnóstico, tampoco lo hay en algo tan básico como la definición de calidad educativa.

Educar para igualar

Puestos a clasificar, agruparía los enfoques de los expertos en educación en dos grandes líneas: una línea "inclusivista" centrada en la escolarización, y otra más económica o "desarrollista" preocupada por el rendimiento.

El enfoque inclusivista habla de la educación como instrumento de inclusión y de movilidad social. Representa la visión sarmientina, que enfatiza la educación pública como forma de igualar el acceso independientemente del ingreso del hogar, que defiende la obligatoriedad de la educación básica como derecho del chico más allá de la decisión de la familia —muchas veces tentada, por motivos económicos, a apurar el ingreso de los chicos a la población activa. Es la tradición que Sarmiento recogió de los Estados Unidos, de sus varias visitas a Boston y de su interacción con Horace Mann, campeón de la educación pública americana.

Este enfoque insiste, por ejemplo, en las diferencias que persisten a pesar de las leyes inclusivas. Señala que las escuelas públicas no compiten con las privadas, y que los hijos de hogares más pudientes las abandonan, empobreciendo la diversidad con efectos negativos en el aprendizaje.

O que las mismas escuelas públicas suelen reproducir la desigualdad geográfica. Por ejemplo, como en el sistema público los maestros con los mejores puntajes tienen prioridad para elegir su destino, éstos evitan las escuelas en urbanizaciones precarias o peligrosas, donde es mayor la concentración de alumnos con problemas de aprendizaje y la necesidad de docentes capacitados, y de más docentes por alumno. De ahí, la baja calidad, el mayor ausentismo e incluso el recurso a utilizar no docentes como sustitutos en zonas carenciadas.

El experto inclusivista suele tener algún pasado como educador y es sensible a la perspectiva del docente. Mira más el aula que lo que está fuera del aula. Desconfía de la competencia, de la evaluación de desempeño (la del alumno y la del docente, ambas vistas como insumos de una potencial competencia). Desconfía, más en general, de todo lo que huela a reforma educativa, porque ha visto varios fracasos, pero también porque la reforma implica en muchos casos un cambio en su rutina de trabajo —y, por qué no, más trabajo.

Al momento de proponer soluciones, este experto pone menos énfasis en los déficits de formación del docente o en los desafíos de atraer a los mejores candidatos a una ocupación con un prestigio erosionado. El foco está puesto, por lo general, en la educación primaria (el sujeto de los estudios es el maestro) y, crecientemente, en la primera infancia (jardines y guarderías).

El inclusivista mantiene una silenciosa guerra con un grupo de expertos más "duros", que provienen de la economía o traen un pasado más empiricista afín a lo cuantificable y verificable, y que priorizan la evaluación como punto de partida para la comprensión del problema. Evaluación de alumnos y docentes, como una guía para asignar incentivos y retribuciones a la escuela y a los maestros. Y evaluación de políticas para determinar el éxito o el fracaso de una determinada medida o programa. Es el que descree de la introducción de nuevas tecnologías (léase, proliferación de netbooks en el aula) en ausencia de una evaluación que identifique los resultados positivos. Es también el que se impacienta con el deterioro de nuestras calificaciones en los exámenes de PISA.

Es lo que hay

El arco entre educadores blandos y duros incluye todo tipo de combinaciones; de hecho, algunos de los mejores expertos reconcilian la necesidad de cuantificar resultados con la importancia de pensar la educación desde los condicionamientos y obstáculos, muchas veces no cuantificables, de sus protagonistas: el docente, el alumno, la familia, la sociedad. Pero estos expertos son todavía una minoría en el debate en la Argentina. Y en su equilibrio entre las necesidades del docente y el alumno, no terminan de resolver el dilema fundamental de toda reforma educativa, su costado político: cómo llevarla adelante a pesar de la resistencia natural de sus principales involucrados, los docentes (y cómo hacer para que el político tome riesgos con una reforma en la que siempre se muestra retóricamente interesado).

En última instancia, el experto en educación no está exento de un sesgo burocrático que plaga históricamente la discusión de una reforma educativa (y la de cualquier reforma): la confusión entre el interés del docente con el interés del estudiante. O, mejor dicho, la subordinación del segundo al primero.

La protección (y sujeción) a la oferta, dirían los economistas, que nos obliga a consumir lo que hay. Como el cierre de la importación que nos obliga a consumir lo nacional, o la regulación de la competencia de los supermercados que nos obliga a consumir del almacén. En principio, la protección supone contraprestaciones (el productor nacional mejora, el almacén se renueva). Pero en ambos casos, el consumo (que prefiere otra cosa) se resiente.

Este problema recurrente se aplica también al aparato burocrático, que mantiene empresas ineficientes para evitar desplazamientos y despidos, y que asume un rol de empleador de última instancia, absorbiendo empleo sin funciones específicas y acumulando capas geológicas de organigrama para eludir la racionalización o el reentrenamiento.

Digamos lo indecible. Hay docentes que no están capacitados para enseñar. Y hay muchos docentes presentes y futuros que sí lo están. Aun si el número total de docentes se preservará, jerarquizar la oferta de docentes implicaría reemplazar docentes capacitados por docentes no capacitados. Implicaría, en suma, recalificar o desplazar docentes de sus cargos. Lo ideal, naturalmente, es reconciliar el objetivo de preservación de la fuente laboral y el de mejora de la calidad educativa. Pero si esto no es posible, puestos a elegir, ¿a quién priorizamos, al docente o al alumno?

Esto no es La Matanza

Hace veinticinco años participé como estudiante de ingeniería de la UBA de los debates de reforma del plan de estudios. La agenda entonces era simple: acortar la carrera eliminando materias innecesarias e introduciendo un título intermedio. La motivación, también: salir cuanto antes al mercado laboral, sobre todo para los compañeros de hogares de ingresos medios bajos que no podían pasarse siete años sin trabajar y terminaban cursando part time en horarios insólitos y recibiéndose a los 30 años con dos hijos, un promedio accidentado y un destino de sobrecalificación y subremuneración. Como resultado de estos debates, la carrera se acortó un poco, a pesar de la resistencia de algunos profesores a perder su demanda cautiva y sus cargos. El título intermedio, en cambio, no vio la luz.

Cuando hace tres años participé como profesor de Economía de la UBA de los debates de reforma del plan de estudios, mi agenda y mi motivación eran las mismas: acortar la carrera para agilizar el acceso al trabajo. Y la de los estudiantes que se acercaban a los debates era la opuesta: más materias y más años de estudio para maximizar las horas de cursada de grado, que son gratuitas.

Asumamos por el momento que sea responsabilidad del Estado brindar al estudiante largos años de formación especializada y gratuita, y que tenga los recursos para hacerlo (esto último, veremos, no es el caso en la Argentina). Aun así, ¿qué necesidad hay de obligar a todo el mundo a transitar años adicionales de epistemología o historia económica si con la combinación de un título intermedio y un menú de especialidades (de grado, es decir, gratuitas), el que quiere trabajar se recibe rápido y trabaja, y el que prefiere (y puede darse el lujo) de estudiar más puede seguir estudiando a cuenta del Estado?

El desbalance del mercado profesional, en particular la sobreoferta de docentes en ciencias sociales, se hace evidente en las nuevas universidades del conurbano que, con honrosas excepciones, replican el menú y el currículum de la UBA, convirtiendo a estas instituciones en su medio de vida y, política mediante, su coto privado de caza. Pero no solucionan el dilema de la entrada de los estudiantes al mercado laboral. Después de participar de un panel sobre el rol social del economista, al que fue invitado por una universidad del conurbano, un colega me comentaba: "En vez de debatir el modelo, a esos pibes deberían darles herramientas que los ayuden a conseguir laburo".

"Esto no es La Matanza", dijo Cristina Fernández a los alumnos de Harvard, presumiblemente quejándose de la falta de profundidad de las preguntas. La Matanza no es la UBA, podríamos decir, parafraseando. Muchos de los alumnos de la Universidad de La Matanza (y de muchas otras nuevas universidades públicas del conurbano bonaerense) son primera generación de universitarios en busca de un título con el que salir de la pobreza. Y si bien es cierto que los egresados de estas nuevas universidades de menor exigencia (hijos de hogares de menores ingresos y, según las estadísticas, de menor desempeño) tienen un salario promedio más bajo, también es cierto que un título universitario de una universidad del conurbano, al igual que un título intermedio de la UBA, puede mejorar mucho el ingreso de un trabajador que antes llegaba sólo al secundario.[72]

Esto, claro, siempre y cuando los programas de estudio prioricen la salida laboral.

Hace un par de años se disparó un bienvenido debate sobre la reforma educativa ecuatoriana. Sus defensores rescataban desde aspectos personales accesorios del presidente Rafael Correa (su formación de posgrado, señal de valoración de la educación), hasta hechos más concretos, como que limitara constitucionalmente las protestas del gremio docente ante la imposición de un estricto sistema de selección y evaluación. Los detractores, por su parte, criticaban que la reforma fuera tan autoritaria (y, por ende, potencialmente frágil) como lo es en general la gestión de Correa, y señalaban que un sistema autoritario contradice el objetivo de la educación: la formación de personas creativas, independientes, libres —un argumento que, vale acotar, descalificaría a la mitad de los países mejor ranqueados en los exámenes internacionales.

En la versión más limitada de la batalla entre "blandos" y "duros", Correa tiene la ventaja de ser un político "de izquierda" que adopta una reforma educativa "de derecha". Por eso su reforma es saludada, tal vez con demasiada vehemencia, por cuantitativistas deseosos de sacarse de encima el estigma conservador. Pero en la práctica esta asignación de roles y atributos es irrelevante. ¿Correa es de izquierda? ¿La evaluación es de derecha? ¿A quién le interesa?

La anécdota ecuatoriana resume los límites de la visión progresista (con perdón de la palabra) de la educación pública. Para esta visión, la educación no es un instrumento de perfeccionamiento personal sino de progreso social. Así como una sociedad se iguala hacia arriba por la calidad de sus servicios públicos, la educación pública debería igualar hacia arriba la capacidad de generar ingresos de los que menos tienen.

Este enfoque no niega la contribución de la educación a la socialización, la libertad de expresión, o la creatividad, ni ignora los derrames de la educación pública en el hogar, por ejemplo, facilitando la inserción laboral de la mujer. Además, nada reduce más la libertad y la creatividad del ser humano (nada lo segrega más) que la sujeción económica.

Pero al interpretar la educación pública como un derecho, priorizando su rol como instrumento de movilidad social, evita proyectar en ella las aspiraciones de las élites. Por ejemplo, advierte que la aspiración de igualación tiene sus límites y corre el riesgo de cierto elitismo encubierto. Nunca más claro esto que en la defensa de una ilusoria UBA nacional y popular donde en la práctica acceden sólo los hijos de las clases medias y altas. O en la pretensión de elevar a los hijos de los trabajadores a disciplinas humanísticas y sociales de escasa salida laboral.

Habermas para todos

"En La Matanza también leemos a Habermas, Nietzsche y Foucault", comentó, en una nota que escribí para el diario *Perfil*, un estudiante recurrente de La Matanza (licenciado en Comunicación Social en 2004, actualmente estudiante de Derecho). Lo decía como una queja, como si pedir currículas más cortas con salida laboral fuera parte de una confabulación del establishment para privar a las masas de la palabra iluminada de Habermas.

Confieso: nunca leí a Jürgen Habermas, un sociólogo de la segunda generación de la escuela de Frankfurt. No tengo nada en contra de él pero tampoco creo que lo vaya a leer nunca.

Aunque ése no es el punto, claro.

El punto es lo que el comentario no dice: que las carreras técnicas, los programas especializados que eluden pretensiones enciclopédicas, son considerados de alguna manera inferiores, hasta por los sujetos sociales que más se perjudican con este malentendido. No seamos extremistas: no toda la educación debe ser customizada a las demandas del mercado. Pero la idea de sumar al nuevo universitario al mundo de una intelectualidad de siglo viejo, la ilusión de que la informática lo discrimina y Foucault lo iguala, es profundamente reaccionaria. Foucault lo pone en el camino de una competencia desigual por un puesto en la academia o en el Conicet, lo imagina pensador o dominado, ningunea la formación universitaria como vehículo para satisfacer necesidades económicas.

Que el comentario venga de uno de estos universitarios de primera generación sólo ilustra hasta qué punto la educación universitaria, pensada por y para una clase acomodada y solipsista, es comprada llave en mano por los pocos estudiantes de clase baja que logran colarse, cubriendo la cuota nacional y popular, en la universidad pública.

Educar para crecer

Decíamos que hay dos maneras de pensar el problema de la educación. A la segunda, complementaria con el enfoque inclusivista y directamente relacionada con los desafíos y temores ventilados en el capítulo 3, podríamos llamarla desarrollista. En un sentido literal, ya que responde a la pregunta sobre qué educación necesitamos para el desarrollo.

Recordemos que definimos desarrollo como crecimiento sustentable con equidad. Si el enfoque inclusivista prioriza la equidad, el desarrollista enfatiza el resto. Después de todo, no es cuestión de igualar hacia abajo. Educar también aspira a generar capacidad productiva y progreso económico, del individuo y del país.

Esto, a su vez, desplaza el foco de atención de aspectos básicos de contención y comprensión del alumno a otros muchos más específicos, como para qué sirve lo que aprendemos en el aula. Y pone el desafío en la calidad de la educación terciaria, la escala inevitable de agenda educativa en la tercera revolución industrial.

¿Qué perfiles y aptitudes son demandados hoy, o serán demandados dentro de diez años? ¿Cómo evitar un ejército de empleados de baja productividad, protegidos o subsidiados a expensas del fisco y del consumidor, o un ejército de desempleados tecnológicos? ¿Qué trabajadores necesitamos para subirnos a ese tren en movimiento que es el desarrollo?

El enfoque desarrollista adopta el punto de vista ya no del alumno sino del usuario de la educación, el futuro empleador público o privado. No porque el estudiante deba ser un esclavo de las demandas del mercado. De hecho, podría decirse lo contrario: estas demandas presentes aportan a veces poca información sobre un mercado que cambia tan aceleradamente con la tecnologización. Por eso los padres son hoy malos consejeros a la hora de elegir una carrera universitaria: si elegimos en función de lo que hoy sabemos de las ocupaciones, podemos condenarnos a tener que reciclarnos dentro de pocos años, cuando esas ocupaciones desaparezcan.

Pero salvo que se cuente con una renta permanente, familiar o estatal, vale la pena adquirir aptitudes y capacidades por las que alguien esté dispuesto a pagar algo durante un lapso de tiempo suficientemente largo. Es decir, vale la pena estudiar para conseguir un trabajo.

Desde este punto de vista, el acceso a la educación es necesario pero no suficiente. De poco vale elevar el nivel de escolarización secundaria si el estudiante secundario sale del colegio con mucho conocimiento inútil y poco útil.

Y el punto es aún más válido para la educación terciaria. Recordemos que si el avance de la tecnología prosigue como hasta ahora, las actividades más directamente expuestas a la sustitución por máquinas son los trabajos rutinarios. Es difícil y riesgoso identificar ganadores y perdedores. Pero hay indicios de qué tipo de aptitudes debemos fomentar para reducir el impacto de la tecnologización.

Universidad: la próxima frontera

"La desigualdad es una carrera entre la educación y la tecnología", decía Jan Tinbergen en referencia al poder igualador de la educación. En la Argentina, esa carrera hoy tiene su frontera en la universidad.

Es difícil aumentar la población con título universitario, por dos razones. Llegan pocos y, sobre todo, llegan mal, con capacidades que no les permiten sobrevivir a los primeros años de la carrera —y, en algunos casos, ni a ese simulacro de carrera que es el Ciclo Básico Común.

Repitámoslo una vez más: la educación es secuencial. Avanzar en la universidad requiere una reforma de toda la educación. Del mismo modo que subeducar al primario alimenta la sobreedad y la deserción en el secundario, subeducar al secundario reduce la demanda de educación terciaria y el coeficiente de graduación. Más simple: Manuel, exponente de los resultados socioeducativos de los últimos años, no irá a la universidad —o perderá unos años para aprobar unas pocas materias antes de abandonar la carrera.

Y de nuevo, dejar pasar a todos tiene patas cortas. El ingreso masivo en la UBA explica la abundancia de estudiantes crónicos y el pequeño porcentaje de los que se reciben. También explica en parte por qué el costo de la universidad pública es en muchos casos más caro por graduado que el de las privadas, a pesar de que los profesores cobran menos en promedio —cuando cobran.

Pero a estos problemas comunes con las otras etapas de la educación, el nivel universitario suma un tercero: la naturaleza de la especialización. Hoy los países emergentes, incluyendo nuestros vecinos, apuestan a más y mejores graduados universitarios en las ramas científicas y tecnológicas.

Tomemos el caso de Brasil, que en la última década elevó su número de graduados universitarios. "¿Cómo es que Brasil tiene más graduados si es que tiene menos estudiantes?", se preguntaba en un trabajo reciente Alieto Guadagni del Centro de Estudios de la Educación de la Universidad de Belgrano. Se respondía: "Brasil gradúa 56 de cada 100 ingresantes; nosotros apenas 30". Brasil tampoco es la panacea: el mismo número es 70 para los países desarrollados de la OECD, y 60 para México y Chile.[73]

Que en la Argentina entren más alumnos en la universidad pero se gradúen menos es otro ejemplo del voluntarismo en el que a veces cae el enfoque inclusivista. En la universidad pública entran muchos porque entran todos. Pero como vienen sin preparación y la universidad no tiene los recursos para compensar años de subeducación, quedan en el camino. No sin antes invertir años (y recursos públicos) en el intento.

En Brasil, por caso, las mejores universidades son en su mayoría públicas y el ingreso es por cupo, seleccionado por el tamiz del histórico examen "vestibular", tomado por las mismas universidades, que evalúa conocimientos de la escuela primaria y secundaria. El vestibular, como el viejo examen de ingreso a la UBA, es criticado en Brasil porque se presume que da ventajas a los estudiantes de escuelas privadas que vienen mejor preparados, o que pueden pagar un curso de ingreso privado. De ahí que esté siendo incipientemente reemplazado por el ENEM (Examen Nacional de Enseñanza Media), implantado por Fernando Henrique Cardoso y defendido por Lula y Dilma como política de Estado continuada ("El ENEM es el instrumento fundamental para la juventud porque valoriza el esfuerzo de quienes quieren aprender", Dilma dixit).

Si bien el ENEM no oculta las diferencias de aptitudes entre estratos sociales, al menos está más libre de la interferencia de la preparación privada. El ENEM es un examen obligatorio y masivo (con más de 7 millones de evaluados, el más masivo de su clase después de los exámenes chinos). En su versión renovada y extendida, comprende historia, geografía, filosofía, sociología, química, física, biología, matemática, lenguaje, literatura, idioma extranjero y redacción. Los resultados se publican por escuela permitiendo que los padres elijan según estos resultados, y que las escuelas compitan en calidad. También le sirve al gobierno para hacer un diagnóstico de la calidad educativa y las diferencias geográficas o público-privadas. Y desde que es tomado en cuenta por las universidades para el ingreso y la asignación de becas, se convirtió en un incentivo importante para preparar los materiales evaluados en el último año del secundario.

De nuevo, Brasil no es la panacea. Ni una rareza. La evaluación educativa, y en particular la del ingreso a la universidad, es la regla antes que la excepción. Y vale recordar que nuestro ingreso irrestricto produce menos universitarios que el ingreso restringido de Brasil. Pensar que abriendo la puerta a todo el mundo aumentaremos el número de graduados (o su calidad) es otra versión del "regar y rezar" que nos dio el retroceso en PISA en los años del 6% de presupuesto educativo.

El anacronismo de la universidad gratuita e irrestricta

A nadie se le escapa que los títulos de las instituciones de menor jerarquía valen menos, pero ciertamente valen más que un título secundario. Uno podría argumentar que esta asignación de universidades (las mejores para los hijos de hogares ricos; las peores para los estudiantes pobres de primera generación) reproduce la desigualdad de partida, y que lo óptimo sería meter a todo el mundo en la misma universidad: ingreso irrestricto y gratuito para todos. En otras palabras, la UBA.[74]

Acá cabe, sin embargo, un contraargumento. Es menos desigual la distribución del ingreso que surge de un aumento de los graduados universitarios, aun a costa de ofrecer títulos de diversa jerarquía, que la que surge de una universidad de facto sólo accesible a las clases medias y altas como la UBA.

Hay varias razones por las que el ingreso irrestricto fracasó en acercar a los hijos de hogares de menores recursos: la falta de becas y préstamos al estudiante; la imposibilidad de reconciliar horarios diurnos de cursada con una actividad laboral; el nivel de exigencia que supera la formación de muchos de sus ingresantes, y proporcionalmente más los de los hijos de hogares de bajos recursos, que traen una peor formación del primario y del secundario y tienen, debido al trabajo, menos tiempo para estudiar.

Lo cierto es que la UBA intenta reconciliar sin éxito varios objetivos contrapuestos: dar una educación de calidad, masiva y gratuita. Sin fondos para pagar bien a los profesores necesarios para tantos alumnos, termina ofreciendo una educación gratuita pero modesta, con profesores mal pagos (o, en muchos casos, vocacionales) y a un combinado de clase media y alta de capacidad variada; más el estudiante ocasional de clase baja que llega tarde y con la lengua afuera tras años de combinar un trabajo con la burocracia kafkiana de una universidad para estudiantes con mucho tiempo libre. De este modo, la UBA es el equivalente educativo de los subsidios: un gasto fondeado entre todos que beneficia a las clases medias y altas urbanas.

Por suerte, el modelo UBA se ha vuelto redundante. Hoy hay un número importante de universidades gratuitas en el conurbano. Algunas de ellas tienen larga historia, buena reputación y programas novedosos como la Universidad de Quilmes; otras, como las de Tres de Febrero y San Martín, atrajeron en la última década profesores full time bien remunerados pero auxiliados con presupuestos inflados por su cercanía al gobierno, lo que pone en duda su sostenibilidad en el tiempo. Pero más allá de la variedad de perfiles y calidades, cualquiera de ellas ofrece hoy una mejor opción para ese estudiante que no logra graduarse de las carreras largas y rígidas de la UBA. ¿Qué sentido tiene, entonces, el ingreso irrestricto y masivo?

Algunos prejuicios son debatibles y modificables. Lamentablemente, éste no es el caso. Aún hoy, que existe una oferta generosa de universidades públicas de acceso irrestricto, la resistencia al cupo es tal que ningún gobierno universitario se animará a sugerirla.

Por otro lado, las universidades privadas son pequeñas y, en ausencia de un sistema generoso de donaciones como en otros países, tienen una expansión limitada centrada en carreras sociales de bajo presupuesto. Queda entonces vacante el último tramo: una (o varias) universidad pública de alta exigencia, con sesgo tecnológico e ingreso por cupo, para estudiantes full time bancados con becas, a la manera del pionero Instituto Balseiro.

El bono demográfico: una ventana que se cierra

Con el desarrollo, los países suelen envejecer. Y cuando envejecen lo que sucede es que la población activa (los hombres y mujeres en edad de trabajar) aumenta menos que la población pasiva o "dependiente" (los hombres y mujeres demasiado jóvenes o demasiado mayores para trabajar). En otras palabras, con el tiempo aumenta la "relación de dependencia", es decir, la relación entre la población dependiente (definida como los menores de 15 y los mayores de 64) y la población en edad de trabajar (entre 15 y 64 años).

Este envejecimiento puede deberse a dos razones. Por un lado, aumenta la esperanza de vida: si los adultos mayores viven más años, la población adulta crece en relación con el resto. Esta tendencia irremediable es uno de los motivos que, como veremos en el próximo capítulo, hacen anacrónica la ilusión contributiva del sistema previsional (la idea de que el trabajador aporta un porcentaje de su salario al sistema de jubilación y cobra en función de lo que aportó en el pasado).

Por otro lado, la relación de dependencia cambia con la tasa de natalidad. Esta tasa tiende a declinar, entre otras cosas, porque a medida que aumenta el ingreso, aumentan también los incentivos económicos para trabajar fuera del hogar en vez de quedarse criando hijos, sobre todo en la población activa femenina y en contextos donde no existen apoyos que moderen el costo de la maternidad (licencias largas y compartidas con el esposo, o guarderías).

Pero a diferencia del aumento de la esperanza de vida, la tasa de natalidad afecta la dependencia de un modo no lineal: antes de empeorarla, la mejora. Si hoy tenemos menos hijos, habrá menos menores de 15 años (en los próximos 15 años) lo que reduce la relación de dependencia (por 15 años). Pero habrá menos población en edad de trabajar dentro de 15 años, lo que elevará la relación de dependencia (en 15 años).

A juzgar por el gráfico, a diferencia del resto de América Latina, la Argentina está aún transitando por estos años dorados de "bono demográfico" donde la población productiva crece más que el resto. ¡Por otros veinte años!

Bono demográfico. Países seleccionados. 1980-2060

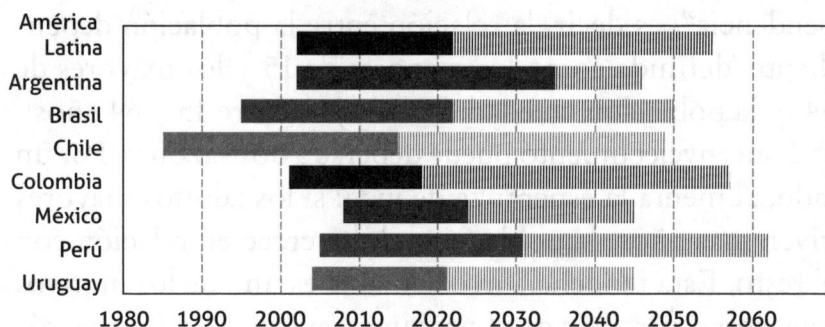

Nota: La parte oscura de la barra indica el período en que la relación de dependencia decrece y la más clara el que crece. La barra indica el período en el que la relación de dependencia se mantiene por debajo de 60%.

Fuente: CIPPEC sobre la base de CELADE, CEPAL, revisión 2013.

Quizás el término "dependencia" suena un tanto arcaico: se refiere a la división entre población productiva (aunque no necesariamente produciendo: también incluye a los que no buscan empleo y a los desempleados) e improductiva. Los límites son, desde luego, arbitrarios: muchos mayores de 64 son productivos y muchos en edad de trabajar no lo hacen.[75]

Si hay muchas personas en la población productiva y pocos en la improductiva, hay más para distribuir entre todos que si sucede lo contrario. Una relación de dependencia alta requiere que los productores produzcan más, que sean más productivos. Y como no siempre los productores y los dependientes están emparentados, requiere también un aceitado sistema de distribución del ingreso (por ejemplo, ingreso mínimo o un sistema previsional menos proporcional y más horizontal).

¿Por qué estamos hablando de todo esto? Porque la demografía es un engranaje lento e invisible que determina mucho de lo que vemos y atribuimos a otros factores más visibles, desde el crecimiento a los déficits fiscales estructurales. Pero sobre todo porque en este caso la demografía es un arma de doble filo, a la vez oportunidad y amenaza. Y un aspecto esencial al momento de pensar la educación, la política laboral, el gasto social o el sistema previsional.

Pensemos por ejemplo en educación. La baja tasa de natalidad implica menos alumnos, es decir más recursos educativos por alumno. Implica también que, por unos años, la población en edad de trabajar crecerá en términos relativos. Y si en el futuro cercano un porcentaje mayor de la población será potencialmente productiva, debería subir el producto per cápita, la medida estándar del ingreso nacional.[76] Hasta acá, lo bueno.

¿Cuál es el peligro? Para empezar, la población en edad de trabajar no necesariamente busca trabajo: el porcentaje que lo hace es lo que los economistas llamamos tasa de participación. De estos que buscan trabajo, no todos necesariamente trabajan y producen: la tasa de desempleo mide precisamente el porcentaje que busca trabajo y no lo encuentra. Y, por último, no todos los trabajos son igualmente productivos: un aumento de la población ocupada en trabajos de alta productividad potencia el impacto del bono demográfico sobre el ingreso per cápita; un aumento de los ocupados en trabajos de baja calificación y productividad no sólo lo reduce sino que lo puede revertir por completo. Más gente trabajando en trabajos de baja calidad puede, de hecho, llevar a una caída del ingreso.

Por eso, el bono demográfico más que un bono es un vale: los nuevos trabajadores pueden empujar la riqueza de un país. Pero esto es una posibilidad, no una garantía. Si estos nuevos trabajadores vienen inadecuadamente formados o desalentados (o las dos cosas, dado que se relacionan), pueden condenar al país a un crecimiento modesto y a una tasa de empleo baja, profundizando los problemas de distribución. Y acá cabe hacer un reparo al concepto simple de tasa de dependencia: el adulto desalentado es también población pasiva. El fracaso de la educación como vehículo de acceso al mercado laboral incrementa la tasa de dependencia efectiva. Nos hace a todos, en promedio, más pobres.

Por eso, en la Argentina, la educación como formación y entrenamiento laboral es una ventana al desarrollo. Pero no hay tiempo que perder: la ventana se cierra.

¿Pública o privada? (Que florezcan mil vouchers)

Para Milton Friedman, los vouchers escolares (los cupones mediante los cuales el Estado paga a la escuela privada el costo del alumno) debían reemplazar a la ineficaz educación pública. Con vouchers, las familias de menores ingresos podrían expresar su descontento con la escuela pública mudando a sus hijos a una privada. Desde este punto de vista, si la escuela privada es más eficiente que la pública, el costo del voucher sería inferior al de mantener el sistema público, para un mismo nivel de calidad.

Albert Hirschman veía en los vouchers de Friedman un

ejemplo del sesgo del economista a favor de la expresión por omisión (*exit*) a expensas de la expresión activa (*voice*): ¿por qué expresar la insatisfacción con una escuela mediante la fuga y no mediante la protesta y la exigencia de calidad? Son precisamente los monopolios sin voluntad de cambio, decía Hirschman, los interesados en permitir estas pequeñas fugas. (Uno piensa, al leer a Hirschman, en los servicios menos que deficientes de las compañías telefónicas y en el énfasis que ponen éstas en la portabilidad de la línea.) "Lo peor que le pudo pasar a las escuelas públicas incompetentes fue el crecimiento de las privadas", decía, "que se llevaron a los padres que de otro modo habrían activado más decididamente a favor de una reforma" en el sistema público. La fuga es pasiva, decía Hirschman, es protesta silenciosa, inerte. A la educación pública le falta voz, no fuga.

La idea de Hirschman está en sintonía con el movimiento a favor de la elección de escuela en los Estados Unidos, es decir, a favor de la posibilidad de ir a escuelas públicas que no sean las asignadas por el lugar de residencia.[77] Más en general, se alinea con la idea de que las escuelas públicas deben competir para superarse. En este contexto, los vouchers simplemente extienden esta competencia al universo de las escuelas privadas: la familia puede cobrarle la mala calidad a una escuela pública ya sea mudándose a otra pública o solicitando el voucher para pasar a una privada.

No todos los vouchers son iguales, comenta Alejandro Ganimian, en relación con su reaparición en el debate educativo: hay vouchers a la Friedman, universales, como en Chile, y hay vouchers selectivos, basados en el ingreso, como en los Estados Unidos o en Colombia. "Los mejores estudios causales que tenemos indican que los vouchers universales no elevan el desempeño del beneficiado y muy probablemente aumentan la segregación educativa; en cambio, los vouchers selectivos mejoran el desempeño y los resultados de largo plazo (asistencia a la universidad, salario)."[78]

Si el voucher es generoso, si la escuela privada no puede rechazar alumnos y si las públicas son parte del menú de opciones, el esquema podría funcionar, agrega el experto en educación Mariano Narodowski. Lamentablemente, la realidad es menos perfecta que el manual. Tanto en los Estados Unidos como en Colombia estas "becas para asistir a escuelas privadas" son modestas y la mayoría de los colegios accesibles son religiosos. Y no resuelven el problema de la desigualdad de base: las escuelas privadas no pueden rechazar al chico por ser pobre pero sí pueden echarlo si no aprueba los exámenes o rechazarlo si no hay lugar para todos y el ingreso termina basándose en el mérito académico.

El debate, aún abierto, presenta la siguiente paradoja de la elección, implícita en la queja de Hirschman. La competencia entre escuelas es buena en la medida en que sea equitativa, pero puede derivar en mayor segmentación social si no lo es. Los colegios privados seleccionan alumnos en función del mérito, ya sea a la entrada (condiciones de admisión) como durante el cursado (exámenes). En principio, si los privados son percibidos como de mejor calidad que los públicos, un sistema de vouchers para pobres permitiría que los estudiantes pobres de mayor rendimiento se mudaran a las privadas, dejando a los peores (generalmente, los más pobres de los pobres) en la escuela pública, y profundizando así la correlación entre nivel de ingreso y calidad educativa. Esto redundaría en un mayor deterioro de la imagen de la educación pública —la escuela, se sabe, es tan buena o tan mala como lo son sus alumnos. Y así de vuelta a empezar.[79]

En otras palabras, lo que el ideal del voucher distribucionista pasa por alto (no así Friedman, que pensaba en sustituir las públicas) es el efecto de la reputación: la pública, antes de modernizarse y salir a la caza de alumnos privados, podría vaciarse de alumnos (y de docentes, dada la posibilidad de elección que sí tienen estos últimos).

"Ese argumento progre suena demasiado blando para el caso argentino en el que la segmentación social ya se da de facto", me advierte Narodowski. "Desde 2003 la escuela pública perdió el 9% de sus alumnos a manos de la privada, que los elevó en un 23%. La libre elección de escuelas se da por default y sólo para los sectores medios y altos", agrega.

Así las cosas, si los vouchers están destinados a generar competencia entre públicas y privadas, es esencial dar a las públicas los elementos mínimos para evitar que la competencia sea desigual.

Vergara versus California

Cuenta Felipe Barrera en un reciente post del blog Foco Económico que, en junio de 2014, una corte californiana decretó inconstitucional el contrato de maestros en el Estado.[80] Un grupo de estudiantes, mayormente pobres, de escuelas públicas impuso una demanda ante una corte local ("Vergara contra el estado de California") argumentando que la baja calidad de los maestros de las escuelas a las que podían acceder violaba el derecho a la educación. Los expertos por la demanda (entre ellos, Thomas Kane y Raj Chetty, ambos de Harvard) mostraron que los pobres tenían mayor proporción de maestros malos e inefectivos debido principalmente a tres características de los contratos laborales: la cláusula de permanencia ("tenure") que inhibe el despido e induce al sistema a mover docentes malos a colegios en zonas marginales donde otros maestros no quieren ir; la cláusula de período de prueba que obliga, al cabo de dos años, al colegio a contratar permanentemente (y de manera apresurada, según los expertos) al maestro; y la cláusula de antigüedad ("último en entrar, primero en salir") que induce a los jóvenes recién contratados, potencialmente más efectivos, a ser los que salen primero en caso de ajuste.

Escribe Barrera: "La sentencia de la corte fue tajante: dijo que se estaba violando el derecho fundamental a la educación y decretó inconstitucionales las tres cláusulas de contratación". De mantenerse la sentencia, que está siendo apelada, es probable que otros estados enfrenten demandas similares. La historia tiene varias implicaciones para la discusión en la Argentina. La primera: el derecho está del lado del alumno, no del docente. La segunda: como decía Hirschman, son los padres los agentes de cambio, los activistas naturales contra la mala educación pública; si les damos un voucher y los desplazamos a la escuela privada, nadie se adueñaría de esta causa y la escuela pública quedaría a merced de actores con incentivos contrapuestos.

Por último, el caso de la familia Vergara contra los docentes de California pone de manifiesto lo absurdo de darle la elección al docente para que eluda las escuelas "con problemas" y retacearle esta elección a la familia, condenándola a tomar lo que le ofrecen. Pero el fallo ilumina un aspecto más general del fracaso educativo que ya mencionamos: el problema no es la falta de recursos sino su mala asignación.

Si algo aprendimos en la Argentina es que mayor presupuesto no implica mayor educación. Más en general, los especialistas reconocen que la simple multiplicación de insumos educativos (maestros, infraestructura, libros, netbooks) no eleva el nivel de educación.[81] El argumento es simple. Si el presupuesto sube mucho y los resultados en los exámenes suben poco, la correlación entre ambos es baja. En otras palabras, si multiplico el presupuesto por dos, los resultados de los exámenes subirán mucho menos que dos, si acaso suben. La Argentina es un buen ejemplo: ni el aumento del presupuesto educativo ni la proliferación de netbooks lograron revertir el deterioro en las pruebas PISA.

Lo que estas críticas no terminan de definir es qué hacer con el sistema. Hacer más escuelas, o invertir en programas condicionados como la Asignación Universal por Hijo para que los chicos estén en la escuela, no es equivalente a educar; después de todo, muchas veces los chicos pasan horas en la escuela aunque no necesariamente estudien. Pero no tiremos al bebé con el agua del bañador: la escolarización puede no educar pero saca al chico de la calle, lo contiene, evita la marginación. Allí hay un progreso social que, por definición, no se mide en PISA. Puede ser que escolarizar no sea suficiente para educar, pero seguramente es necesario.

La pregunta, entonces, no es en qué gastamos el dinero que hoy gastamos en escolarizar, sino cómo complementamos la escolarización para que se convierta en educación.

Leave us kids alone

Muchos de los trabajos para los chicos que hoy están en la escuela aún no se crearon. ¿Cómo nos preparamos para lo que todavía no existe? Todas las repuestas de este debate caliente apuntan a un concepto de moda: la creatividad. Y todos coinciden en que el germen del cambio está en la escuela. De ahí en más, las opiniones se dispersan.

"No se trata de educar a las personas para que tengan un empleo, sino para que puedan generar uno para ellas mismas. La creatividad es la habilidad que va a ayudarlas", dice Paul Collard, de Creative, Culture and Education (CCE), una fundación del Reino Unido de mejora de la educación. "El mundo necesita gente que pueda innovar, y más conocimiento no equivale a más innovación", sostiene Tony Wagner, experto del Laboratorio de Innovación de Harvard. Resuelto el problema de la acumulación de conocimiento por Internet, "lo que importa es qué se puede hacer con lo que se sabe; tener conocimientos es necesario, pero no suficiente". "La escuela mata a la creatividad", dice Sir Ken Robinson, otro célebre experto del Reino Unido. "Nuestro sistema educativo se basa en dos ideas: prioriza las materias más útiles para el trabajo (no toques música, no vas a ser músico; no practiques arte, no vas a ser artista); la habilidad académica domina nuestra visión de la inteligencia (personas brillantes y creativas creen que no lo son porque en lo que eran buenos no fue valorado en la escuela). Hay estudios que indican que las habilidades emocionales, la innovación, la perseverancia son aspectos tan importantes como el conocimiento para predecir el desempeño académico."

¿El fin de la escuela? ¿El retorno de Waldorf y Palo Alto?

Como lego, no puedo menos que mirar con atención y respeto el acalorado debate educativo en el mundo, donde se cruzan aspectos psicológicos, metodológicos y tecnológicos, y donde muchas cosas quedan sobreentendidas —por ejemplo, la pregunta que da título a este capítulo.

Pero prefiero tomar con cautela las especulaciones visionarias de los futuristas, sobre todo cuando hay tanto por hacer acá en la tierra. La lista de conclusiones preliminares y asignaturas pendientes para una reforma educativa es larga.

Primero está el diagnóstico. Dejemos de discutir las pruebas; estamos mal, y si no actuamos pronto, vamos a estar peor. Y si bien la escasa proporción de graduados secundarios y universitarios de hoy es la población subempleada o marginalizada de mañana, hacerlos pasar como en el primario sólo es una mejora cosmética de las estadísticas.

Luego está la necesidad de medición para refinar el diagnóstico. Podemos debatir si hacer o no públicos los resultados por escuela, o si condicionar el presupuesto o los sueldos a estos resultados. Pero no hay razones para no introducir cuanto antes pruebas obligatorias de primario y secundario (del estilo del ENEM brasilero). Ya casi nadie discute el valor informativo de las pruebas, ahora falta diseñarlas, tomarlas y analizarlas. Lo mismo corre para la tecnología en el aula: si República Dominicana puede digitalizar el listado de asistencia para monitorear de manera centralizada aspectos del día a día en el aula, ¿por qué no podemos hacerlo nosotros? El costo del software no es un obstáculo.

Un tercer punto de consenso es la necesidad de formar y seleccionar mejor a los docentes. La jerarquización de la carrera y la centralización de la formación docente no pueden faltar en una reforma educativa. Hay que evaluar a los maestros para saber cómo ayudarlos. Y si hecho todo esto, el maestro no está en condiciones de dar clases, no podemos seguir protegiéndolo a expensas del alumno. Alguien tendrá que dar esa batalla en algún momento, de lo contrario perderemos el tren educativo.

El cuarto punto es el más controversial: el rol del docente como sujeto del cambio. Como bien resume Rivas, detrás del ruidoso debate entre los religiosos culturalistas del aula —que descreen de los números— y los cuantitativistas —que no pisan un aula— hay un ancho mar de especialistas y *practitioners* que buscan puentes y equilibrios entre el sistema y sus posibilidades de cambio. Los incentivos deben ser un condicionamiento positivo, no una declaración de guerra. Cualquier esquema de incentivos necesita la participación y la adhesión del docente como actor, lo que implica tanto una mayor autonomía en las elecciones pedagógicas como una mayor responsabilidad en los resultados, y un horizonte más generoso (menor rotación) de los funcionarios encargados de liderar el cambio. Varias de las experiencias exitosas recientes (Chile, Singapur, Finlandia, la provincia canadiense de Ontario) ensayaron algún compromiso de este tipo.[82]

¿Qué decir de la educación terciaria? La universidad pública probablemente no cambie, pero aún se puede racionalizar el gasto reduciendo el número de estudiantes crónicos y usando las herramientas que tenemos en desuso, como los concursos, la demanda de presencia a los docentes que subalquilan la cátedra a sus ayudantes, las evaluaciones de los alumnos, la reforma de los programas para reducir la duración de las carreras a niveles razonables.

Queda pendiente retomar la idea, hoy incompleta y dispersa entre distintas universidades, de una institución universitaria pública que priorice la calidad y la igualdad a expensas de la masividad. Una institución que seleccione a los mejores, en la que todos los profesores estén rentados y todos los alumnos estén becados o financiados por un préstamo blando, con programas flexibles y de duración comparable a la de otras universidades modernas, orientados a disciplinas en la intersección de la ciencia, la tecnología y el diseño, con uso intensivo de las nuevas tecnologías de transmisión de contenidos. Una universidad del futuro, que está más cerca de lo que pensamos.

Mi política industrial preferida es invertir en educación. ¿Eso es todo lo que podemos decir?

El nuevo consenso

La era del yuyo está pariendo un nuevo consenso económico.

El nuevo consenso nos dice que en estos doce años de posconvertibilidad se han hecho cosas buenas y cosas malas. Del lado bueno, la mejora del ingreso (la recuperación del empleo y el salario, las asignaciones por hijo y la moratoria previsional) y el alto crecimiento. Del lado malo, la manipulación de la inflación, la inflación, el cepo y el bajo crecimiento. El nuevo consenso nos dice que con confianza es posible alejarnos del lado malo y regresar al lado bueno sin mucho sacrificio. El sacrificio, se sabe, es piantavotos.

El nuevo consenso es desarrollista, nacional y popular, como lo somos todos. Añora los primeros años de la poscrisis cuando todo mejoraba visiblemente, después de haber tocado fondo. Nos dice que es posible reversionar aquel milagro con más inversión y más productividad, más industria y más campo, más protección y menos impuestos. El nuevo consenso es panglosiano.

El nuevo consenso prefiere no indagar por ahora en las relaciones causales —esos oscuros pasadizos contables— entre el lado bueno y el lado malo. Entre el gasto público y el uso de reservas (que bancan la inclusión social y previsional, pero también las facturas de luz subsidiada, el fútbol para todos, la industria fueguina y la aerolínea de bandera) y la inflación y el cepo (que bancan el gasto público y el uso de reservas, a expensas del crecimiento y el empleo). ¿Qué tienen en común, por ejemplo, el gas barato y el cepo?, me preguntaba el otro día un político curioso. Veamos: el gas barato (el subsidio) genera déficit fiscal; el déficit se financia con transferencias del Banco Central; el Banco Central solventa las transferencias con emisión de pesos (consistente con una inflación del 25% o más) o con emisión de deuda

(LEBAC, por la que prefiere no pagar más del 15%); este mix de 15% de tasa y 25% de inflación hace perder ahorros al ahorrista, que se refugia en (ladrillos, ruedas, oro, bitcoins y dólares); el gobierno, que prefiere eludir el costo de competir con el ahorrista y pagar más por los divisas de los exportadores, prohíbe la compra privada de dólares.

Cinco pasos: subsidio, déficit fiscal, emisión, dolarización, cepo.

Veamos otra cadena: el gas barato estimula el consumo de gas (el síndrome de "calefacción rebajada con ventana abierta") y reduce su oferta local; el mayor consumo y la menor oferta elevan el déficit de energía (igual al consumo menos la oferta); el déficit de energía se cubre con energía importada (varias veces más cara que la local); las importaciones de energía son pagadas con dólares que salen de las reservas; la caída de reservas ajusta el cepo.

Otra vez, cinco pasos: subsidio, déficit externo, importaciones, reservas, cepo.

Podrían armarse cadenas similares para explicar la relación entre celulares fueguinos y blanqueo, o entre desendeudamiento e inquilinización de la clase media, o entre la virtuosa moratoria previsional y la menos virtuosa moratoria en los pagos de sentencias previsionales.

La moraleja es a la vez simple y compleja: con recursos limitados, para resolver los síntomas habrá que desandar con cuidado la cadena de origen, lo que muchas veces exige modificar eslabones que los votantes ignoran o dan por sentados; es decir, habrá que pagar un costo político hoy para cosechar en el futuro.

¿Cómo explicar todo esto sin ser los aguafiestas de la bonanza?

El nuevo consenso nos tranquiliza, pero nos deja una duda de esas que vuelven como una mosca en la cama: ¿en qué momento de la gesta proselitista —cuánto antes de que se nos agote el saldo en la cuenta— nos confesarán que hemos estado viviendo más allá de nuestras posibilidades? Históricamente, en la Argentina, la disociación entre expectativas y posibilidades fue "resuelta" por la crisis, la emergencia nacional que justifica reformas y transferencias arbitrarias y muchas veces indeseadas que en otra situación serían resistidas. El desafío del nuevo consenso es solucionar esta disociación en un marco de esperanzada normalidad.

5. Un futuro sin rentas

El ciclo económico desde arriba de un Logan

Hace unos años, el banco Santander lanzó una campaña en la que se veía, alternativamente, a una mujer oliendo perfumes y eligiendo zapatos y carteras, a un hombre manejando un auto descapotable e imaginando una fuente de mangueras de nafta, a una mujer en la peluquería, a otra sentada sobre un moderno lavarropas, a un bife de chorizo aterrizando sobre una parrilla, a una familia en el aeropuerto, y a una pareja comiendo pochoclo en el cine. El eslogan de la campaña era: "Olorcito a ahorro". Meses más tarde, el banco Francés le contestó con un mensaje de espíritu similar, en la que distintos personajes se volvían generosos o comprensivos después de obtener un préstamo personal. El eslogan remitía a un clásico argentino sobre la bicicleta financiera: "Estás dulce".

Estos dos ejemplos son el emergente de un problema de la Argentina, un país que ahorra poco e invierte poco.

Ahorra poco y cada vez menos, como lo reconoce la información oficial que muestra una caída en el ahorro de casi 7% del PBI. Y como ahorra poco, la inversión suele ser financiada con endeudamiento externo. También invierte poco, apenas 20% del producto en promedio en los últimos cinco años. Y, cuando invierte, muchas veces lo hace mal, en activos ineficientes, como cuando compra generadores de energía para protegerse de los cortes que se producen por falta de inversiones.

Las familias, en particular, ahorran e invierten poco. No es el caso de los ricos, que representan el 1% de la distribución del ingreso, y cuya acumulación se da en parte fuera del país y es difícil de rastrear. Sino de la franja de ingresos que usualmente se identifica con la clase media, aunque en la práctica comprenda clase media y alta, y que tiene capacidad de ahorro (los más pobres, a lo sumo, llegan a fin de mes). Estas "clases medias" suelen consumir la mayor parte de su ingreso, aunque a veces confundan algunos consumos —el plasma, el lavarropas, el auto— con una versión del ahorro.

Por eso el boom de las nuevas clases medias es un avance frágil, colgado del fino hilo del empleo y sin red de seguridad. Por eso, también, cuando hablamos de distribución del ingreso nos engañamos al pensar que hemos salido de pobres, cuando en muchos casos estamos creando situaciones de dependencia: de una jubilación mínima, insuficiente, o del Estado.

Así es como, a veces, el voto de estas "clases medias" se vuelve rehén de la continuidad de algo incontinuable: en los 90 del dólar barato de la convertibilidad, en los 2000 de las tasas bajas del expansionismo inflacionario. Y siempre, históricamente, del empleo público. El votante se vuelve así más renuente al cambio de lo que ya es usualmente, y le agrega inercia al sistema, una inercia que hace aún más difícil frenar y girar cuando equivocamos el rumbo.

La década pasada puede ser criticada (yo mismo lo hice varias veces) por su cortoplacismo rentista y su visión mágica de la producción y el desarrollo. Algo parecido al "regar y rezar" que caracterizó a la gestión educativa de la década. Pero nada de lo que vemos en un gobierno reelecto dos veces puede ser ajeno a la mayoría de los votantes. El rentismo del gobierno alimenta y se alimenta de una ilusión de vivir de rentas que reaparece, en diferentes versiones, en los comportamientos de la sociedad argentina. ¿Quién no deseó alguna vez, o todos los días, vivir de arriba?

Ese país rentista vive en el presente eludiendo el futuro. Conocer las señas de este rentismo y sus consecuencias prácticas, para contrarrestarlo, es parte de la tarea del desarrollo.

El espíritu rentista del país cigarra

Héctor se compra un Renault Logan para usarlo de remís, con un dinero que ahorraron él y sus padres. Es decir, invierte sus ahorros en el auto. El auto es un stock, un bien durable que presta servicios y del que se extrae una renta por muchos años. La renta es un flujo, es el ingreso de Héctor menos sus costos corrientes: nafta, seguro, mantenimiento, impuestos, amortización.

Como toda máquina, con el tiempo el auto envejece y comienza a darle problemas. Esto incrementa su costo de mantenimiento (va más seguido al taller) y reduce sus prestaciones (no le permite trabajar, le hace perder tiempo). En algún punto la relación entre prestaciones y costo se invierte: la renta obtenida no compensa los costos. Es tiempo del recambio. El dinero ahorrado durante la vida útil del auto (la amortización) se invierte en la diferencia entre el valor del usado y el de un modelo más nuevo. Y así de vuelta al comienzo.

Ahora supongamos que Héctor es cliente del banco del "olorcito a ahorro" y se gasta muy contento el dinero del mantenimiento y de la amortización. Se siente más rico durante los años buenos del auto. Tiene una renta más alta, un consumo más generoso: viaja a Brasil a ver un partido de la Selección, se compra un aire acondicionado, en plena crisis de la mediana edad aggiorna su vestuario para verse más joven. Con el tiempo el auto se deprecia, la renta se vuelve más escasa. Hasta que un día cae en la cuenta de que gasta más en reparar el remís de lo que saca trabajándolo. Con el stock consumido, llega el día del recambio. Pero Héctor se gastó los ahorros y no tiene más opción que seguir tirando con el Logan, manejando más horas para compensar la caída de su productividad. O convertirse en chofer de otro dueño. En ambos casos, Héctor se vuelve más pobre y más dependiente.

El problema de la renta es la extinción de los stocks.[83] Es necesario destinar una parte importante del ingreso para renovar, reproducir y expandir capacidades. Y si el efecto de la desinversión tarda en hacerse visible, lo mismo sucede en reversa: lleva años recuperarse del déficit. A Héctor le pasa lo mismo que a la Argentina en su proceso de desinversión. En infraestructura, en trenes, rutas y puertos, energía, infraestructura de educación y salud. Con variaciones, podemos encontrar ejemplos similares en todos los casos.

El problema de Héctor puede usarse también para ilustrar la historia de nuestro depreciado capital humano, donde el efecto de la desinversión es incluso más largo y persistente, y en gran medida irreversible. Los jóvenes con educación precaria alcanzan la edad laboral y terminan en trabajos de baja calificación, en el subempleo y la changa, o en el desaliento. O en el delito. Y si bien siempre vale el intento, recuperar lo que no se hizo en los años de formación, reciclar al adulto, es muy difícil.

Pan para hoy, hambre para mañana, podría ser el título de una historia del populismo rentista.[84] Pero atribuir todo esto a una década o a un gobierno sería fatalmente simplista. No es la primera vez que nos consumimos los ahorros y descuidamos el futuro. Con otros colores, la baja inversión y el exceso de gasto y consumo nos acompañan desde hace décadas. El déficit fiscal alfonsinista le debe tanto a los pagos de la deuda externa como a la imposibilidad de contener las demandas de gasto; el sobreendeudamiento de Menem buscó la reelección sosteniendo la fiesta de consumo importado del uno a uno. En ambos casos, la gente apoyó y votó masivamente la promesa rentista. Aún hoy, cualquier indicio de mesura es acusado de la herejía del ajuste y el enfriamiento —que finalmente se dan de manera desordenada y regresiva, forzados por el agotamiento de la renta fruto del consumo de los stocks.

Pan para hoy, hambre para mañana. La ecuación es un clásico de las políticas públicas: el horizonte del político llega hasta la próxima elección, algo que en nuestro país presidencialista, donde cada elección es un plebiscito del gobierno, involucra escasos dos años. Pero el político es un emergente de sus votantes, de Héctor. Y la sociedad argentina es el heredero rico venido a menos, el aristócrata rentista del país cigarra. La ansiedad del votante es un escollo insalvable que, combinada con la miopía del político personalista y con la involución de los partidos políticos, es el caldo de cultivo ideal para patinarse el futuro.

En la Argentina retaceamos recursos a la inversión y el mantenimiento, gastamos a cuenta y disfrutamos mientras duró. Como Héctor, que creyó que estaba bien cuando viajó al Mundial y que ahora está mal, y que piensa que la política exitosa fue aquella que le dejaba gastar más de lo que podía, y que la política fallida es ésta, limitada por los errores del pasado.

Este error de atribución no es nuevo: nos pasó en los 80 y en los 90 y es común en otros países. Y será un escollo crítico en el nuevo ciclo: el próximo gobierno deberá aprender a manejar esta falsa atribución, lidiar con (y superar) la memoria de la "década ganada". Aceptar que el votante no entiende (ni tiene por qué entender) la larga cadena de causalidad de la inflación y el desempleo, o los límites de la restricción presupuestaria.

Pero un poco de docencia y pedagogía no nos puede hacer daño.

¿Qué recortamos para reducir el déficit, Fútbol para Todos o rutas? Nada, responde el votante, pero en todo caso no Fútbol para Todos. ¿Por qué el candidato es tan reticente a aclarar qué piensa hacer con el déficit, la inflación o el atraso cambiario? Por temor a perder votos. Nuestros votos.

Cortoplacistas fueron los gobiernos, pero fundamentalmente lo fuimos nosotros. Si no entendemos esto, si no aprendemos a planificar y a esperar, probablemente en un par de años estaremos presionando al próximo gobierno para que emita deuda para financiar un consumo por encima de nuestras posibilidades.

No por nada preferimos la cigarra a la hormiga.

Mafalda *o la riqueza prematura de las pampas*

Puede ser que la maldición de los recursos naturales, también conocida entre los economistas como la paradoja de la abundancia, haya tenido algún rol en el destino de nuestro país. No esta abundancia de la soja, sino aquella, más vieja, que nos llevó a ser uno de los diez países más ricos del mundo en 1914. Puede ser que nuestra vocación rentista tenga algo que ver con el síndrome del país rico que nunca se repuso de la caída.

"Nosotros siempre fuimos pobres", me decía hace unos

meses Rodrigo Botero, un querido colega fundador del think-tank decano de Colombia, Fedesarollo. Colombia no hizo como la Argentina, que se gastaba buena parte del producto bruto en viajes a Europa de familias adineradas, con la "vaca atada" en la bodega, no fuera cosa que faltara leche fresca para la prole durante la larga travesía a bordo del *Principessa Mafalda*.

El nombre del buque tiene resonancias de realeza, de guerra, de tragedia. La princesa Mafalda de Saboya fue la segunda hija del rey de Italia Víctor Manuel III. Casada con el príncipe Felipe de Hesse-Kassel, un nazi que fue interlocutor de Alemania con el gobierno fascista, la princesa ("la carroña más negra de la realeza italiana", según Hitler) fue siempre sospechada por los nazis de jugar en contra del Eje. El transatlántico que llevó su nombre recorría la ruta entre Buenos Aires y Génova cargando familias aristocráticas (y celebridades como Gardel) en primera clase, e inmigrantes pauperizados en la bodega. Al momento de su bautismo, en 1909, el *Mafalda* era el mayor buque italiano en operaciones.

La princesa Mafalda tuvo su final trágico un año después de que su padre el rey firmó la rendición de Italia a los aliados. Capturada por los nazis para extorsionar al rey, Mafalda murió en el campo de Buchenwald en 1944. El *SS Principessa Mafalda* terminó sus días bastante antes, el 25 de octubre de 1927, frente a la costa brasileña. Con el casco dañado por una turbina fracturada, el barco se hundió lentamente. A pesar de la cercanía de la costa y de que varias naves acudieron al rescate, el pánico durante la evacuación llevó a la muerte a 314 de los 1.252 pasajeros, lo que le valió el mote de "*Titanic* italiano". Sin embargo, a diferencia del *Titanic*, el número de muertes fue proporcionalmente mayor entre los pasajeros de primera clase y los de tercera (52% contra 28%).

En *El Niño Argentino*, drama en versos telúricos de Mauricio Kartun, el Niño comete estupro y el padre lo "castiga" mandándolo a París. En la bodega del barco viajan la vaca Aurora y un peón que la cuida amorosamente. La obra es una metáfora del *Mafalda* y su hipérbole de aquella Argentina de la abundancia concentrada, de la Argentina enriquecida mucho antes de ser rica. No es difícil imaginar a las familias porteñas, el sopor rentista irreparablemente suspendido, abriéndose paso a los tiros hasta los botes mal ubicados del *Mafalda* o arrojándose improvisadamente a un mar plagado de tiburones, contra un coro de vacas desorientadas mugiendo en la panza del paquebote.

La riqueza rentista, la de los recursos naturales, puede ser más o menos persistente, pero no es reproducible. Un día bajan los precios de los bienes primarios o sobreviene la guerra o la gente se harta por fin de la precaria distribución de la renta y el país se encuentra súbitamente al borde del Tercer Mundo.

Vacamuertismo

No hay nada mejor que usar ejemplos, incluso sabiendo que son imperfectos, para ilustrar conceptos abstractos y complejos.

Tomemos el caso del feriadismo nacional: la defensa de la extensión de feriados puente con argumentos que van desde el ocio expansivo —los feriados incrementan la productividad y más que compensan durante el resto del año el producto perdido durante el feriado— hasta la aspiración primermundista: "En Noruega tienen feriados la mitad del año", protesta Héctor torciendo el cuello mientras maneja y habla con sus pasajeros. El contraargumento en el primer caso es claro: después de cierto punto, no hay cómo compensar el feriado (pensemos, por ejemplo, el extremo en el que todos los días son feriados). Pero es el segundo el más prototípico de la memoria rentista. Su contraargumento sería: todavía no somos Noruega, cuando lo seamos pensemos en sus feriados.

Este ejemplo es trivial. No está claro que tengamos feriados en exceso (probablemente sí, algunos, no es grave) y menos aún que nuestro desarrollo dependa de la cantidad de feriados (aunque los feriados sí impactan negativamente en las horas de estudio en la educación primaria y secundaria, un frente donde las pérdidas son irreparables). Lo interesante del ejemplo es lo que nos dice sobre nuestra relación con el trabajo y el esfuerzo.

Cuando en el 2013 las pruebas PISA mostraron nuestra lenta involución relativa en calidad educativa, algunos escépticos mencionaron que los niños orientales rankeaban alto en la prueba pero bajo en felicidad. De nuevo, el dato anecdótico es errado: los niños argentinos obtuvieron malas calificaciones en matemática *y* en felicidad —o lo que sea que PISA mida en esta última categoría.[85] Pero lo que importa no es el error del escéptico sino el dilema entre esfuerzo y felicidad, que remite a otro error, entre mantener la exigencia y dejar pasar de grado, que mencionamos en el capítulo anterior. No pienso tomar partido en este falso debate. Valoro el tiempo libre y creo, como decía en el capítulo 2, que el futuro le pertenece menos al trabajo y más al ocio. Pero no vamos a llegar a ese futuro transitando una cadena de feriados puente o reduciendo la exigencia y las horas de escuela por cualquier motivo. Digamos, como compromiso, que el equilibrio entre esfuerzo y felicidad está en algún lugar intermedio entre el entrenamiento militar oriental y el *laissez passer* argentino.

Entre los síntomas del rentismo, tal vez el más visible sea el asociado con el precio de los bienes primarios. En estos años de precios altos y cosechas récord, un productivista habría buscado la manera de maximizar la renta sojera, transitoria casi por definición, para apropiarla y canalizarla a la inversión y la diversificación, que incluso podía volver al campo en la forma de nuevas variedades y productos que elevaran el rinde para cuando el precio dejara de subir. El rentista, en cambio, la apropió y la canalizó… al gasto público y al consumo.

Pero, de nuevo, el rentismo no tiene afiliación partidaria. Miremos si no la fascinación de toda la clase política con Vaca Muerta, la vaca que iba a financiarnos, primero con entrada de inversiones y luego con exportaciones de gas y crudo, todos nuestros excesos. Y a evitarnos la necesidad de hacer el ajuste y de modernizar nuestro aparato productivo —modernización que, con la apreciación del peso fruto del boom del petróleo, sería no sólo innecesaria sino virtualmente imposible. Hasta que el colapso de los precios del crudo puso paños fríos a tanta excitación. Qué rápido nos gastamos, como la lechera de la fábula de Samaniego, los dólares de Vaca Muerta.

No hay nada malo con ser bendecidos con recursos naturales, pero esto no asegura un crecimiento con equidad —equidad social y geográfica: no olvidemos que la mayor parte del boom petrolero quedará concentrado en las provincias productoras y en YPF. Y, de hecho, nos puede alejar en el largo plazo, si desperdiciamos otra década tratando de vivir de rentas. Para el desarrollo hay que invertir la lógica rentista. Primero tenemos que realizar las tareas de las que hablamos en el capítulo 3; si Vaca Muerta ayuda a financiar este proceso, tanto mejor.

La deuda como ejercicio de sometimiento

Uno de los aspectos más característicos del sesgo rentista es su relación con el endeudamiento.

El rentista, por definición, no es deudor sino acreedor. Presta o alquila, vive de los intereses del capital o de la renta de sus activos reales (propiedades, máquinas). El país productor, por su parte, usa ese capital para desarrollarse. Toma prestado para generar valor a partir de sus proyectos y su capacidad de gestión. De ahí el afán desarrollista por generar crédito productivo: cuando un gobierno le reprocha a los bancos que no prestan lo suficiente, lo que en realidad está diciendo es que no prestan a las empresas para que éstas inviertan y produzcan. Para producir hay que invertir y para invertir hay que endeudarse; el crédito y la deuda son dos caras de la misma moneda.

El país sin deuda (el país acreedor por excelencia) es el país petrolero. Vive de la renta del petróleo y ahorra parte de esta renta para vivir de rentas financieras cuando el petróleo se acabe. Arabia Saudita, Kuwait, pero también la más avanzada Noruega, invierten los dólares petroleros en fondos soberanos que prestan a países no petroleros, ya sea comprando bonos, recursos o empresas.

No siempre es fácil para el fondo soberano eludir la voracidad fiscal: cuando en Chile el gobierno de Michelle Bachelet propuso un fondo del cobre para ahorrar parte de la renta extraordinaria durante el boom de precios, la oposición y parte de la Concertación gobernante, y manifestaciones masivas en las calles, lo rechazaron y pidieron la renuncia de su impulsor, el ministro de Hacienda Andrés Velasco. Cuando un año más tarde la crisis global derrumbó el precio y encareció el financiamiento, Bachelet, Velasco y el fondo fueron reivindicados con altísimos niveles de aprobación —otra buena ilustración de cómo los gobiernos muchas veces deben ver más allá del deseo de sus propios votantes.

No sólo en la Argentina suele asociarse el endeudamiento con la sujeción económica: "El acreedor manda, el deudor obedece" es una intuición con una larga historia y, más allá de sus connotaciones conspirativas, bastante evidencia práctica. Desde la figura emblemática del banco (o del abogado) liquidador de hipotecas impagas hasta las cañoneras gringas frente a pequeños deudores soberanos de América Central. Según este viejo fantasma, la deuda condiciona y feminiza; es, en el mejor de los casos, un mal necesario.

En la arena internacional, sin embargo, todos deben a todos. Salvo algunos contados casos, como China o los países petroleros, que financian al mundo. Y aun en estos casos, dado el monto de los préstamos, podría decirse que sus principales deudores (Estados Unidos, Europa) son los que los condicionan y no al revés. Tampoco es cuestión de tomarse la deuda a la ligera. El sobreendeudamiento no nos hace esclavos de los acreedores pero sí de nosotros mismos: no nos cae la cañonera sino que sobreviene una crisis.

Digamos lo obvio: el endeudamiento no es bueno ni malo per se. Su conveniencia depende de su nivel, de su composición (moneda, plazos, costo) y de sus usos.

Nor a lender nor a borrower be: *el lado oscuro del desendeudamiento*

"Hoy es el día del desendeudamiento argentino, internacional y nacional", anunció la presidenta Cristina Fernández el 23 de junio de 2010 tras cerrarse el canje de deuda para los bonistas extranjeros. "No es algo para festejar, es para reflexionar y comprobar la política de desendeudamiento", comentó un año más tarde en la Bolsa de Comercio con motivo del pago del último tramo del Boden 12. "El desendeudamiento es el pilar del nuevo modelo argentino", sintetizó el ministro de Economía Hernán Lorenzino el 14 de agosto de 2012.

El desendeudamiento argentino de los últimos años fue atípico. Y, como mucho de lo que hablamos acá, su atipicidad no fue privativa de un gobierno, sino que es parte de un debate que lo excede y que se alimenta de mitos y omisiones, fruto de una interpretación traumática de la crisis de sobreendeudamiento de los 90.

Los acreedores privados suelen prestar de más a quienes no lo necesitan y, cuando lo necesitan, suelen perderles la fe y, en vez de refinanciar, exigir el pago en efectivo —con lo que al deudor dolarizado no le queda más que el default, o el imposible ajuste draconiano preámbulo del default. Los acreedores privados no son buenos árbitros de solvencia; es el Estado el que tiene que decidir cómo endeudarse.

Felizmente, se aprende de los errores. Una a una, las economías que pasaron por crisis financieras fueron desarmando la bomba de tiempo de la deuda externa. México desde 1995, Asia desde 1999, Brasil en los 2000, reemplazaron deuda dolarizada por instrumentos de financiamiento en moneda local: acciones, bonos emitidos bajo ley doméstica y, sobre todo, inversión extranjera directa.

La Argentina, gracias al default y a la apreciación real, recorrió el mismo camino que sus vecinos: el cociente de la deuda en dólares sobre el PBI es el menor de la historia reciente del país, y uno de los menores de la región. Pero a diferencia de otros países, no sustituyó la dependencia externa por formas más saludables de financiamiento. En vez de repagar deuda en los años buenos para poder endeudarse a un costo razonable en los malos, la Argentina pagó siempre en efectivo. Incluso cuando se quedó sin excedente en divisas, lo hizo al costo de prohibir la compra de dólares y postergar importaciones, generando una recesión. O, para no elevar estos virtuosos cocientes, postergando una solución a la deuda en litigio en Nueva York (que, en tanto en default, no figura en las estadísticas de deuda).

En la Argentina, el desendeudamiento fue bandera política: emitir deuda (de cualquier tipo y moneda) era hacerle el juego a los mercados. El problema no es tanto el costo de esta estrategia, que ya pertenece al pasado (el gobierno cambió su discurso en 2014 pero no emitió mucho porque los costos no bajaron lo suficiente) sino su incidencia cultural: cuando el próximo gobierno emita deuda para pagar deuda, costará explicar que esto no nos devuelve a los 90 sino que apenas suaviza el impacto negativo del servicio de deuda sobre el gasto y el crecimiento.

Olorcito a ahorro

Si hay una queja que no tiene fronteras en relación con el sistema bancario es la falta de financiamiento productivo. Esta queja tiene sus razones, aunque no necesariamente las que uno escucha cuando el tema se ataca desde una perspectiva local.

Como decíamos en el capítulo 3, el negocio bancario sufrió una transformación estructural que lo llevó a especializarse en proveer de liquidez con instrumentos de pago, como la tarjeta de débito o las transferencias online, y prestarle al depositante su propio dinero a través de préstamos de consumo. Las razones son varias. Por ejemplo, la consolidación en bancos grandes y masivos con una relación despersonalizada con el cliente, basada en documentación, la historia crediticia y el scoring —todo lo cual favorece a los productos de fácil estandarización, a expensas de créditos comerciales que requieren un conocimiento específico y una relación personal con el cliente. O la innovación tecnológica que hizo más atractivos a los productos homogéneos, como los préstamos personales, las tarjetas de crédito o las hipotecas, que los bancos pueden sacarse de encima titularizando y vendiendo en fideicomisos.

Como en la Argentina no hay hipotecas, la ausencia de ese préstamo grande (que en muchos países representa casi la totalidad de la deuda de los hogares) libera una capacidad de endeudamiento que se llena con muchos pequeños préstamos personales. Un departamento equivale a muchos televisores y acondicionadores de aire y paquetes turísticos. El ahorro en ladrillos se sustituye por el "ahorro" (es decir, el consumo) de bienes durables y suntuarios. En la campaña de "olorcito a ahorro" no hay consumo demasiado chico: carteras, nafta, ¡un bife!

Más allá de la semántica caprichosa de las publicidades, el recurso al consumo ha sido el *leitmotiv* de la economía en los últimos cinco años, cuando el envión del crecimiento poscrisis comenzó a debilitarse. Desde las tasas de interés bien por debajo de la inflación (que castigan al ahorrista y premian al deudor) hasta la gesta de las cuotas sin interés (convertida en política pública en 2014 con el plan Ahora 12), pasando por el plan Argenta de la ANSES, que invita a los adultos mayores a endeudarse anticipando el dinero de jubilaciones futuras, esta fórmula del crecimiento es una variante rudimentaria y extrema de un concepto keynesiano: un aumento de la demanda puede sacar a una economía del pozo de una recesión. Cualquier aumento, a cualquier costo, en cualquier momento. Incluso uno que sube el endeudamiento y por ende resta de la demanda futura.

Así, mientras en los países avanzados y vecinos como Chile o Colombia el cliente bancario ahorra en ladrillos, en la Argentina "ahorramos" en bienes durables de rápida depreciación: autos, heladeras y LCD. O, peor, en nafta, vacaciones, cine y cena. Y terminamos gastando lo que no tenemos, consumiendo el ahorro.

Nada de esto sería malo si el Estado estuviera ahorrando por nosotros (como en los estados de bienestar europeos o en el canadiense). Pero en países en desarrollo con alta precariedad laboral y redes de protección social limitadas y cambiantes, incluyendo una jubilación que en la gran mayoría de los casos es (y será) la mínima, es recomendable un mayor ahorro. Esto es, invirtiendo lo que no se gasta en activos que preserven su valor de cambio.

Y si bien es cierto que muchos ahorran en ladrillos sin siquiera acercase al banco, el modelo del consumo nos lleva a la pregunta sobre la calidad del ahorro de la familia argentina, sobre la solidez de esta nueva clase media de *Héctores* con ingresos y sin riqueza. ¿Hasta qué punto la moda de sostener el crecimiento mediante el consumo apalancado conspira contra el bienestar futuro?

La lenta inquilinización de la familia argentina

Los padres de Héctor pudieron prestarle plata para comprar el remís en parte porque durante los 90 dejaron de alquilar, aumentando así su capacidad de ahorro. En cambio, Héctor, que entró en mercado laboral a fines de esa década, aún no lo logró.

Un trabajo realizado por investigadores de FIEL en 2010 muestra la tendencia de la década del 90 a la caída en el porcentaje de inquilinos, reflejo del despegue del mercado hipotecario en aquellos años —fruto, vale aclarar, tanto de una bienvenida estabilización de precios como de una menos bienvenida dolarización del crédito, que probó ser en última instancia insostenible.

Tal vez por lo efímero de la dolarizada estabilidad noventista —o tal vez por lo ilusorio del progreso social en la poscrisis— en la última década esta tendencia se invirtió. La comparación de los datos censales de 2010 con los de 2001 revela un patrón repetido en casi todos los centros urbanos del país: la lenta inquilinización de la familia argentina.[86]

Por ejemplo, en el Gran Buenos Aires el porcentaje de hogares que alquila su vivienda se elevó de 8% a 14% en diez años. La tendencia es más visible entre los jefes de hogar menores de 40 años como Héctor, donde la tasa de inquilinos saltó de 14% a 23%.

Es posible pensar esta evolución por lo menos de dos maneras.

Primero, como el producto no deseado de una política de fomento del crédito barato y de la demanda agregada que, con el resurgimiento de la inflación, terminó condicionando el crédito (limitándolo al préstamo corto de consumo), sesgando la demanda agregada (hacia el gasto suntuario) y encareciendo la vivienda en relación con el salario ("financializándola" como activo de refugio contra la inflación).

No casualmente, de acuerdo con la Encuesta Permanente de Hogares reportada por el INDEC, fue en las clases medias y altas (es decir, en el universo de hogares que en situación normal habría accedido al crédito bancario) donde la inquilinización avanzó más decididamente.

Muchos de estos nuevos inquilinos son potenciales propietarios, "sujetos de crédito" con capacidad de pago, exiliados del mercado por las altas cuotas iniciales de una hipoteca inflada pero siempre a tiro del préstamo personal para el auto o la heladera.

Las nuevas clases medias de la poscrisis de tasas chinas gastaron sus ahorros (o se endeudaron con el banco y la tarjeta) para "invertir" en celulares y LCD, o para disfrutar de los fines de semana largos, variante turística del consumismo. Todo esto para beneficio de unos pocos proveedores, y en detrimento de la distribución de la riqueza.

Imaginemos la siguiente secuencia: aumenta mi salario, no tengo en qué ahorrar sin perder contra la inflación, consumo mi salario adicional en bienes y servicios privados, aumenta el ingreso de los proveedores de estos bienes y servicios privados. De este modo, se incentiva el consumo inmediato (esparcimiento y turismo puente, autos y electrodomésticos) a expensas del ahorro, y mi aumento se convierte en ahorro de la empresa: así, una mejor distribución del ingreso puede derivar en una peor distribución de la riqueza.

Es que la falta de crédito hipotecario y la represión financiera que deprime las tasas incentivando el gasto bien podrían llevar a que la distribución progresiva del ingreso de los últimos años (por la mejora en el empleo y en el salario real) haya derivado en redistribución regresiva de la riqueza (por la caída en el stock de ahorros de los trabajadores). De este modo, el ingreso adicional del trabajador, trasformado en bienes durables de rápida depreciación o en depósitos licuados por la inflación, termina acumulándose en terminales, armadurías fueguinas, cadenas hoteleras, bancos.

Según el guión tradicional, al momento del retiro, el trabajador ha terminado de pagar su casa y vive de sus ahorros previsionales: su jubilación. Así, la vivienda —adquirida con deuda hipotecaria en las clases medias y altas; construida ladrillo a ladrillo en las clases bajas— es el instrumento de ahorro por excelencia. Más aún cuando, como en nuestro caso, las jubilaciones no guardan relación con los ingresos, condenando al inquilino perpetuo a postergar su retiro o a reducir su calidad de vida.

Como un trabajador que se gasta el aguinaldo en un nuevo Ford T, contribuyendo a sostener la demanda y el crecimiento pero sobre todo contribuyendo a la familia Ford, el inquilino se gasta lo que gana y termina sus días con una jubilación mínima que apenas le alcanza para pagarle la renta al propietario.

¿Por qué no hay hipotecas?

Empecemos por el final: hay hipotecas, pero son difíciles de acceder. Por dos razones: la aglomeración y la inflación.

El primer problema es común a otras ciudades, y parcialmente subsanable con una mejor planificación urbana. El valor del metro cuadrado en las grandes ciudades suele subir tendencialmente más que los salarios. Detrás de esta suba está el hecho de que las ciudades con actividad laboral concentrada en su centro tienden a sufrir una creciente congestión que eleva el tiempo de viaje desde los suburbios. Esto a su vez hace que la gente esté dispuesta a pagar cada vez más a cambio de estar más cerca. En otras palabras, la demanda de vivienda aumenta más en el centro que en las afueras. Por otro lado, como la construcción de metros en ciertas zonas céntricas está limitada por falta de espacio, la respuesta a esta demanda creciente es un aumento de precio: vivir "en la ciudad" se vuelve cada vez menos accesible. Por eso, durante la crisis global de 2008 y 2009, las propiedades bajaron de precio en Estados Unidos y Europa, pero mucho menos en Nueva York, Londres, París o Madrid. Éste es un problema inevitable, parcialmente remediable mediante la rezonificación (que permite construir más metros a costa de reducir espacios verdes y aumentar la altura de los edificios) y, de manera más permanente, la relocalización de las fuentes de trabajo a las afueras de la ciudad —para lo cual ayudaría una reorientación de los servicios de transporte (usualmente, radiales hacia el centro) y una mayor seguridad en el conurbano.

El segundo problema es algo más técnico pero más fácil de remediar. En un contexto inflacionario, la ausencia (debido a la manipulación del IPC) de una unidad de cuenta indexada que suba con el nivel de precios hace que los bancos cobren una tasa fija que, al comienzo del préstamo, sea excesivamente alta en relación con el salario. El cociente cuota-salario al inicio de un préstamo a tasa fija bajo el sistema francés (que determina una cuota nominal fija para toda la vida del contrato hipotecario) es elevado para compensar la erosión inflacionaria del valor real de la cuota fija a lo largo del tiempo. En otras palabras, el banco me cobra mucho hoy para compensar que cobrará poco mañana.

No es para nada obvio por qué el banco insiste con el sistema francés en vez de arreglar las tasas de interés para pagar menos hoy y más mañana. Pero el dato es que el sistema francés deja afuera del mercado a gran parte de la población que, con un crédito mejor proporcionado en el tiempo, tendría la necesaria capacidad de pago.

Lo anterior sugiere que, hasta tanto las expectativas inflacionarias no se estabilicen, gran parte del problema podría mitigarse prestando en unidades indexadas, con un techo a la actualización por inflación. Este tratamiento sencillo exige dos insumos no triviales. La indexación del saldo a la inflación (mecanismo usual en hipotecas largas en países emergentes y desarrollados) permitiría lograr un flujo de pagos más estable en términos de salario.[87] La condición para la existencia de estos préstamos es un nuevo índice de inflación creíble (requisito de toda política antiinflacionaria bien encaminada). Pero, al menos a nivel local, este índice ya existe en la Ciudad de Buenos Aires. Por qué no se lo usa hoy para indexar hipotecas es un misterio.

El ladrillo es el principal instrumento de ahorro de los hogares en todo el mundo. Mientras que sólo el decil más rico ahorra en instrumentos financieros, las clases medias desde Estados Unidos hasta Montevideo acumulan riqueza casi exclusivamente mediante la compra de vivienda financiada por un préstamo hipotecario.

Pero si bien las hipotecas están restringidas a hogares de clase media y alta, los hogares pobres no son la excepción al ahorro en ladrillos. Aquellos que son dueños de la tierra que ocupan, muchas veces acumulan literalmente en ladrillos y materiales con los que construyen y amplían su vivienda. En este sentido la autoconstrucción es al hogar pobre lo que la hipoteca es al rico.

Piletones (o cómo convertir la inclusión financiera en inclusión social)

El acceso a servicios financieros puede tener un efecto perverso: lejos de facilitar el ahorro, puede terminar generando más consumo financiado —no sólo consumimos el ingreso de hoy sino que gastamos anticipadamente el de mañana. Un buen ejemplo del doble filo de la inclusión financiera es la apertura de sucursales de bancos en zonas marginales donde los clientes son "primera generación de bancarizados". Las sucursales ofrecen un cajero automático, y venden productos de consumo, como tarjetas de crédito y préstamos personales, dando acceso a cuotas y descuentos. Lo positivo es que la bancarización abarata el manejo de la liquidez, y reduce el riesgo de robo, tanto en la calle como en la casa, más frecuente en zonas humildes. Pero con tasas de interés deprimidas, la intermediación financiera termina siendo rentable para el banco, que toma el dinero en caja de ahorro a tasa cero y lo represta a tasas altas; las familias, en cambio, sin instrumentos de ahorro financiero, perciben un beneficio efímero, consumiendo a cuenta del futuro.

En general, el crédito para la vivienda requiere un nivel de formalidad e ingreso que hace virtualmente imposible el acceso de hogares pobres. Este déficit se atiende con planes de vivienda social, alquileres subsidiados o créditos para la autoconstrucción (las llamadas "soluciones habitacionales"). Por eso, para resolver el problema de la vivienda de los hogares pobres excluidos del mercado hipotecario, se necesita la intervención pública.

Entre los ejemplos locales cabe señalar el de los préstamos sociales para la compra de terrenos del Banco Ciudad, basado en el modelo de responsabilidad solidaria del Grameen Bank de Muhammad Yunus, según el cual un grupo toma un préstamo colectivamente y sus miembros se alientan mutuamente a devolverlo. Tal vez sea éste uno de los pocos casos en los que un banco público elabora una política de incidencia mayor que su propio distrito, ya que por sus montos el plan es aplicable para lotes en el segundo o tercer cordón bonaerense. La contracara es que, como el monto de los créditos implica mudarse a una distancia, no todas las familias sin techo propio se entusiasman con el producto. Alternativamente, el Banco Ciudad podría ofrecer créditos dirigidos a la autoconstrucción. Por ejemplo, una Caja de Ahorro en Ladrillos como las que impulsamos desde CIPPEC: una línea de crédito que se aplique exclusivamente a la compra de materiales de construcción. Si el ladrillo es el instrumento de ahorro de las familias, la Caja Ladrillo sería un "préstamo de ahorro", el equivalente a un fondo de inversión, que le da escala a la compra y permite construir sin tener que ir juntando los materiales de a poco y a la intemperie. Menos vistoso que el olorcito a ahorro —y posiblemente menos rentable para el banco— pero a la larga más provechoso para sus clientes.

La ilusión de la jubilación

Para peor, el sistema está quebrado. Esto pasa por ahora inadvertido por dos razones. Primero, porque la deuda es contingente, con los actuales trabajadores, futuros jubilados, y con los informales, que ingresarán en una moratoria o serán rescatados de alguna manera por el Estado.[88] Y, como la deuda con los futuros jubilados es una promesa no escrita, no se computa como deuda en el cociente de endeudamiento. A modo de referencia, pensemos que, si bien los cálculos suelen ser complejos e imprecisos, en la mayoría de los países con sistemas de reparto el monto de esta deuda sin papeles es más del 100% del PBI. ¿Cómo se espera pagar esta deuda no documentada? Licuando los beneficios, por ejemplo, con aumentos en la edad jubilatoria —o, como en nuestro caso, actualizando a medias con la inflación y desconociendo la acumulación de fallos contra el Estado.

La segunda razón por la que el déficit previsional no se percibe como un déficit es más local: en nuestro país, las cuentas públicas y las cuentas previsionales están mezcladas. Por ejemplo, en la Argentina se habla del dinero de la ANSES, como si la ANSES tuviera superávit. En la realidad, lo que se paga por jubilaciones excede lo que se recauda de aportes y contribuciones. Desde hace años. Pero al pasar en los 90 de un sistema de reparto a uno de fondos de pensión privados, se asignó a la ANSES una porción de impuestos destinada a paliar el rojo del sistema público, que dejaba de recibir aportes pero seguía pagando a los jubilados existentes. Es esta transferencia de impuestos, que no se eliminó al nacionalizar el sistema de fondos de pensión, la que genera el superávit (y enmascara el déficit) de la ANSES.

Con el tiempo, el déficit se agrava, porque la población envejece y cae la relación entre trabajadores que pagan y jubilados que cobran. Esto sin contar los juicios por mala liquidación de haberes con fallo en firme de la Corte Suprema, que el gobierno se niega a pagar, pero que alguien alguna vez pagará. Y podría profundizarse aún más si la revolución tecnológica redujera el empleo.

En resumen, con estos niveles de ahorro de los trabajadores, en diez años el sistema previsional perdería, a valores de hoy, 1,5% del PBI por año (sin contar los juicios no pagados, que a fin de 2013, último dato publicado, sumaban 80 mil millones de pesos). Esto implica que si la edad jubilatoria no sube, ni bajan las prestaciones, el problema fiscal se hará insostenible en el futuro. Y según un reciente trabajo de CIPPEC, no hay mucho espacio para recortar gastos o subir impuestos de modo de generar los recursos para este rojo previsional.[89]

Al igual que en otros países, se sabe que algo hay que hacer. Pero como el problema es tan grande y de tan largo plazo, nadie hace nada. O se hace lo mínimo necesario para contener el crecimiento del déficit: subir la edad para jubilarse o reducir beneficios.

No hace mucho, en un trabajo de CIPPEC, propuse una solución que en los papeles puede parecer radical pero que no dista mucho de lo que de hecho viene sucediendo en la Argentina: una jubilación mínima universal. El argumento simplificado es el siguiente: si el sistema previsional es una manera elegante de soslayar el dilema del samaritano, lo único que debería exigírsele al sistema es la cobertura mínima de una subsistencia digna. Por qué entonces no pensar en una Asignación Universal para la Tercera Edad (acronimizable a un más que decente cantautor y pintor español), financiada con impuestos. La propuesta contendría el crecimiento del déficit, pero es controversial política y fiscalmente (Nicolás Ajzenman y Pilar Tavella, de la Escuela de Gobierno de Harvard, estiman que una AUTE equivalente a 1.500 pesos de hoy costaría aproximadamente 2% del PBI por año).

En todo caso, la bomba de tiempo avanza y el problema sólo puede agravarse con un aumento de la relación de dependencia o una baja en el nivel de empleo. Y pone un límite al aumento de las jubilaciones en el futuro.

En la Argentina hay que ahorrar para el techo y la vejez porque nadie ahorra por nosotros.

El espejismo de las nuevas clases medias

¿Por qué ganamos más y no nos sentimos más ricos? ¿Por qué somos más pobres aún de lo que nos sentimos?

Hace un par de años charlábamos con el economista Ricardo Hausmann sobre "las nuevas clases medias globales", por llamar de algún modo al fenómeno de los millones de hogares del mundo en desarrollo que, fruto de las políticas sociales y del crecimiento de los 2000, subieron un escalón en la tabla de posiciones del ingreso. El tema estaba entonces de moda; hoy forma parte, demasiado pronto a mi juicio, del saber convencional, eso que la mayoría de la gente acepta sin pedir explicaciones o evidencia. Tal vez en ningún lugar del mundo este fenómeno y su moda hayan sido tan visibles y tan estudiados como en América Latina, incluyendo un exhaustivo y ampliamente citado trabajo del Banco Mundial.[90]

Mi primera reacción a la pregunta fue, naturalmente, positiva: la nueva clase media es el reflejo de la reducción de la pobreza —medidas ambas en base a niveles de ingreso, fundamentalmente laboral, o de transferencias como las asignaciones o la jubilación.

Mi segunda reacción fue de cautela: conocemos sólo los ingresos de las familias (no sus ahorros) y muchos de estos ingresos son la contracara del gasto público. Si hoy consumo el aumento de ingreso (es decir, si no ahorro) y mañana mi ingreso cae (porque el país y el empleo y el salario real crecen menos, o porque las transferencias suben menos que la inflación) vuelvo a la pobreza. Y si el aumento de ingreso me permite endeudarme con el banco o el vendedor que antes no me fiaban (es decir, si consumo más que mi ingreso) puedo acabar más pobre que al comienzo. Para salir de la pobreza hay que generar riqueza. Y no tenemos datos de riqueza.

Por otro lado, el gasto público asociado con las transferencias no siempre es sostenible. Por ejemplo, casi todos los sistemas previsionales de la región (y del resto del mundo) son deficitarios: los aportes de los trabajadores registrados no cubren los beneficios y pocos países ahorran fondos para cubrir este agujero. En algún momento, alguien pagará esta cuenta invisible. Así, las nuevas clases medias podrían ser tan vulnerables (es decir, efímeras) como los milagros económicos de sus países de origen. ¿Cuánto quedará de la clase media brasileña si, con la reversión del ciclo económico, subiera el desempleo o el gobierno se quedara sin aliento y retrasara transferencias y jubilaciones? ¿Qué pasaría con el consumo de la clase media argentina si se agotara el estímulo fiscal y la estanflación se extendiera por unos años?

Mi tercera reacción fue de escepticismo, como ante cualquier festejo epidérmico y prematuro. La clase media se mide en dinero, pero el dinero no hace a la felicidad. El bienestar social (la cartera de consumos de los hogares) está en gran medida compuesta de bienes públicos. El trabajador que ahora tiene mayor poder de compra es el mismo que viaja todos los días dos horas como sardina exponiéndose a la inseguridad urbana y ferroviaria, el mismo que paga la cuota del colegio parroquial para eludir los paros o el deterioro edilicio, o la prepaga para evitar el racionamiento en el sistema de salud pública. Cuando el problema básico de ingreso se soluciona, uno advierte el resto de los problemas: sólo cuando se accede a algo se aprecia su calidad. Y entonces nota que ahora consume más bienes privados pero menos (o peores) bienes públicos —y sale a la calle a protestar. ¿Cuánto mejoró realmente la calidad de vida del trabajador urbano en el Gran San Pablo, o en el Gran Buenos Aires?

Menos obvia es la conexión entre ambos lados de esta moneda. El déficit de bienes públicos es, en algún sentido, el reverso del boom de las clases medias: el gasto público que sostiene el ingreso privado con subsidios y transferencias limita la inversión pública en servicios.

¿Cómo se reconcilia este contraste entre ingreso y calidad de vida? Como dice Hausmann, una "sociedad de clase media" es aquella donde el estándar de vida es elevado por la calidad de los bienes públicos. Los bienes públicos sostienen e igualan. ¿Por qué si no en Europa, aun con salarios modestos, se vive mejor? ¿Por qué, aun con la crisis terminal del Mediterráneo, están tan lejos de nuestras penurias de 2002?

Dado que el incremento de salario mínimo o de la transferencia es *del* gobierno que lo da mientras que el deterioro de los bienes públicos es lento y difuso (no es de nadie en particular), es fácil entender que el político cortoplacista priorice lo primero a expensas de lo segundo. Y que el votante reelija a estos gobiernos que lo seducen con un consumo más alto, un engañoso "olorcito a ahorro" que simula un nivel de vida que, sin ahorros, pende de un hilo.

Seremos desarrollados cuando todos usen el transporte público, sintetizaba un colega. Seremos desarrollados cuando los votantes exijan mejor transporte público.

Pero es fácil exigir todo. Siempre podemos exigir boom de consumo a plazos y servicios públicos del primer mundo, aunque ese todo sea económicamente irrealizable en el corto plazo electoral.

Seremos desarrollados cuando los votantes estemos dispuestos a sacrificar el consumo en cuotas por un mejor transporte público.

La fragilidad del milagro social

El patrón de la relación entre política y clase media reaparece, en otra métrica, con los hogares de menores recursos. El milagro social, la dependencia del subsidio, la misma no automaticidad de estos subsidios, son anomalías a las que nos hemos acostumbrado después de décadas de inflación y clientelismo político. De hecho, uno podría especular que la inflación es, de algún modo subliminal, agradecida por el político, que puede otorgar aumentos nominales que no significan nada en términos de poder de compra pero ameritan una foto, un discurso e incluso, en raptos de desesperación mediática, una cadena nacional.

Es cierto que, mirando desde el pozo de la crisis de 2001 se ha avanzado mucho. Sin duda, se ha reducido la pobreza, que se mide como la población con ingresos inferiores a un umbral arbitrario (del cual hay varias definiciones posibles). Como este umbral está fijo, a medida que crece el ingreso del país, y de cada una de las franjas sociales, la pobreza cae. Por eso, la pobreza cae con el crecimiento.

Distinto es el caso de la distribución del ingreso, que no suele tener una relación tan directa con el desempeño económico. Como vimos en el capítulo 4, nuestra mejora en este frente se explica en su mayor parte por un achatamiento de la pirámide salarial, a su vez ligado con una caída de la prima por educación fruto del aumento de graduados secundarios y terciarios, que ya lleva de más de dos décadas, y de un probable deterioro de las calidad de formación de estos graduados, de modo que cada título adicional suma menos aptitudes y menos salario. Como dijimos, más allá del debate sobre si la caída de la prima educativa es buena o mala desde el punto de vista de la equidad de largo plazo, lo cierto es que, por muchas razones, el efecto se está revirtiendo.

Otra parte de la mejora, principalmente en los primeros años de la poscrisis, reflejó la recuperación del empleo, amplificada por estadísticas de desigualdad que, como el coeficiente de Gini, son muy sensibles a las colas de la distribución de ingresos. Más simple: el Gini refleja más que proporcionalmente la situación de los muy ricos y de los muy pobres. Entonces, si aumenta el desempleo, la cola inferior de la distribución (la población sin ingresos declarados; por ejemplo, los desocupados) cae dramáticamente, y con esto sube el Gini. Por otro lado, los ingresos de los muy ricos están subestimados por las encuestas de hogares porque los ricos no están en el hogar al momento de la encuesta, o porque reportan ingresos muy inferiores a los reales. Esta subestimación, al recortar la cola superior de la distribución, otra vez mejora el Gini. Por eso, la recuperación del empleo (la caída del desempleo desde 25% a menos del 10% en pocos años) embelleció las estadísticas de desigualdad. Y la transnacionalización de los ahorros (el hecho de que los ricos suelen no declarar lo que ahorran afuera) ocultó el efecto negativo de la evolución del ingreso de los que más tienen, que muchos intuyen regresiva.[91] En este caso, como en el anterior, estamos hoy frente a un incipiente deterioro, de naturaleza cíclica: la recesión trajo una reducción de empleo formal y de salarios reales.

Agotada la recuperación y la compresión de salarios como fuentes de mayor equidad, en los últimos años la equidad parece descansar en la mayor o menor suerte de las políticas sociales. En la Argentina, a diferencia del resto de Latinoamérica, una parte importante de la mejora en la igualdad de ingresos (es decir, de la caída del Gini) se debió a políticas de transferencias como la Asignación Universal por Hijo (concentrada en familias pobres) y, sobre todo, la moratoria previsional que incorporó muchos adultos mayores previamente sin ingresos (que engrosaban la cola inferior de la distribución).

Hay muchas razones para pensar que, aun si el país encuentra el camino para un crecimiento sostenido, en un primer momento la desigualdad no descenderá en el corto plazo. Incluso es probable que aumente: el atraso cambiario y la globalización privilegiarán el empleo calificado en el sector servicios, dispersando la distribución de salarios, mientras que la tecnología irá sustituyendo procesos y trabajo de mediana y baja calificación. Además, la baja calidad de la educación de hoy no es inocua: probablemente genere en unos años trabajadores subcalificados que ganarán poco y abandonarán el mercado laboral.

Por otro lado, parte de nuestra mejora en la equidad fue la contracara de un gasto creciente, en los últimos años financiado con inflación. Hoy, con un déficit fiscal difícil de gobernar, es poco el espacio para crear empleo público o extender beneficios sociales sin recurrir, como en el pasado, a un endeudamiento insostenible. Y es demasiado tarde para subir impuestos o reducir gastos, ahora que los errores de política terminaron enfriando la economía.

Mal que nos pese, el milagro social fue frágil y es potencialmente reversible; sólo un crecimiento sostenido permitirá consolidarlo. La distribución igualó el consumo pero no necesariamente el ahorro y la riqueza: así como envejecieron los trenes y las rutas del país, envejeció el auto de Héctor y hoy hay que ahorrar para financiar el recambio. Lamentablemente, Vaca Muerta no nos va a salvar así como no nos salvó la soja. No viviremos de rentas.

Pero no hay que olvidar que, como otros supuestos karmas argentinos, el cortoplacismo rentista es una construcción histórica, no es un destino. Reconocerlo es el primer paso para superarlo.

Don Draper, JFK y el sueño americano

Uno podría fechar el nacimiento del voto cuota y del fin de las ideologías en las palabras William Faulkner. En el clímax de la Guerra Fría, el Departamento de Estado de los Estados Unidos puso a sus mejores intelectuales a trabajar como embajadores de buena voluntad, paseando artistas y escritores alrededor del mundo en misiones de propaganda para persuadir al ciudadano global de las bondades de la causa de la clase media americana. En una reunión de este grupo de embajadores, Saul Bellow y William Faulkner, dos ganadores del Nobel de literatura, se trenzaron en una discusión sobre los mejores métodos de promoción. Faulkner, un antiintelectual fastidiado con Bellow y con tanto intelectual farragoso enamorado de su propia voz, fue directo al grano: todo lo que tenemos que darle a la gente para que entienda los beneficios del sueño Americano, dijo, es un auto usado y un televisor.

Kennedy versus Nixon de 1960 fue la primera campaña del fin de las ideologías. La primera campaña televisada, mediática, en la que la imagen se impuso sobre el contenido. En una escena de la primera temporada de Mad Men se ven las siluetas del publicista Don Draper y su equipo mirando los spots de Kennedy y Nixon. En el primer spot se oye un jingle pegadizo que resalta las virtudes generales del candidato, en apariencia contradictorias: su experiencia y su voluntad de cambio; su madurez y su juventud, todo contra un montaje de retratos de JFK intercalados con fotos de rostros felices de mujeres y hombres de la nueva clase media americana con sus autos y sus televisores y sus casas suburbanas en Revolutionary Road. En el segundo spot se lo ve y se lo escucha a Nixon, de traje negro, serio, encorvado, incómodo frente a la cámara, hablando del peligro de la amenaza comunista. (El equipo de Draper, encargado de la campaña republicana, se agarra la cabeza.)

"Éste es un gran país, pero creo que puede ser más grande; es un país poderoso, pero creo que puede ser más poderoso", dice Kennedy mirando a cámara durante el primer debate presidencial televisado de la historia. No dice mucho más que eso, pero después del debate la audiencia televisiva le da la victoria a Kennedy (la audiencia radial, a Nixon).

En otro episodio de la primera temporada de Mad Men *se menciona otro mito fundacional de la política estadounidense: Kennedy le roba la elección a Nixon con la ayuda de los votos truchos del alcalde de Chicago, Richard Daley, conseguidos gracias al dinero y las influencias de Joe Kennedy Sr. Un mito que no sólo presagia el Watergate como la revancha de Nixon contra el "establishment" que lo desprecia y margina, sino que suele ser interpretado como el predominio del privilegio y el aparato de los Kennedy sobre la esmerada movilidad social de los Nixon —es decir, como la refutación del sueño americano—, complemento del predomino de la forma sobre el contenido en la campaña de 1960.*

En el mismo episodio, Don Draper, indignado con Kennedy y con Pete Campbell, un subordinado de apellido ilustre que lo extorsiona con revelar su pasado (Draper es un héroe accidental, un ladrón de identidades), lo empuja a delatarlo con el jefe de la agencia, Bert Cooper. Pero Cooper, al oír la historia de boca de Campbell, le da una respuesta que remite a las pandillas de Nueva York de Asbury y Scorsese: "Qué importa esa historia", le dice, "si al país lo hizo gente con peores historias" (como la del mismo Kennedy Sr., que ascendió de distribuidor ilegal de alcohol durante la ley seca e inversor sin escrúpulos a presidente del ente regulador del mercado de capitales y embajador en Inglaterra).

Tal vez para empujar la trama o para alimentar la esperanza de la audiencia, en la ficción la movilidad social se impone sobre el privilegio. Pero la ficción emula la realidad de un modo sutil. La movilidad no es siempre virtuosa: a pesar de su sesgo republicano y de sus orígenes humildes, Draper no es Nixon sino Kennedy, el fraudulento.

Un hombre es el lugar donde se encuentra en cada momento, dice Cooper, el pasado es accesorio. Cualquiera resiste un archivo.

6. El default de las élites

Contra el nihilismo

Don Aparicio saca a pastar su ganado todos los días. Tiene un campo propio don Aparicio, con buenas pasturas. Le gustaría tener más cabezas de ganado, pero las pasturas de su tierra lo limitan: si suma más cabezas habrá menos alimento por cabeza. Entonces decide llevar a su ganado a pastar a tierras municipales, adonde otros campesinos también lo hacen. Una vez allí, concreta su sueño y empieza a sumar ejemplares, por lo que empieza a haber menos pasturas para todos los campesinos. Don Aparicio se queda con el beneficio —tiene más ganado—, mientras que el costo se distribuye entre todos. Pero como el beneficio supera al costo, porque se divide entre todos los granjeros, don Aparicio tiene incentivos para seguir sumando animales. Los otros campesinos se dan cuenta y empiezan ellos también a multiplicar sus animales. Finalmente, el campo se erosiona, se agotan las pasturas y todos se quedan sin nada.

Así, más o menos, razonaba en 1833 el economista William Forster Lloyd que dio el nombre a lo que, 135 años más tarde, el ecólogo Garrett Hardin denominó Tragedy of the Commons —que, en un rapto de literalidad, se tradujo al español como la "tragedia de los comunes" (los *commons* son las tierras de pastoreo comunales a las que se refiere la historia). En el ejemplo, el óptimo colectivo es autorrestringirse para proteger el bien público (la tierra), necesaria para engordar el ganado. Pero el óptimo individual es sumar animales lo más rápido posible, antes de que otros hagan lo mismo.

Joshua Greene, en su libro *Tribus morales*, se pregunta qué es lo que evita el equilibrio negativo en este juego de cooperación, que haría imposible la existencia de bienes y servicios públicos. Y se responde: la maquinaria moral, que está determinada desde el nacimiento y es parte de nuestro formato mental. Greene da dos ejemplos de cómo funciona esta mecánica moral. El primero es positivo: la zanahoria del altruismo recíproco, el "hoy por ti mañana por mí". Si la cooperación (no incrementar animales a costa de los demás) es acompañada por similar contribución del prójimo, el hecho de que todos nos beneficiemos es en sí un incentivo económico, consciente y racional. De ahí el éxito del *tit for tat*, la estrategia de emular la respuesta del otro: si él cooperó ayer, yo coopero hoy, y viceversa.

El segundo mecanismo moral sugerido por Greene es negativo: el garrote del castigo social, muchas veces acompañado por el castigo económico. Si el abuso que comete el *free rider* (don Aparicio y sus nuevas cabezas de ganado) es sancionado socialmente, se vuelve menos probable. De hecho, hay algo subliminal en la mecánica de este "altruismo": el reconocimiento o la reprobación de la mirada del otro. [92]

En el Juego del Bien Público, un número n de jugadores (digamos, 4) recibe un monto de dinero (digamos, 20 pesos). Cada jugador puede contribuir anónimamente con parte o todo el dinero a un pozo común, que es "aumentado" por una cifra similar del moderador y luego distribuido en partes iguales a los miembros del grupo. En el juego, el óptimo colectivo es contribuir los 20 pesos. De esta forma, se acumulan 80 pesos en el pozo y se maximiza el aporte del moderador (otros 80 pesos) y el dividendo final del juego para cada jugador (40 pesos). Pero el óptimo individual es distinto: quedarse con los 20 pesos, dejar que el resto contribuya lo que quiera y "vivir" (en la expresión en inglés, hacer *free riding*) del resto del grupo. Si se juega muchas veces, la mayoría comienza cooperando, pero la influencia nociva de los *free riders* los lleva gradualmente a la solución no cooperativa: al diablo con todo, contribuir es ser explotado por un par de vivos, cada uno por las suyas.

Si el juego de los pastores puede asimilarse, por ejemplo, al cuidado del bien público (la basura, la plaza, el medio ambiente), el Juego del Bien Público es una buena metáfora de la tributación. El evasor tributario es un claro ejemplo de *free rider*: *utiliza* la educación, la salud, la seguridad y el transporte que son financiados con impuestos, pero se niega a aportar su parte. Los Estados avanzados juntan los impuestos en un pozo y luego los reparten igualitariamente en forma de bienes y servicios públicos; por eso las sociedades avanzadas sancionan la evasión como sancionan el robo o la corrupción.

Greene nos dice que esta mecánica moral es evolutiva, innata. Los ciudadanos no repiten el juego cada vez que tienen que decidir si echan la basura al río o si pagan en negro; la sanción surge inmediata, automática, un acto reflejo. ¿Por qué entonces funciona de manera tan imperfecta en nuestra sociedad?

Éste es el punto de partida que elijo para discutir dos temas íntimamente ligados y a mi juicio críticos para el desarrollo. Por un lado, la corrupción en sentido amplio, como una versión del problema de los comunes. Por el otro, su dual: la corrupción (o ausencia) del liderazgo.

¿Qué tiene que ver el liderazgo con el altruismo o el pago de impuestos? En ambos casos se trata del reconocimiento de lo que los economistas llamamos externalidades: el efecto de mis acciones sobre el bienestar de terceros, los beneficios de la coordinación. La base, en definitiva, del contrato social.

La banalidad de la corrupción

En 1961, mientras cubría como corresponsal del *New Yorker* el juicio en Israel por genocidio contra el pueblo judío, la filósofa Hannah Arendt se sorprendió al encontrar en Adolf Eichmann no a un antisemita militante sino a un arribista, un burócrata banal que sólo hacía su trabajo obedeciendo la ley, una representación de "la terrible banalidad del mal".

La expresión fue más tarde popularizada y en algún sentido enrarecida ("banalizada") en experimentos sociológicos como los de Milgram y Stanford, en películas como *I... como Ícaro* y *El experimento* o, más cerca de casa, en conceptos como el de la obediencia debida.[93]

Pero el relato de Arendt no apunta tanto a la obediencia como a la naturalización del mal. Se refiere al modo en que Eichmann, sin rasgos psicóticos o antisemitas visibles, pierde conciencia de las consecuencias de sus actos y de este modo elimina toda resistencia, olvidando la regla dorada ("no hacer a otros lo que no quiero que me hagan") implícita en la definición kantiana de deber moral que invoca en su defensa.[94]

En el encuentro empresario de IDEA de 2013, el economista Federico Sturzenegger invocó a Arendt para hablar de la corrupción frente a un grupo de empresarios. Al tiempo de asumir como funcionario público, contaba Sturzenegger, lo fue a ver un proveedor, llamémosle Señor X, para asegurarse la continuidad de la relación comercial. Al investigar el caso, Sturzenegger descubre sobreprecios y llama a una nueva licitación, en la que aparece solamente el Señor X. Finalmente consigue que otra empresa se presente, desplazando al Señor X. Semanas más tarde, Sturzenegger se cruza con el empresario Z y le cuenta la anécdota que, para su sorpresa, Z conoce en detalle. Todos la conocen, le dice Z: los negocios se reparten, es la manera de hacer las cosas en el país, siempre lo fue.[95]

En la sobremesa del asado dominguero se discute de economía, se critica a los políticos por ladrones, se habla de la suba impuestos, se comparan estrategias de evasión. En una columna de un diario económico un profesor universitario desarrolla una versión de la teoría de la evasión como respuesta óptima a la corrupción estatal: como los impuestos van a los bolsillos de los funcionarios, dice, mejor evadirlos y "redistribuir" una fracción de lo ahorrado en "responsabilidad empresaria" (en este contexto, casi un oxímoron).[96] La expresión "evado porque todos lo hacen" es tan común como falaz: basta pensar qué pasaría si efectivamente todos lo hicieran y el Estado se quedara sin dinero para pagar educación, salud, justicia, seguridad. La crisis de gobernabilidad de 1989 con un gobierno sin recursos sirve como referencia.

Ningún punto es de no retorno, pero hay algunos de difícil retorno. El de la banalización es uno de ellos, donde desaparece la condena social, y la corrupción, naturalizada, puede pasearse desnuda por la calle. La Argentina hace tiempo que pasó ese punto y hoy le cuesta volver.

La banalización de la corrupción es trágica porque desconecta la sanción social que inhibe al evasor *free rider* o al abusador don Aparicio. Y, al hacerlo, desarticula el contrato social. Más de una vez amigos italianos, ante mi pregunta sobre la prolongada decadencia italiana (tema insoslayable cuando hablamos del fracaso argentino), me señalaron que Italia nunca se reconoció a sí misma como una unidad o un

Estado. De ahí, los separatismos y la resistencia cultural a la formalidad y los impuestos. ¿Habrá algo de esto detrás de la tendencia a la deslegitimación del Estado de la clase media y alta en la Argentina?

En todo caso, la corrupción es el otro. En la medida en que las sanciones no sociales (los castigos económicos) estén en manos de los mismos actores, es difícil inducir un equilibrio bueno, cooperativo, en base a la reglamentación de penas formales que nadie administra. Si la solución del problema de la corrupción es el resultado de la coordinación y la cooperación, el equilibrio bueno necesita un coordinador, alguien capaz de imponer un corte a la inercia de la tolerancia.

La falta de sanción social sólo puede ser subsanada por el otro paradigmático, el referente, el líder.

La banalidad de la política

La política por fuera del poder es una carrera de obstáculos. Una maratón de baile. El vencedor no es el más fuerte ni el más capaz ni el más vivo sino el que cae al final. La última vez que un líder político se embanderó en una idea de país finalmente hizo todo lo contrario. "Si les decía la verdad no me votaban", confesó Menem años más tarde de ganar su primera elección presidencial. ¿Será por eso que las encuestas suelen favorecer a los tiempistas que eluden precisiones y se definen en la recta final, o incluso después de concluida la carrera?

Hay que reconocer que los tiempistas generan cierto suspenso, incluso insinúan una cierta profundidad, como esas personas que hablan muy lento como si escogieran las palabras exactas. O como Chance el jardinero en *Desde el jardín*. Pero es sólo una ilusión. Porque al final del silencio del tiempista hay más silencio. O largas secuencias de banalidades o samplers de lugares comunes, randomizaciones de discursos y gestos ya ensayados.

El tiempista es lo opuesto de un líder. Es un seguidor, un buscador obsesivo de lo que el politólogo Ernesto Laclau, posmarxista, populista y tardokirchnerista, definió como "significante vacío". ¿Qué es un significante vacío? Un significante (un signo, una palabra, un espacio simbólico) sin significado. Sobredeterminado por el deseo polimorfo de los votantes, articulador de las demandas diversas de la sociedad, donde cada uno ve lo que quiere ver. Como los comentarios vacíos de Chance el jardinero.

Siguiendo la analogía de Laclau, uno podría describir a nuestros partidos de masas, el radicalismo yrigoyenista y el peronismo, como significantes vacíos. Con economía anglosajona, los politólogos americanos denominan a estos frentes *catch-all parties*, partidos que salen a cazar adhesiones con una medio mundo, donde se insinúan consignas y promesas para todos los gustos.[97]

Digámoslo más simple. Un significante vacío es esto:

En todo estás vos.

buenosaires.gob.ar ⓕⒺ/gcba   Buenos Aires Ciudad

En *La muerte en directo*, un temprano comentario cinematográfico sobre los realities de Bertrand Tavernier, Harvey Keitel tiene una cámara en la cabeza desde la que transmite los últimos días de Romy Schneider, enferma terminal, a quien acompaña. "Es increíble lo pudorosos que somos sobre la muerte", le dice Schneider a Keitel en algún momento de la película. "La muerte es la nueva pornografía."

Eslóganes y galas, tuits manufacturados y fotos con el Papa, anuncios pequeños e indignación ruidosa, fútbol y bicicleta. Los políticos devienen actores improvisando líneas inocuas e intercambiables como camisetas o sello partidario. La comedia del arte de las aspiraciones políticas es la nueva pornografía.

Política new age

En 2011, un asesor de campaña le recomendó al candidato abstenerse de mencionar programas o propuestas, para concentrarse en la imagen y en mensajes genéricos, positivos. Cuando el candidato quiso mostrar en televisión el libro blanco de sus propuestas, esmeradamente compaginado por su asesor técnico para la campaña, el gurú lo instruyó: "Ponelo sobre la mesa, mostralo, pero no lo abras".

El asesor de campaña cautivaba a su cliente con un estudio de la Universidad de Nueva York, en el que a un grupo de estudiantes de ciencias políticas se les muestra una sucesión de pares de candidatos de elecciones legislativas (realizadas en otros estados, para evitar la familiaridad previa) y se les pregunta, sin más datos, cuál les parece "más competente".[98] Según el estudio, en un 70% de los casos las elecciones de los estudiantes coincidieron con el resultado de las elecciones reales (mayor al 50% esperable si los estudiantes respondieran al voleo). Conclusión: la imagen decide la elección. Lo esencial son las "micro expresiones", esas fugaces expresiones faciales , gestuales o posturales estudiadas, entre otros, por Paul Ekman, en base a las cuales Tim Roth identifica cuándo un sujeto miente en *Lie to me*. Las mismas que el candidato exhibe al expresarse frente a una cámara, y que generan simpatía o rechazo en el votante.

Al asesor le gustaba mirar los programas políticos con el televisor silenciado. Decía que la gente no recuerda lo que dice el candidato en *A dos voces* pero seguro recuerda la expresión, el tono, la manera en que mueve las manos, o cómo desvía la mirada cuando piensa su respuesta. Da lo mismo que el candidato presente el programa de gobierno o recite números como los extras de las películas. Lo único que cuenta es la imagen. Y ciertas imágenes: paga tener pelo, sentarse erguido, no sacar panza, no pestañear, no sudar como Nixon en aquel fatídico primer debate presidencial televisado. Salvo que en el medio del discurso el candidato muestre el culo como Antanas Mockus en Bogotá o se ponga a cantar o a hablar en verso como el senador Bulworth de Warren Beatty, nada de lo que importa pasa por lo que se dice.[99]

En sentido estricto, estos resultados no son tan desoladores como parecen a primera vista. Si la imagen no tuviera ninguna influencia en la elección (es decir, si el "rostro competente" tuviera las mismas chances de ganar la elección que el "rostro incompetente"), el nivel de coincidencias debería ser del 50%: los estudiantes acertarían la mitad de las veces. Así, si bien el 70% de coincidencia reportado en el trabajo es significativamente mayor que 50%, está muy lejos de sugerir que el 70% de las elecciones se deciden con una mirada. Por eso, antes de saludar o rechazar esta nueva epifanía del marketing político, vale la pena ponerla en perspectiva.[100]

Las elecciones de 2011 en Santa Fe dispararon un debate sobre la naturaleza de las campañas políticas. Por un lado, el candidato del PRO, Miguel del Sel, hizo una campaña corta, en gran medida mediática y con una plataforma deliberadamente delgada. Por otro lado, esa elección introdujo la boleta única que, más allá de sus muchas virtudes, desacopla la lista sábana y obliga al ciudadano a votar por mucha gente, es decir, a obtener información sobre mucha gente. Dado que el votante tiene un tiempo limitado para dedicarle a estas cosas, a mayor cantidad de decisiones, menos informadas cada una de ellas; y, a falta de información, qué mejor que una cara familiar y mediática.[101]

La politóloga Julia Pomares aporta un ángulo adicional: ¿por qué la foto en la boleta? "Las boletas en la Argentina tienen fotos desde 2009. Esto no es común en el resto del mundo, salvo en África y países de América Central con un alto porcentaje de votantes analfabetos." En países sin analfabetismo, ¿para qué es la foto? En todo caso, la foto en la boleta potencia tanto el reconocimiento del famoso como el voto a la cara bonita.

¿Debemos postergar candidatos buenos porque no miden bien en cámara, reemplazar programas por eslóganes e invocaciones al "diálogo", poner el aparato al servicio del sex appeal? ¿Debemos pedirle al candidato que nos cuente cómo va a bajar la inflación o que se arremangue para la foto del asado?

¿A quién le hablan los políticos? (El otro 90%)

Hace un tiempo, en el intervalo de un programa de televisión, un politólogo me comentaba que un porcentaje mayoritario de los votantes (¿90%?) no ve programas políticos ni lee columnas políticas ni discute política. Como el hombre de la calle del cantautor uruguayo Jaime Roos, que "en medio del discurso, cambia bruscamente el dial", este votante que no invierte tiempo en el aprendizaje político, que incluso puede estar hartado o defraudado por los políticos, sólo se involucra cuando la política (sus errores o falencias) lo afectan directamente. Sale a la calle a pedir trabajo cuando está desempleado, a cercar un banco cuando se queda con su depósito, a apedrear una comisaría cuando siente que la policía es cómplice de su inseguridad.

Esto va en línea con la idea de democracia delegativa, esa figura latinoamericana que acuñó el politólogo argentino Guillermo O'Donnell para describir los gobiernos de las poscrisis en la región: Fernando Collor de Melo en Brasil, el primer Alan García en Perú —y, podríamos decir, los gobiernos peronistas y hasta el yrigoyenismo. Según O'Donnell, "la esencia de esa concepción es que quienes son elegidos creen tener el derecho —y la obligación— de decidir como mejor les parezca qué es bueno para el país, sujetos sólo al juicio de los votantes en las siguientes elecciones. Creen que éstos les delegan plenamente esa autoridad durante ese lapso. Todo tipo de control institucional es considerado una injustificada traba; por eso los líderes delegativos intentan subordinar, suprimir o cooptar esas instituciones".[102] O, para hacer uso del discurso despojado del ex jefe de Gabinete Juan Manuel Abal Medina en referencia a las manifestaciones opositoras: "que armen un partido y ganen elecciones".[103] O'Donnell asociaba esta versión de la democracia como competencia política a expensas de los derechos de las minorías con un déficit del componente liberal en la sociedad argentina.

¿Cómo hace un político para venderse a ese 90% de los votantes que no escucha a los políticos? Con grandes sonrisas fotográficas, eslóganes sin palabras esdrújulas y tinellismos varios, o con el crossover de la novia mediática que catapulte al candidato a las revistas de chimentos y a la conversación de peluquería y gimnasio, siempre tan esquivas a la tediosa política. Se vende en Twitter y en Facebook. Y en programas políticos pop, como *Animales sueltos* o *Intratables* o *Almorzando con Mirtha Legrand*, que acercan al político a ese 90% de manera más rápida y eficiente que caminar los 24 municipios del conurbano.

"Media hora de entrevista con Fantino cotiza, según el paquete, entre cincuenta y cien mil pesos. Un minuto de publicidad en el cable cuesta veinte mil pesos. Está claro que Fantino es una ganga: en un futuro, todos los candidatos desfilarán por programas de variedades y todos los periodistas de variedades preguntarán cosas como: ¿te ves con tus amigos de la infancia?"[104] Eso escribí hace dos años en el diario *Perfil*. Hoy Fantino es un mojón insoslayable en el derrotero de todo político con aspiraciones de reconocimiento popular. El periodismo político fue reemplazado por el infomercial. Y si los políticos siguen yendo a TN y al cable, en el fondo saben que allí compiten por los conversos; donde se gana tierra al mar es "en la página de atrás".[105]

Hace más de un año, en una charla de café con un candidato a presidente, discutíamos sobre los ejes de la campaña. Le decía que la crisis que muchos imaginaban en enero de 2014 no llegaría, que la economía despegaría en el segundo semestre (nadie imaginaba entonces que la Corte Suprema de los Estados Unidos rechazaría el caso holdouts y entraríamos en default) y que de todos modos el discurso de un candidato a presidente no puede rebajarse a criticar la última boutade del gobierno o a comentar los diarios de la mañana. Que un candidato tiene que ofrecer una visión, un sueño (como diría Martin Luther King), en todo caso, tiene que hablar del futuro. Pero al final de la charla, repasando mentalmente lo que le había dicho, le advertí que este tipo de mensajes e ideas sólo le llega al 10%. O ni siquiera eso. Y que nada que yo pudiera contarle le ayudaría a acceder al inefable 90% que decide la elección.

Crisis y personalismos: una relación circular

"El caudillismo y la dictadura paternalista son formas que han marcado la historia de América Latina y que aún siguen floreciendo, muchas veces enmascaradas por una terminología aparencialmente [sic] moderna, pero que sólo otorga un airecillo universal y persuasivo a formas tan antiguas como nuestra historia independiente", escribió el intelectual uruguayo Ángel Rama hace más de medio siglo.

Pedro Manuel Arcaya, intelectual venezolano de una generación anterior a la de Rama, cuenta en sus *Memorias* el infierno que era su región a fines del siglo XIX, con una guerra civil tras otra arrasando con todo, matando a los hombres y al ganado. ¿Cómo no iba a ser preferible, dice Arcaya, un supercaudillo capaz de destruir, aterrorizar, exilar o seducir a todos los subcaudillos y mantenerse en el poder casi treinta años, como lo hizo hasta su muerte Juan Vicente Gómez —el modelo de *El otoño del patriarca* de Gabriel García Márquez, que nació en 1927 cuando, en plena dictadura de Gómez, la costa Caribe colombiana se llenaba de refugiados políticos de "la infeliz Caracas"?

El líder fuerte latinoamericano se inscribe como versión estilizada de otro patrón, más dramático, que los politólogos denominan el "síndrome del hombre fuerte" (*bigman syndrome*) o bigmanismo, con numerosos ejemplos en África (Mobutu Sese Seko, Idi Amin, Robert Mugabe) y en el resto del mundo en desarrollo (Suharto, Duvalier, Franco). La guerra, la falta de derechos de propiedad (o la imposibilidad de protegerlos) llevan a tolerar e incluso a buscar la protección del autócrata.

¿Puede una seguidilla de crisis económicas con saqueos a los supermercados chinos llevar a la sociedad a caer en una variación estilizada del síndrome del hombre fuerte, a expensas del sistema de partidos? ¿No es la presunción de que "sólo el peronismo puede gobernar este país" una expresión de esta demanda de un hombre —o un partido— fuerte en un sentido rayano en el autoritarismo?

O'Donnell sugiere que la crisis (y, más en general, la volatilidad macroeconómica) está en la raíz de su democracia delegativa. El punto nos interesa por razones que exceden el análisis histórico.

Nuestro patrón democrático tiende a acortar y limitar el espacio para implementar políticas. Las elecciones bianuales, y sus campañas de significantes vacíos, obligan al presidente a concentrar su esfuerzo reformista en los primeros meses de gobierno, cuando aún es posible hacer alianzas con la oposición y sacrificar algo de capital político. Pero enseguida su atención es capturada por la campaña y la necesidad de no enemistarse con su diversa base electoral. Entonces el político abandona sus pretensiones de líder y se vuelve espejo del votante, cae en el "yo quiero lo que vos querés".

Por otro lado, creo que a estas alturas no hace falta remarcar el daño institucional de un gobierno sin contrapesos en los otros poderes —y con un Estado con muchos más recursos que en el pasado. Acá el juego es mucho más delicado, porque ningún político que pueda desandar este camino hacia la concentración del poder y los recursos estará dispuesto a hacerlo. Por ejemplo, aun después de haber transitado los años de tasas chinas y desendeudamiento, seguimos sin darle el alta a la "emergencia económica" de 2002. Esta emergencia, entre otras cosas, otorga discrecionalidad al gobierno para distribuir los fondos por fuera de la coparticipación, que crecieron mucho con los impuestos "de crisis" al cheque y a las exportaciones. Ahora bien, en el último trimestre de 2015 tendremos una oportunidad privilegiada de revisar estos anacronismos, cuando se discuta el presupuesto 2016. ¿Qué candidato levantará la mano para derogar esos poderes especiales que tan bien le vendrán en 2016?

Cancha inclinada: jugar de local

El sistema político argentino es un partido arreglado. Nunca antes fue mayor el poder de los oficialismos. Los recursos fiscales se han más que duplicado desde el regreso a la democracia: en 1984, el gobierno central recaudaba 15% del PBI; hoy recauda 34%. Además, el gobierno actualmente cuenta con una anacrónica emergencia económica que le permite distribuir como quiere todos los recursos fiscales que no estén asignados por la ley de coparticipación (entre ellos, la mayor parte de lo recaudado por impuesto al cheque y las retenciones, lo que elevó el porcentaje no coparticipable de la recaudación de 3,4% en 2000 a 16,3% en 2014).

El poder acumula más dinero, lo tiene más concentrado y detenta más libertades para distribuirlo. Además, la inflación lo beneficia (impuestos como IVA y, en menor medida, ganancias, crecen con los precios) a expensas de las provincias que cobran impuestos más fijos y tienen gastos salariales que suben con la inflación. Así es como el federalismo fiscal de nuestra Constitución se convierte en el "unitarismo" fiscal con el que el gobierno condiciona a las provincias y consigue apoyos en el Congreso, con fondos que, en muchos casos, no le pertenecen.

Esta asimetría de recursos y gastos invita a la extorsión financiera y al condicionamiento del voto de los senadores nacionales, esencial para pasar leyes sin mucho debate. En junio de 1995 el ministro Domingo Cavallo cortó los fondos a la provincia de Córdoba para provocar la renuncia del gobernador radical Eduardo Angeloz ("entrego mi cabeza porque no estoy dispuesto a presentarme de rodillas ante ningún tecnócrata mesiánico") y en 2012 el gobierno suspendió los fondos a la provincia de Buenos Aires para intentar erosionar la figura del gobernador Daniel Scioli, forzándolo a un revalúo inmobiliario ("es importante que se avance en términos de recaudación sobre los sectores de la economía que son más dinámicos, como el campo", decía el entonces ministro Hernán Lorenzino).

No me interesan tanto los pros y contras de este unitarismo fiscal compulsivo como los efectos que ejerce la política.

Por un lado, los oficialismos tienen cada vez más dinero para gastar en propaganda por fuera de la campaña. Pensemos en los miles de millones de pesos que "invierte" el gobierno nacional para autopromocionarse en Fútbol para Todos, en vez de vender el espacio a anunciantes privados como prometió al hacerse cargo de las transmisiones. O en los bancos provinciales como caja política, o en los ubicuos anuncios e inauguraciones, muchas veces ficticios, de obras y servicios públicos.

Por otro lado, estos recursos subordinan voluntades, reclutando escribas y artistas a sueldo o con contratos en medios oficiales, usando la pauta oficial como una transferencia condicionada, y hacia abajo, encadenando a los jefes distritales necesitados de financiamiento. Lo mismo vale para provincias y municipios; no es precisamente la gestión sino la arbitrariedad y opacidad de la distribución de los recursos lo que mantiene vivos a gobernadores e intendentes.

En la Argentina es muy lucrativo ser oficialista y, si no se cuenta con autonomía financiera, es una de las pocas chances de supervivencia política.

Este sesgo explica buena parte de la libanización de los partidos políticos, hoy un rejuntado de jugadores dueños de su propio pase, que transitan de un oficialismo al otro sin que les tiemble el pulso. Los casos del radicalismo y de las efímeras agrupaciones creadas por Elisa Carrió son ejemplos permanentes de la atracción gravitatoria del poder. No digo que esto sea nuevo: sabemos que el político necesita un hogar que lo patrocine. Lo novedoso es que el partido fue desplazado de ese lugar por el oficialismo. Por eso muchas veces el oficialismo gana la batalla sin disparar un tiro cuando, tentados por asegurarse un lugar en el poder, los soldados se pasan de bando —una variante peculiar de la "polarización".[106]

Un documento del año 2012 de CIPPEC, que analiza el fenómeno de "cancha inclinada", encontró que en 2011 los oficialismos ganaron en 20 de los 22 distritos que eligieron gobernador.[107] El documento, que estudia los resultados de las elecciones de gobernador desde el año 1983 para cada uno de los 24 distritos, concluye que la ventaja de los oficialismos (más votos y mayor probabilidad de ganar elecciones que la oposición) fue aumentando con el tiempo.[108]

¿Por qué pasa esto? Porque es difícil hacer campaña con presupuestos limitados. Porque, a la asimetría de recursos a favor del oficialismo, se le suma el hecho de que el votante, salvo excepciones, vota la continuidad. Y porque es difícil (y caro) generar reconocimiento de la población, algo que el oficialismo tiene en claro cuando hace el recorrido de inauguraciones y fotos con niños y ancianos.

¿Qué se puede hacer para nivelar la cancha? Se puede "controlar y contrapesar", lo que en jerga politológica quiere decir fortalecer el sistema de partidos (inhibiendo el transfuguismo programático y político), reducir la dependencia del Congreso y de la Justicia, limitar la reelección, eliminar la libertad de los gobernadores de elegir la fecha de elección.[109] Todas medidas factibles aunque improbables, sin demanda ciudadana ni interés del oficialismo de turno en limitar estratégicamente sus propias ventajas.

También se puede regular la propaganda política permanente enmascarada en la publicidad institucional. Es difícil trazar la línea entre una y otra, si es que hay una línea: ¿cuál es la necesidad de promocionar actos de gobierno, salvo que se trate de información útil? Por otro lado, en ausencia de controles del gasto publicitario del Estado, controlar montos y fuentes del financiamiento de campaña —en principio, una medida natural para promover la equidad política— puede ser contraproducente. Mientras el opositor hace campaña dos meses antes de la elección, el oficialista publicita actos de gobierno todo el año.[110]

De ahí la importancia de limitar la publicidad oficial, tanto para evitar una campaña permanente de logros inverificables y sonrisas ensayadas, como para poner fin al oficialismo ocasional de medios audiovisuales dependientes de la pauta. Sólo en este caso un régimen equitativo de financiamiento principalmente público (con financiamiento privado limitado y regulado) permitiría a los partidos que no están en el gobierno dar batalla sin necesidad de recurrir a intercambiables figuras de la farándula.[111]

Es aquí donde la cancha inclinada suma a la política new age: despojados de identidad partidaria, obligados a acortar distancias con el oficialismo y a generar candidatos con reconocimiento público express, los partidos opositores terminan resignándose a reciclar personas con buena exposición mediática que "midan" electoralmente.

La primacía de la imagen hace tiempo que conspira contra el político estadista y favorece al candidato mediático:

Palito Ortega, Carlos Reutemann, Daniel Scioli fueron hijos de los 90. Pero la creciente ventaja de los oficialismos lleva al político a poner el foco en los aspectos más epidérmicos de la campaña, descendiendo varios escalones en la calidad de famosos candidateables —o convirtiéndose él mismo en *celebrity* mediante la asociación con espacios y figuras del espectáculo.

No hay nada nuevo, ni mucho menos malo, en acercar artistas, deportistas o gente de los medios a la política. Lo negativo sería que la política y sus ideas terminaran escondidas detrás de un significante vacío.

Dos para un tango

En su discurso de inauguración de 1961, John Fitzgerald Kennedy pedía a sus compatriotas que no se preguntaran lo que el país podía hacer por ellos sino lo que ellos podían hacer por su país. La frase es uno más de las bellas invocaciones al nacionalismo del discurso norteamericano. En nuestro contexto, también es una buena síntesis de la deuda de liderazgo por parte de los actores sociales que, por globalización, antagonización o, simplemente, egoísmo y codicia, han desertado de ese rol y hoy se limitan a acumular y preservar poder, reconocimiento y riqueza individual.

Ricardo Hausmann escribió hace poco que si bien la mayoría de las empresas "está más cerca del gobierno que de otras empresas", el discurso empresario adhiere al pensamiento de Ronald Reagan: "El gobierno no es la solución a nuestros problemas: el gobierno *es* el problema". Esta última frase es ganchera pero peligrosamente errada, porque, como dice Hausmann, "los mercados no pueden existir sin los gobiernos, y viceversa".[112] En la práctica, no es cierto que haya tanta distancia. Como el mismo Hausmann reconoce, "con frecuencia, el sector privado se relaciona con el gobierno a fin de hacerse más rentable", buscando la ayuda del gobierno para contener el precio de proveedores e insumos o las demandas salariales, protegerlos de la competencia externa o de la interna de nuevas empresas o, el pedido paradigmático, recortando impuestos. Pero estas prebendas, lejos de crear valor, ofrecen beneficios a uno a expensas del resto. Y, agrega, la relación sería más fructífera si el foco no estuviera en la rentabilidad sino en la productividad.

El político invita al empresario a su casa para seducirlo, retarlo, condicionarlo, aleccionarlo, amedrentarlo o, en última instancia, cooptarlo con prebendas a cambio de un oficialismo explícito. El empresario invita a veces al político a su casa para seducirlo, retarlo, sermonearlo sobre cómo hacer bien las cosas y le entrega un documento escrito por un intelectual respetado en círculos empresarios en el que, con la excusa de la creación de consensos, le exige mejores condiciones para su negocio, muchas veces a expensas de otros empresarios o de la sociedad en su conjunto.

Ambas son instancias de antagonización o, en el mejor de los casos, de lobby. En las sociedades modernas, el lobby es una versión de la negociación invisible y continua que subyace a la gobernabilidad. Pero no necesariamente conduce a la creación de valor. Muchas veces redistribuye lo que hay en un juego de suma cero. O incluso de suma negativa, cuando se acerca, banalmente, a la corrupción.

En la Argentina, esta relación de amor (económico) y odio (¿ideológico?) entre empresa y Estado tiene una característica particular: no se realiza de manera directa, sino que se mediatiza a través de agentes. Los grandes dueños de los recursos argentinos —los pocos que quedan después del largo proceso de transnacionalización— dejan el asunto en manos de sus gerentes, que se reúnen cada año en los coloquios empresario organizados por IDEA, o en el Foro de Convergencia Empresarial (FCE), para elaborar pedidos al gobierno.

Es un error pensar que este mutis del capitalista es sólo fruto de la posición antagónica del gobierno con lo privado. La falta de liderazgo de los dueños del capital de la Argentina es tan antigua que, confieso, no sabría dónde datarla. Y como me comentaba hace poco una amiga empresaria, la retracción de los partidos políticos a favor de "liderazgos" personalistas y efímeros agudiza esta retirada del privado, porque lo deja sin interlocución o, peor aún, con una interlocución con la que sólo se pueden tejer negocios personalistas y efímeros.

Es tiempo de reescribir el contrato entre el sector privado y el sector público; no hay desarrollo sin la cooperación de ambos. Para lograr ese contrato es necesario encontrar la zona franca que desarme años de desconfianza mutua y los acerque al Estado, a la cosa pública, que es el lugar donde se desarrolla la política pública. Para eso, el sector público tiene que dejar de demonizar la actividad privada de donde obtiene sus impuestos. Y el privado tiene que dejar de cortarse sólo para beneficio individual, dejar de patrocinar campañas a la espera de favores para pasar a patrocinar ideas e iniciativas públicas, dejar de pedir menos impuestos para pedir más productividad. Retomar el liderazgo.

Responsabilidad social del liderazgo

Durante un almuerzo de profesores de la Universidad Torcuato Di Tella en el año 2003, discutíamos el nombre de Carlos Bianchi como posible docente de la materia Liderazgo de la Maestría en Negocios, y el libro *Leadership*, de Rudolph Giuliani, que había salido recientemente. La fama internacional de Giuliani como ejemplo de liderazgo surgió de su presencia en las ruinas de las Torres Gemelas para apoyar a las víctimas inmediatamente después del atentado, lo que subió su nivel de aprobación en la ciudad de Nueva York de 36% a 79%. Bastante más tarde, Giuliani sería criticado por su falta de previsión y por la preparación defectuosa de la respuesta al atentado.[113] La fama de Bianchi como líder también fue cimentada por los buenos resultados y erosionada por los malos. En ambos casos, el concepto de liderazgo se confundía con el de referente.

Debe haber tantas definiciones de liderazgo como cursos sobre este tema haya en las Escuelas de Negocios. No inventaré una nueva, pero sí le agregaré un condimento que creo esencial para discutir la política del desarrollo.

En el Juego del Bien Público, lo que hace cada uno tiene efectos sobre el resto. Un mal equilibrio de todos contra todos, como el caso de don Aparicio, sólo puede ser desarmado por alguien conocido y respetado por todos. El líder es un coordinador.

Cuando convivimos con personas como don Aparicio, los incentivos individuales nos juegan en contra. Imaginemos que todos los granjeros pertenecieran a una misma gran familia con un presupuesto común. El resultado sería distinto: todos maximizarían el bienestar familiar y el de cada uno de sus miembros. En ese marco, un líder político podría definirse (con perdón del tecnicismo) como el que "internaliza las externalidades". En español: el que orienta las decisiones individuales hacia el bienestar común.

El problema acá es que los ejemplos suelen ser demasiado sencillos para representar la realidad, y la extrema simplicidad puede esconder aspectos esenciales del problema. Un líder coordinador es lo que los economistas clásicos llamaban un "dictador benevolente", un autócrata preocupado por el bienestar general. En la práctica, los dictadores no sólo no suelen ser benevolentes sino que acostumbran priorizar su bienestar personal. No hace falta recurrir a conocidos ejemplos locales; sobra evidencia para ilustrar la relación entre concentración y corrupción del poder. Más realista (y seguro) es pedirle al líder político que ejerza el liderazgo "bajo estrictos controles de calidad", es decir, controlado y balanceado por los otros dos poderes independientes: el Congreso y la Justicia. Y que lo ejerza también de manera indirecta, con el ejemplo, rechazando la corrupción, mirando más allá de sus narices y alargando el horizonte de sus decisiones aunque el fin de obra le toque a otro. Un líder que piense la política pública no como una oportunidad de autopromoción sino como una puerta a pasar a la historia. Un líder que sea lo opuesto a un seguidor de encuestas. De hecho, un líder es, casi por definición, lo opuesto a un seguidor.

Pero es ingenuo pensar que con un líder político se resuelve el problema del bien público. En la historia de los campesinos, los pastos crecen solos y el dinero que se distribuye aparece por arte de magia. En la realidad hace falta producirlo, para lo cual hay que asignar recursos escasos y coordinar actores diversos. No cualquiera puede ser líder. Pero algunos de estos actores están naturalmente posicionados para serlo. Los empresarios que se escudan en gerentes e intelectuales para pedir por la rentabilidad de sus negocios tienen la responsabilidad de participar en la discusión del desarrollo.

Parte de nuestro fracaso como país está asociado con este default de las élites. O, para no sonar "elitista", con la ausencia de liderazgos. El liderazgo es un insumo intangible pero crucial del desarrollo. Más claro: no hay desarrollo sin líderes.

Más de un lector pensará, no sin razón, que detrás de este fracaso hay instituciones fallidas que reproducen el mal equilibrio e inhiben la aparición de líderes alineados al desarrollo. Pero así como las instituciones no son espontáneas, el cambio institucional no surge espontáneamente. Ni es el fruto de experiencias traumáticas, como lo muestra la magra cosecha institucional de nuestras repetidas crisis.

El cambio institucional necesita dirección y coordinación. Nuestro déficit de institucionalidad también tiene su origen en una dirigencia ausente. Pocos tienen conciencia de su rol y su responsabilidad, de las consecuencias críticas de sus decisiones sobre el resto, de la necesidad de impulsar nuevas prácticas y nuevos consensos.

Sin liderazgo político, nos perdemos en el encuestismo adaptativo y el populismo cortoplacista, en la convalidación de expectativas infundadas y en la ilusión del rentismo permanente. Sin liderazgo privado, caemos en el juego de suma negativa del sálvese quien pueda, en la prebenda y en el lobby de lo viejo.

Sin liderazgo no hay cambio. Y la Argentina necesita cambiar.

Progresismos

"El progresismo tiende a ser identificado con la lucha por las libertades individuales y homologado al concepto liberal", dice ese Libro Gordo de Petete 2.0 que es Wikipedia.

Desde su origen iluminista —que asociaba el Progreso con el progreso de la condición humana— pasando por su versión postindustrial —que enfatizaba el rol del Estado para corregir la inequidad del capitalismo salvaje—, el término fue adoptado por el regulacionismo conservador de Disraeli, el antiimperialismo americano de Woodrow Wilson, el liberalismo social australiano o la nueva izquierda europea. Extrayendo el menor común denominador de esta enumeración variopinta, podríamos decir que el progresismo socioeconómico, opuesto al statu quo (conservado por el conservadurismo), promueve una visión moderna, humanista y superadora del capitalismo. Para usar un argentinismo electoral, rescata todo lo bueno y rechaza todo lo malo. El progresista desea, como Arthur al final del Picnic Extraterrestre: "¡Felicidad gratuita para todos!".

Pero el progresismo es en la práctica mucho más que esta épica Prozac. Por ejemplo: los economistas, con su obsesión por la distribución de las tareas, tienden a pensar el desarrollo en dos movimientos, uno en el que se produce valor y otro en el que (el Estado) lo distribuye, tratando de que el segundo no inhiba ni se someta al primero. En este mundo playmobil, un conservador priorizaría la producción y un progresista la distribución (de ahí su preferencia por un Estado fuerte, que a veces confunde con un Estado con sobrepeso). En el medio hay muchos matices, claro, pero no todo es lo mismo.

Gugleando "progresismo" salta en tercer lugar un texto de Sebastián Etchemendy publicado en El Dipló (esa meca progrevintage) titulado "Contra el progresismo liberal", donde señala que el progresismo liberal combina aspectos de izquierda (el cuestionamiento a los poderes económicos y a la represión estatal) y de tradición liberal (la denuncia contra la concentración de poder presidencial y sus implicaciones: la marginación del Congreso y de las provincias). El autor no oculta su desconfianza de los frenos y contrapesos al Estado, que ve, como otros antes que él, como guardianes del statu quo. Dice: "La ampliación de derechos sociales generalmente va desde Ejecutivos fuertes hacia el Congreso y el Poder Judicial, y desde el poder estatal central a las periferias federales, y no al revés". De este modo, se justifica la deriva del progresismo latinoamericano a un populismo de capacidades democráticas diferentes. Así, 300 años después del liberalismo social de John Locke, la expresión progresismo liberal se vuelve casi un oxímoron.

No tiene sentido ahondar en la disquisición retórica entre izquierda y derecha que atraviesa esta versión autóctona del progresismo. Después de todo, la derecha no existe —o si existe, es un hijo indeseado que nadie viene a reclamar.

Pero sí cabe rescatar al descuartizado progresismo que en algunos países puede ser la provisión de bienes y servicios públicos para igualar el bienestar y las oportunidades de los ciudadanos, y en otros un mero malentendido.

En una cena del coloquio de IDEA le preguntaron al orador, el inglés Jim Robinson, qué pensaba de la creciente popularidad de la responsabilidad social empresaria. Jim, profesor de Harvard y coautor del best seller Por qué fracasan las naciones, respondió que la responsabilidad empresaria era generar valor y cumplir con las reglas (tributarias, laborales, comerciales, ambientales) y que la distribución equitativa de este valor (¿lo "social"?) era la responsabilidad del Estado. Ésa también es una versión del progresismo.

7. Progresismo

Rescate emotivo

En un experimento de laboratorio convocamos a un grupo de personas y les pedimos que se definan por sus preferencias ideológicas sobre el rol del Estado: a los que dicen preferir un Estado chico por simplicidad los llamamos "liberales", y a los que suscriben un Estado grande, "progresistas". A ambos grupos les presentamos dos planes de reforma de la Asignación Universal por Hijo: el primer plan propone duplicar la asignación para estimular la atención sanitaria primaria y la asistencia a la escuela en hogares pobres. El segundo, con el argumento de reducir el desincentivo a buscar empleo y el incentivo a tener hijos, propone reducirla gradualmente a la mitad. Previsiblemente, los progresistas prefieren el primer programa más que los liberales, y viceversa.

Repetimos el experimento con un nuevo grupos de liberales y progresistas, pero esta vez les informamos que la primera propuesta, de asistencia más generosa, fue elaborada por un partido de centro derecha (digamos, el PRO), mientras que la segunda, menos generosa, fue preparada por un partido de centro izquierda (el Frente para la Victoria). Sorpresivamente, o no, esta vez los progresistas prefieren la propuesta de reducción de AUH, mientras que los liberales eligen el plan que amplía los derechos.

Si reemplazamos "centro derecha" y "centro izquierda" por Demócrata y Republicano tenemos el mismo experimento que realizó el profesor de psicología de la Universidad de Stanford, Geoffrey Cohen, para ilustrar el carácter tribalista de nuestras creencias.[114]

Las creencias infundadas, una vez que se convierten en identificadores culturales, en pilares ideológicos (o, en palabras de Joshua Greene, en "blasones de honor tribal") son muy difíciles de alterar. No importa la relevancia o ambigüedad del tema: de la devaluación al arancelamiento universitario, de la regulación de las manifestaciones callejeras al enrejado de las plazas, de la despenalización del aborto a la reducción de las penas de prisión, gran parte de los temas de debate de política pública están cargados por años de lealtad cultural y son inmunes al intercambio argumental. Cualquier cuestionamiento a las creencias disparará un reflejo de defensa.

Parte de la tarea del desarrollo es actuar sobre esos prejuicios y defensas. Una de las maneras de hacerlo es desmalezar los equívocos que nos deja la década, sobre todo en el significado de algunas palabras que definen nuestros juicios morales.

En estos años algunas palabras nos abandonaron sigilosamente. Derrotadas por el mal uso y las analogías desafortunadas, perdieron su idiosincrasia, su historia y su diversidad, y se transformaron en la circunstancia a la que quedaron accidentalmente adheridas.

"Modelo" y "relato" serán, por un tiempo al menos, el modelo y el relato kirchneristas. No es que no necesitemos más de esas dos palabras: todo proyecto político necesita su modelo y su relato. Pero hoy "relato" se asocia con la manipulación de datos, con la reescritura de la realidad. Y "modelo" sugiere una acumulación de enunciados y consignas, un Excel que, a la manera de un Aleph borgiano, intenta fútilmente encorsetar una realidad compleja. Relato y modelo son palabras en convalecencia a las que habrá que buscarles sinónimos.

Pero la víctima más grave de esta batalla cultural es el "progresismo", un término que, por el abuso recibido, hoy despierta confusión en el progresista, desdén en el conservador y sospecha generalizada en el votante.

Rescatar al progresismo de sus abusadores es una causa perdida. El progresismo puede ser en algunos países la provisión de bienes y servicios públicos para igualar el bienestar y las oportunidades de los ciudadanos. En el nuestro, es casi una cicatriz. Pero el lenguaje es suficientemente rico como para eludir el término y preservar el contenido. Dejemos de lado, entonces, al significante y recuperemos su significado, ese que rescata las ventajas de un Estado eficaz que facilita el desarrollo, entendido como crecimiento con equidad, entendida esta última como igualdad de oportunidades y movilidad social.

Desarrollo. Igualdad de oportunidades. Movilidad social. ¿Qué quiere decir todo esto hoy en la Argentina?

La decadencia del imperio americano

En *Las partículas elementales*, el novelista francés Michel Houellebecq dice que el conocimiento científico no avanza de manera continua sino espasmódica. Houellebecq se refiere a las ciencias duras; en particular, a la ruptura o aparente contradicción entre la mecánica newtoniana, la relatividad y la física cuántica. Este razonamiento está ligado con la teoría de los cambios de paradigmas de Thomas Kuhn, o, más coloquialmente, con expresiones como "abrir la cabeza" o "romper el molde".

Nada mejor que una crisis para despertar esta tentación

rupturista en las ciencias sociales. Lo vimos y vivimos de cerca. En 2002, la Argentina fue objeto de culto de la afiebrada imaginación fundacional de expertos y comentaristas. Invocaciones a la dolarización total y a la eliminación de los bancos nacionales, propuestas (¿antinómicas?) de estatizaciones masivas y de reemplazo de "la clase política" por una suerte de gobierno asambleario, invitaciones a montar en el país un protectorado bajo el mando de burócratas internacionales al estilo de la Alemania de posguerra. Cualquier idea parecía factible si se cometía el error de percibir la crisis como el preámbulo del fin de una época, del inicio del futuro. Doce meses más tarde, el futuro se parecía bastante al pasado, mejorado en los márgenes por un aprendizaje más modesto y eficaz. Había sobrevivido la democracia representativa, el sistema bancario nacional, la moneda, la actividad privada; se había evitado el endeudamiento en moneda extranjera, el déficit fiscal insostenible, la apreciación, la apertura indiscriminada y disfuncional.

Esta obsesión con el fracaso irremediable del capitalismo y la vocación rupturista excede al progresismo local. El descalabro financiero mundial reeditó este pensamiento fundacional a escala global. Podríamos citar infinidad de comentarios de funcionarios y escribas oficialistas en la última década saludando el fin del capitalismo como lo conocemos y pidiendo un cambio de paradigma. "Los progresistas tenemos que tirar a la basura el paradigma neoliberal y reemplazarlo", sugería Thomas Palley, ex funcionario de la central sindical estadounidense AFL-CIO y heterodoxo estrella, en las jornadas monetarias de nuestro Banco Central en julio de 2012.[115] "La crisis mundial de 2008 fue el resultado [...] de la hegemonía de una ideología reaccionaria, el neoliberalismo. De esta crisis surgirá un nuevo capitalismo democrático", auguraba en un trabajo de 2010 el economista estructuralista y ex ministro de Hacienda brasileño Luiz Bresser-Pereira.[116] "La solución [a la crisis global] requiere un cambio básico: los trabajadores deben asumir colectivamente el control de la empresa. De este modo, el deseo de las masas de tener buenos trabajos bien pagos no será más demorado por el conflicto de intereses con los directores y accionistas [...], que es la causa subyacente de la crisis y el obstáculo para su solución", explica Rick Wolff, uno de los principales economistas heterodoxos, en su trabajo *When capitalism hits the fan.*

El sueño electrográfico, texto del filósofo inglés John Gray que acompañó en junio de 2012 a la muestra "Bye Bye American Pie" en el MALBA, describe así la coyuntura estadounidense en los albores de la Gran Recesión de 2009: "Un sistema donde la clase media dejó de existir y la mayoría de la gente subsiste a la sombra del trabajo precarizado, las industrias ilegales, la distribución de drogas, el comercio del sexo y las ventas de segunda mano —una plantación posmoderna donde la generación de relaciones de servidumbre a través del endeudamiento podía verse en cada esquina".

El sueño de Gray, sin embargo, no es electrográfico. Remite menos al *Hola América* de J. G. Ballard (novela de la que toma prestado el título) que al *pulp* del John Carpenter de *Escape de Nueva York.*[117] No es casual, de hecho, que ambas obras sean de 1981: el diagnóstico sobre la decadencia del imperio americano fue moda en los neoliberales años 80 de Reagan y Thatcher. De ahí, tal vez, la agradable resonancia vintage del texto de Gray y de la muestra del MALBA.[118]

Este autodenominado "pensamiento crítico", revigorizado por la crisis financiera, desdeña la evidencia empírica. Los datos no son, se construyen. Sin la evidencia, incómoda piedra en el zapato crítico, es más fácil tejer argumentos contundentes. Dice Gray: "Según ciertas estimaciones, la desigualdad en Estados Unidos a principios del nuevo milenio podría ser mayor a la de la economía esclavista de la Roma imperial en el siglo II [...]. La infraestructura se pudre, mientras la población se deseduca progresivamente [...]. No sólo en relación con las economías emergentes sino en términos absolutos, Estados Unidos se enfrenta a un futuro de decadencia".

El sustento económico de esta lógica irreductible es arbitrario. "El capitalismo chino carece de las característica que generaciones de neoliberales juzgaron necesarias para el crecimiento sostenido, como la moral individualista. [...] Brasil se encuentra en medio de una transformación extraordinaria. [...] Alemania emerge como la economía avanzada más exitosa". ¿Un capitalismo chino basado en la privatización del capital y la rentabilidad empresaria, un capitalismo alemán basado en el sobreendeudamiento y el sobreconsumo de la periferia europea, y un contracapitalismo brasilero como respuestas al agonizante capitalismo financiero americano?

Sin embargo, cinco años después de la crisis, el futuro vuelve a parecerse bastante al pasado. Estados Unidos vuelve a ser el motor del mundo mientras China trata de enfriar su motor recalentado sin que se le ahogue, Europa sigue en su laberinto de crisis política y Brasil se aboca de lleno al ajuste fiscal y se prepara para la recesión. La anécdota no nos dice que Estados Unidos es mejor que Brasil, China o Europa —hay demasiada diversidad entre ellos como para caer en una conclusión tan simplista— sino que nos señala la inconsistencia de ciertas deducciones autistas basadas en premisas ideológicas impermeables a la realidad.

Las penurias del primer mundo en crisis no fueron la prueba del fin del capitalismo —ni el reconocimiento de virtudes propias, como a veces insinuó el pensamiento crítico local. Tampoco remitieron al neoliberalismo, generalmente asociado con su versión ácida, la de Reagan y Thatcher, en las antípodas del liberalismo intervencionista imaginado en 1938 por Walter Lippmann y colegas ("neo-liberalismo" es otra palabra abusada irremediablemente).[119]

La crisis global podría atribuirse, esencialmente, a cuatro factores menos épicos:

- La complacencia de la Reserva Federal que mantuvo bajas las tasas en años de crecimiento alto con la excusa de la Gran Moderación;
- La codicia financiera que tomó riesgos excesivos buscando rendimientos altos en años de tasas bajas;
- La negligencia regulatoria que subestimó la codicia financiera;
- El oportunismo político que negó la evidencia para no aguar la fiesta de la vivienda para todos.

Parafraseando el comienzo de la novela de Tolstói, con el "principio de Anna Karenina" el antropólogo Jared Diamond sostiene en su libro *Armas, gérmenes y acero* que el desarrollo no se debe a un factor en particular sino a la presencia simultánea de varios factores.[120] La crisis global es un ejemplo de este principio, pero invertido: no podría haberse producido sin la presencia simultánea de todos los factores mencionados.

En última instancia, la crisis fue y es una señal de alarma que exige revisar los manuales, no tirarlos a la basura, como sugiere Palley. Mal que le pese al personaje de Houellebecq, el saber económico, sobre todo el asociado con las políticas públicas, que no puede darse el lujo de la experimentación, avanza de modo gradual, acumulativo, incluso cauteloso. Y está bien que lo haga de este modo. Cambia con el contexto, y este "saber" vuelve sobre sus pasos. Aprende, evitando hacer un conejillo de indias de la gente, cuidándola. En momentos de crisis es seducido por el facilismo fundacional: si nuestros libros no pudieron prevenir que la crisis pusiera en jaque el sistema, al fuego con los libros, los modelos y el sistema. Pero esta postura presume la existencia de un saber alternativo que el progresismo antiliberal nunca termina de definir claramente más que como el negativo de la situación actual.

Aunque, fundamentalmente, esta versión del progresismo pasa por alto que la realidad suele ser poco académica: no refleja errores analíticos sino influencias más pedestres. Las crisis (la nuestra, la global, las otras) fueron siempre advertidas a tiempo e ignoradas por intereses sectoriales, políticos o personales. Por eso hay quienes incluso ven en ellas una suerte de darwinismo express que limpia la hierba mala y precipita reformas y recambios. De eso se trataría, después de todo, el aprendizaje: una puesta a punto de los instrumentos de análisis, un service a la maquinaria de prevención, hasta la próxima crisis.

Como el tramo descendente de una montaña rusa, las crisis prometen catástrofes irremediables y revoluciones intelectuales que nunca acaban de materializarse. El saber económico no se nutre de saltos cualitativos, visiones apocalípticas y epifanías antisistema sino de la articulación práctica de saberes previos. El resto es literatura.

Progresismo resultadista

"Te hacen una mejor persona tus acciones, no tus creencias", reza un cartel fotografiado y tuiteado por el artista callejero británico Bansky hace unos meses.[121] Parafraseando, podríamos decir: Te hacen tus resultados, no tus banderas.

La frase no deja de ser una bella ambigüedad con al menos dos interpretaciones distintas, y no excluyentes, que podemos ilustrar con sendos ejemplos de la historia económica argentina reciente.

Por un lado, nadie puede negarle pergaminos progresistas al gobierno socialdemócrata de Alfonsín, e incluso al más mezclado de la Alianza, del que salieron varios fervientes kirchneristas aún en funciones. Sin embargo, terminaron con niveles de inequidad históricamente altos: nunca en el pasado reciente la pobreza, la desigualdad y el desempleo llegaron a los picos de mediados de 1989 y fines de 2001. Como dijo Martin Luther King, "nada en el mundo es más peligroso que la sincera ignorancia y la responsable estupidez".

Es sabido que todos los males argentinos tienen su causa fuera de nosotros, y en ninguno de estos dos casos faltan culpables ajenos. En 1989, el déficit asociado con la deuda externa, que se resolvería en 1991 también externamente, con el plan de reestructuración de deuda impulsado por el secretario del Tesoro de los Estados Unidos, Nicholas Brady. Y en 2001, la fortaleza del dólar y la caída del precio de los commodities, que se revertiría en 2003 para alimentar la queja de las viudas de la Alianza: "Con estos precios de la soja, hasta De la Rúa hacía un buen gobierno" —lo que abre una discusión sobre la definición de buen gobierno que dejamos para otro capítulo.

Pero aun tomando nota de estos accidentes, la pregunta es pertinente: ¿hasta qué punto una fallida gestión progresista puede llamarse progresista? ¿Juzgamos al gobierno por sus intenciones o por sus acciones?

Pensemos en la siguiente métrica: de un lado el ingreso por habitante (medido tanto en dólares como en poder adquisitivo); del otro la desigualdad del ingreso (medido por el coeficiente de Gini). El ingreso es la variable de desempeño económico por excelencia, lo que medimos cuando hablamos de crecimiento, lo que separa a los países ricos de los países pobres. Pero, como decía Umberto Eco, la estadística es la ciencia que nos dice que si una persona comió medio pollo y otra comió tres pollos y medio, dos personas comieron dos pollos. El ingreso son esos dos pollos: nos habla del bienestar promedio pero no del bienestar de cada uno. El coeficiente de Gini caracteriza la diferencia entre el ingreso de unos y otros: cuanto mayor el coeficiente, mayor esta diferencia y mayor la desigualdad de ingresos.

El conservador apunta a aumentar el ingreso y confía en que alguna combinación de competencia, ambición humana y "mano invisible" del mercado derramen este ingreso entre la población. El progresista desconfía de la mano invisible y apunta a facilitar la distribución, aun si esto en ocasiones mitiga el efecto de la competencia y la ambición humana y reduce el aumento del ingreso. El conservador empuja hacia la derecha del gráfico y el progresista hacia abajo.

Ingreso y distribución en 32 años de democracia

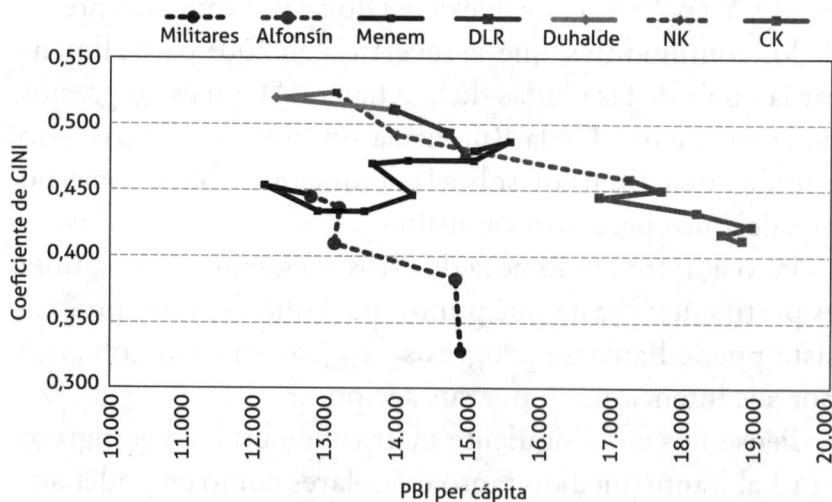

A juzgar por este esquema, el alfonsinismo y la Alianza fracasaron en ambos frentes, el menemismo creció a expensas de la igualdad, y el kirchnerismo desanduvo el camino de la Alianza y profundizó la mejora. Es cierto que esto último se hizo impulsado por la recuperación de la crisis, y por un viento de cola global y una nacionalización de ahorros previsionales que dieron recursos fiscales para extender jubilaciones. Y que, precisamente por el efecto diferido de las políticas erradas, en los últimos años las mejoras parecen revertirse. Pero desde el punto de vista del progresismo resultadista, el período exhibe la mejor combinación desde el regreso de la democracia; de ahí, su persistente capital político.

Esto es así por varios motivos. La crisis hace caer el empleo y aumentar la pobreza. Las hiperinflaciones licúan los ingresos en pesos de los más humildes. Los salarios caen más para los cuentapropistas y los trabajadores informales, para quienes no rigen negociaciones salariales ni costos de despido ni acceso al seguro de desempleo. Las restricciones de liquidez, como el corralito de De la Rúa, castigan a la economía informal, donde los pagos se realizan en efectivo. Por eso, nada es menos progresista que un fracaso económico. O, dicho de otro modo, el verdadero progresismo exige un mínimo de eficacia económica.

Pero el progresismo resultadista no es del todo justo con la gestión política de buenas intenciones. Siempre existen circunstancias atenuantes y efectos diferidos. Por ejemplo, el sobreendeudamiento en dólares de la dictadura en los 80 y de Menem en los 90. O las asignaturas pendientes de la última década: desinversión en infraestructura, sobrevaluación del peso, déficit fiscal, deuda oculta. La herencia, la mochila, la bomba de tiempo. Esta excusa, sin embargo, es imposible: para el votante, la nota del gobierno dependerá menos de lo que hace que de lo que pasa mientras lo está haciendo. Por eso será progresista si el coeficiente de Gini bajó y si el salario subió después de la crisis a partir de

2003, a pesar de que lo haya hecho a costa del crecimiento y el empleo a partir de 2013. O si tras el default y la reestructuración cayó la deuda pública documentada, a costa de esconderla en un cupón indexado al PBI que no figuró en los balances pero que luego pagó (y seguirá pagando) grandes sumas que eliminan casi la totalidad de la festejada quita. O si genera (en 1995 y nuevamente en 2011) una efímera ilusión de riqueza abaratando el dólar a expensas del futuro de la industria y el empleo nacional. Por eso blandir el progresómetro para evaluar políticas públicas puede ser engañoso.

Las multas del Doctor Evil

En la película *Austin Powers* (1997), el archivillano Dr. Evil, recién descriogenizado de un sueño de treinta años, propone robar armas nucleares y extorsionar al mundo pidiendo la friolera de ¡un millón de dólares! Ante la mirada consternada de su lugarteniente, Number 2, que le comenta que su propia empresa factura 9.000 millones por año y que, inflación mediante, un millón de dólares ya no es un montón de dinero como en los años 60.

En febrero de 2014, el ministro de Economía Axel Kicillof y el secretario de Comercio Augusto Costa anunciaron multas por más de un millón de pesos a los comercios que incumplían los acuerdos de precios (en rigor, sólo Carrefour, con 1.316.000, superó la cifra del Doctor Evil). Esto es, menos de lo que algunas de esas empresas facturan en un día. Lo mismo podría decirse de las multas a las compañías telefónicas, de transporte y de electricidad con las que el gobierno se despacha cada vez que el deterioro del servicio se hace evidente. Números grandes para el votante medio pero enanos para la empresa. Y, sobre todo, la reacción inocua de un Estado impotente para garantizar la calidad de los servicios regulados.

La repetición de números XL y la sobreabundancia de ceros enunciados con vehemencia reivindicatoria es un común en el relato oficial. Inflación de números cortesía de la inflación de precios, y de una variante de lo que los economistas llamamos ilusión monetaria: la confusión entre variables nominales y reales. Es decir, entre dinero y poder adquisitivo del dinero.[122]

Esta anécdota inocente ilustra la naturaleza de nuestro Estado obeso, sin músculo, que mueve mucho las manos pero arrastra los pies. Lo opuesto al Estado regulador y distribuidor de riqueza, proveedor de bienes y servicios públicos que, como ya dijimos, están en la base de la equidad desde la perspectiva del progresismo (con perdón de la palabra) tradicional.

El sobrepeso del Estado

John Smith, ministro de Obras Públicas de los Estados Unidos invita a Carlos García, su par argentino, a una cena en su imponente penthouse frente al Potomac. Impresionado, el argentino le pregunta a su colega cómo hizo para comprar semejante piso con el salario de un funcionario público. Smith señala hacia el río: "¿Ves aquel nuevo puente? Bueno, diez por ciento". Al año, García retribuye agasajando al americano en su imponente penthouse de Puerto Madero. "No te fue tan mal", comenta el americano, "¿cómo has hecho?" "¿Ves aquel puente?", responde García, señalando a ninguna parte. "Bueno, diez por ciento."

El chiste, antiguo, sugiere dos interpretaciones de la corrupción estatal. La primera es folclórica (y excesivamente tolerante): en todos lados hay corrupción, pero en la Argentina la corrupción es estéril, no lubrica la producción sino que la detiene, se lleva un diez por ciento de nada. El ejemplo noventista que me viene a la mente es el del Grupo Roggio con la extensión de la línea D del subterráneo de Buenos Aires, donde la empresa cobraba por hacer los pozos y luego, cuando el gobierno advertía que no tenía el dinero para terminar la obra, cobraba por cerrarlos: una suerte de New Deal para contratistas del Estado. Ejemplos como éstos se multiplican en esta última década de anuncios inverificables.

La segunda interpretación, menos directa, se refiere a la corrupción en sentido figurado, como atrofia del Estado.

En la Argentina la carrera de funcionario público es una especie amenazada desde hace décadas. El último intento de jerarquizar la burocracia estatal fue la fallida Secretaría de la Función Pública creada por Raúl Alfonsín en 1983, que se proponía, siguiendo el modelo francés de la École Nationale d'Administration (ENA), mejorar los procesos administrativos y capacitar al funcionario. El programa aspiraba a recuperar las capacidades estatales perdidas con la dictadura, e incluía la creación de un cuerpo de administradores gubernamentales (AG) de élite con título de grado, seleccionados mediante concursos públicos, y capacitados en el Instituto de la Administración Pública (INAP), y posteriormente en otras universidades, bajo un esquema similar al del Instituto del Servicio Exterior de Cancillería (ISEN). En el ideario alfonsinista, estos AG elevaban la calidad y garantizaban la continuidad de la gestión estatal; de hecho, no es desatinado pensar que la frustrada iniciativa de mudar la capital a Viedma alumbrara la esperanza de construir una nueva burocracia desde cero. En todo caso, desde 1985 se hicieron sólo cuatro llamados para inscripción de AG, en 1985, 1986, 1988 y 1993, a los que se presentaron 9.153 postulantes y de los que egresaron sólo 207 agentes, incluyendo 165 que se encuentran activos en la actualidad.[123]

Con el tiempo, el Estado evolucionó en la dirección opuesta a la visión de Alfonsín. Hoy hay ministerios en los que hasta la cuarta línea de decisión está integrada por funcionarios "políticos", militantes sin formación burocrática que ven el puesto como "fierros" (presupuesto) para bancar el intercambio de favores o como un trampolín para hacer una carrera dentro del sistema político —o para un rápido ascenso a un puesto con una caja mayor. Sin interés en la tarea y con un horizonte corto, es difícil que el burócrata político invierta esfuerzo en las acciones propias del puesto, con resultados difusos y tardíos que lo dejan indiferente. Y, con el tiempo, tanta indiferencia termina socavando la moral de los funcionarios residuales de planta, que buscan engancharse en la calesita política, aceptan resignados la inanidad de su trabajo, o abandonan el sector público.

A diferencia de los países avanzados donde burócratas profesionales desarrollan por años sus capacidades en un área, el efímero funcionario local prefiere hacer otras cosas: dar subsidios, lanzar planes que tengan efecto inmediato sobre el diario de la mañana. El villano de la historieta infantil *Phineas & Ferb*, me recordaba el periodista Sebastián Campanario, está afiliado a la OSBA, la Organización sin un Buen Acrónimo. ¿Cuántos acrónimos terminados en "AR" tenemos en la Argentina? Buena parte de la gestión estatal está en manos de improvisados publicistas. Así como anunciamos torres o centrales nucleares que nunca se construyen, sintetizamos las políticas públicas más básicas en programas diseñados en función de encuestas y evaluados en base a la oportunidad de fotografiarse con beneficiarios, potenciales votantes. Es decir, lo contrario de la gestión pública del desarrollo, un trabajo sistemático con resultados diferidos pero poderosos y permanentes.

Un identikit progresista no puede excluir la afinidad por un Estado fuerte; después de todo, es el Estado el encargado de igualar oportunidades, de garantizar que la situación social de los individuos dependa menos de las condiciones iniciales de cada uno y más del propio esfuerzo. Pero suele entrar en contradicción con el síndrome del Estado obeso, músculo impotente de la política pública. El Estado obeso no regula (y castiga supuestos errores del sector privado con golpes de algodón), ni invierte (aunque anuncia varias veces cada inversión planeada), ni gestiona. Más allá de la bondad del diseño, es imposible llevar adelante una agenda de desarrollo sin un Estado entrenado. Parafraseando la célebre diatriba antigobierno de Reagan, podríamos decir que si el Estado es hoy parte del problema de desarrollo, su reforma será parte de la solución.

En 2010 se llevó adelante un concurso nacional de ideas y anteproyectos para la construcción de la torre única de telecomunicaciones del área metropolitana, en las playas ferroviarias al lado de los estadios de Independiente y Racing.[124] En el faraónico proyecto ganador, la torre alojaría la antena de la TV Digital Terrestre y un centro de transmisiones de FM, UHF, VHF, y tendría 44 pisos circulares de 1.500 m² y 266 metros (más otros 102 metros de la antena). Entre 2011 y 2014 el gobierno habría desembolsado cerca de 50 millones de pesos para el proyecto de una obra que aún no comenzó y que, en vísperas del recambio presidencial, difícilmente verá la luz. La torre de Avellaneda se suma a otra similar, de 335 metros de altura y 216.000 metros cuadrados, anunciada en 2014, en el marco del polo audiovisual de la isla Demarchi.

¿Ves aquel puente?

La paradoja de la inmigración

El recientemente fallecido Nobel de economía Gary Becker propuso en 1987 vender derechos de inmigración por 50 mil dólares, de modo que sea el mercado, a través del costo de oportunidad del inmigrante, el que seleccionara a los candidatos con la mayor motivación para trabajar en suelo americano.

¿Quién está a favor? ¿Quién en contra? ¿Por qué?, preguntaba en su best seller sobre moral y mercados el filósofo Michael Sandel.

La propuesta tiene aspectos positivos (prácticos) y normativos (morales).

Los aspectos positivos son relativamente simples: más allá de que no eliminaría la inmigración ilegal, el mecanismo sugerido por Becker no sería un buen asignador de recursos. La decisión del inmigrante dependería menos de su "motivación" que de su riqueza de origen. Así, el mercado de visas seleccionaría a los más motivados entre los extranjeros ricos.[125]

Sin embargo, son los aspectos morales los más interesantes. Está la cuestión del inmigrante como mercancía: ¿a qué otra cosa aspira la inmigración selectiva de Becker sino a maximizar la calidad de la mano de obra importada? Está también el abuso de poder oligopólico de los países ricos, capaces de fijar un precio de entrada que extraiga todo el valor que pagaría el inmigrante para que un Don Johnson no lo cace en la frontera con un rifle, como a un animal en un safari.[126]

Pero quizás el mayor problema moral no tenga que ver ni con la venta de visas ni con el inmigrante sino con su efecto sobre el residente. Dado que el inmigrante mexicano promedio gana más en Estados Unidos que en México, está dispuesto a trabajar por menos deprimiendo el salario del trabajador americano, para alegría del empleador americano. Del mismo modo, el trabajador mexicano compite con el trabajador americano en el uso de servicios públicos (educación, salud) o en la demanda de subsidios y asignaciones.

Es entendible que muchos pensadores de la inmigración se desentiendan de la competencia laboral (por trabajos de menor calificación que la de ellos) y de la saturación de servicios públicos (que ellos no usan). Por otro lado, la ilusión de que se trata de generar más trabajos y más servicios para felicidad de todos puede satisfacer momentáneamente la conciencia del humanista, pero no debería engañar al estadista: si los recursos no fueran escasos, desaparecerían la mayoría de los problemas (y disciplinas como la economía).

La propuesta de Becker y la pregunta de Sandel generan sentimientos encontrados en el progresista porque le pone precio al inmigrante, pero también porque nos interroga sobre la inmigración. El igualitarismo es tan inimpugnable como son borrosas sus fronteras. ¿Igualitarismo provincial, nacional o global? ¿Dónde ponemos el cerco? No es casual que en los países pobres (emigrantes) el progresismo promueva la emigración mientras que en los ricos (receptores) el progresismo la resista. Esta asociación es más confusa en la Argentina, país rico o pobre según con quién se lo compare. Como todo problema moral, es natural que su tratamiento dependa de la sociedad en la que se plantea, e incluso que varíe en el tiempo: la generosidad fronteriza se mueve al ritmo de la actividad económica.

Sería políticamente correcto salir del paso diciendo que la solución está a mitad de camino entre el ecumenismo y la xenofobia, lo que en principio es cierto casi por definición. Pero eso no es una respuesta, es una fuga. Becker sostenía que todo lo que hacemos es el resultado de un cálculo no siempre consciente de costo y beneficio. La pregunta de Becker no es entonces cuánto vale un inmigrante sino dónde termina el cálculo económico y comienzan la culpa y el altruismo.

Las fronteras simbólicas de la migración

Hace unos años, en la sobremesa de un 31 de diciembre, uno de mis contertulios (rosarinos de residencia patagónica) contó esta anécdota. De viaje de intercambio profesional en Bolivia, una médica argentina y su colega local se cruzan con un hombre en la calle con la pierna con principio de gangrena. Cuando ella le dice al médico boliviano que hay que llevar al hombre al hospital para que no se muera, él le responde que lo deje ahí: *no hay nada que hacer, no hay hospitales públicos y el tipo no tiene un peso.* Como en Bolivia la salud pública no existe, dice la doctora, los que pueden cruzan a la Argentina para operarse. O para parir. Es una práctica aceitada: los hospitales públicos del NOA están llenos de inmigrantes fugaces.

Del otro lado de la frontera, en Tilcara, Jujuy, vendedores jujeños y bolivianos se recelan en las plazas donde venden recuerdos a los turistas. Los jujeños se quejan de que los bolivianos les inundan el mercado de "artesanías industriales". Los turistas no distinguen y, si distinguen, igualmente prefieren la versión más económica. Para los artesanos jujeños, los "artesanos" bolivianos son los chinos de la Puna.

En un cuento de Tolstói, un hombre rico explica por qué no distribuye su riqueza entre los pobres: si la dividiera entre *todos* los pobres, dice, cada uno se llevaría una fracción insignificante. Una versión más oscura de esta fábula remite a la última secuencia de *Más allá de la justicia,* una subestimada transposición de Bertrand Tavernier del *noir* de Jim Thompson al África colonial. En la película, Lucien (un comisario corrupto y cornudo —o viceversa— con un dejo de humanidad, guionado a la medida de Philippe Noiret) observa a un grupo de chicos negros hambreados que buscan hormigas en el campo para comer, y en un impulso de "acabar con la miseria" apunta su rifle hacia ellos. La cámara sigue el recorrido de la mirilla, que se traslada a los chicos, uno por uno. No hay caso, son demasiados: van llegando más, siempre habrá más. Lucien baja el arma.

La distribución de los recursos es un ejercicio trivial en la abundancia. La economía, en cambio, tiene sentido en la escasez, es la gestión de la escasez.[127] Si unimos este concepto al de arbitraje (que indica que las personas tratan de sacar el mejor partido de las oportunidades disponibles) llegamos al problema de la migración como expresión de arbitraje.

En economía, si una moneda paga una tasa de interés mayor que otra, los inversores tienden a pedir prestado en la moneda de interés bajo para depositar en la moneda de interés alto, haciendo que una se aprecie y la otra se deprecie. Si el gobierno de tasas altas no quiere que esto suceda, debe intervenir en el mercado cambiario, comprando dólares a un precio superior al de mercado, con un costo. Esta intervención preserva el diferencial de tasas, trae más especuladores y de vuelta al comienzo.

En salud, si una provincia decide invertir en hospitales y médicos, los pacientes se trasladan a ella desde otras provincias, depreciando sus servicios de salud (por agotamiento de insumos, congestión y racionamiento) y apreciando los de la provincia emigrante (por los mismos motivos, pero a la inversa). Si la provincia huésped no quiere que esto suceda, debe invertir para extender la capacidad de sus servicios médicos, con un costo. Esta nueva inversión preserva el diferencial de servicio y trae más inmigración local y extranjera, y de vuelta al comienzo.

La complejidad elude la moraleja fácil. Un análisis desapasionado indicaría que el problema de la migración exige una solución interior (es decir: un poco de cada cosa, ni todos adentro ni todos afuera). Pero esta salida genérica e imprecisa poco nos dice sobre la respuesta política. El humanismo pide generosidad con los hombres y mujeres de buena voluntad. El hombre rico de Tolstói, en cambio, capitula: la distribución es una misión imposible. En la historia del boliviano gangrenado, la solución interior recomendaría selectividad en la escasez, priorización, economía. Por ejemplo, atención a residentes, no a golondrinas. Pero esto no elimina el problema de conciencia. Si el hombre logra cruzar la frontera para instalarse en el hospital de Jujuy, ¿debería ser atendido como una emergencia? Si cerramos "exitosamente" la frontera, ¿no es lo mismo que dejarlo morir en la calle? Como afirma el filósofo Peter Singer, si pudiéramos evitar enfermedades y muertes sin sacrificar nada de importancia moral comparable, deberíamos hacerlo.[128]

La política se debate en la retórica. Dejando de lado a la derecha xenófoba (que admite una versión intranacional con el separatismo y el racismo), la discusión no oscila tanto entre el altruismo tribunero y la dura realidad de los números, sino entre progresismo de país rico (que, proteccionista por naturaleza, recela de la migración) y progresismo de país pobre (que, a falta de otra cosa, la promueve). La asimetría es obvia: la migración es inmigración en países ricos y emigración en países pobres. Nosotros, a mitad de camino entre Estados Unidos y Perú, regionalmente pudientes y globalmente sudacas, enfrentamos una contradicción interna que por ahora salvamos por el lado humanista (obtener la residencia argentina, me cuentan, es casi automático) a expensas de nuestros pobres (que sufren la dilución de los servicios públicos) sin demasiado impacto en clases medias y altas que suelen optan por la versión privada. Lo mismo la salud que la educación, el trabajo, la tierra.

Esto explica en parte la mirada perpleja del progresismo bienpensante ante la lucha entre iguales en el Parque Indoamericano (una translación del cisma entre jujeños y bolivianos en el mercado de artesanías de Tilcara). Suponiendo una distribución arbitraria entre quienes deciden y quienes viven el efecto de estas decisiones, podría decirse que nuestra decisión altruista distribuye los panes, pero no necesariamente los nuestros.

La ideología del dólar

"Para los tiempos que vienen hay que garantizar un dólar competitivo" (Néstor Kirchner, junio de 2007). "Los que pretendan ganar plata a costa de una devaluación que tenga que pagar el pueblo van a tener que esperar a otro gobierno" (Cristina Kirchner, mayo de 2013).

En 2007, el sueño conservador de los neoliberales noventistas era una apreciación para contener la inflación. En 2013, el sueño conservador de los sectores concentrados (y, por qué no, de los neoliberales noventistas) era una depreciación para aligerar la fuga de capitales y acelerar la economía. Así, en seis años el dólar alto mutó de factor de desarrollo a fantasma destituyente.

¿Cómo reconciliar este derrotero accidentado dentro de un mismo relato?

Más allá del oportunismo habitual del discurso político —el dólar alto era bueno cuando al gobierno le sobraban pesos para comprarlo, pero es malo ahora que le faltan y prefiere comprar a precio subsidiado—, esta aparente contradicción se funda en un dilema no trivial en el debate económico: el dólar alto es expansivo (facilita exportacio-

232

nes, sustituye importaciones, genera empleo) a cambio de reducir costos (incluyendo el salario). Y viceversa: el dólar bajo genera salarios altos en dólares, y desempleo. Como pocas cosas deterioran la equidad distributiva tanto como el desempleo, los países suelen tolerar un tipo de cambio más apreciado sólo si ganan la productividad que compense estos mayores costos.

¿Por qué los mismos que criticaban aquel uno a uno apreciado hoy defienden este dólar controlado con cepo? Porque una depreciación premiaría la especulación, transfiriendo ingresos a los capitalistas a expensas del salario real.

El problema con este argumento es que no es enteramente falso ni enteramente cierto. La devaluación suele ser, en efecto, una transferencia regresiva hacia los que más tienen, que suelen ser a su vez los que más ahorran e invierten. Sólo así se entiende la rápida recuperación del producto tras la salida de la convertibilidad y la igualmente rápida recuperación del empleo, impulsados por inversiones fondeadas con ganancias extraordinarias de empresas con deudas y servicios y salarios licuados, o por el redoblado poder de compra de los dólares fugados con el uno a uno.

Así, el dólar alto, regresivo pero inclusivo, aportó una parte no menor de la bonanza de la pos crisis, transfiriendo ingresos y, más adelante, garantizando la rentabilidad de empresas sustitutivas de importaciones —lo que explica en parte por qué hoy un jean cuesta "10 o 15 dólares en Estados Unidos y 50 en la Argentina" (Guillermo Moreno dixit). Por eso siempre hubo en la defensa del dólar competitivo algo que hacía ruido en el relato y que hoy sale a la luz en la prédica antidevaluacionista: la semejanza con la hipótesis del derrame defendida por el neoliberalismo de pedigrí ochentista.

Pero la historia completa es, como siempre, más compleja. Para empezar, la transferencia a los ricos no vale tanto para el ingreso como para la riqueza —en particular, la del gran ahorrista dolarizado.

Por otro lado, el temor a la licuación salarial se basa en la creencia de que toda depreciación se traslada a los precios. Pero esta creencia es hoy en gran medida una reliquia de cuando la inflación crónica nos condenó a la indexación al dólar. Como quedó demostrado en el país en 2009, el traslado a los precios puede ser en la práctica bastante menor, sobre todo si la depreciación es gradual y viene acompañada de desaceleración económica.

Tampoco conviene perder de vista que la comparación relevante no es entre dólar bajo y dólar alto hoy, sino mañana: ¿cuál sería el costo en términos de desempleo y salarios, de extenderse esta política de dólar bajo por otros dos años?

Entonces: ¿el dólar bajo es de derecha o de izquierda? La respuesta corta (y deliberadamente simplista) es que es de izquierda en el corto plazo (mientras preserva la ilusión de salarios altos en dólares) y de derecha en el largo (cuando destruye empleo).

Una respuesta apenas más elaborada señalaría que el dólar (el tipo de cambio) es un instrumento anticíclico efectivo dentro de ciertos límites, en línea con la práctica de flotación administrada común en países como el nuestro.

Fijar un tipo de cambio exageradamente alto por mucho tiempo genera un costo cuasi fiscal (asociado con la compra de divisas, con perdón del tecnicismo). O, si el gobierno se rehúsa a pagar este costo, genera inflación. Pero fijarlo exageradamente bajo por mucho tiempo es pan para hoy y hambre para mañana, en la medida en que castiga el crecimiento y el empleo y desestabiliza la economía. ¿Qué mejor ejemplo del sesgo destituyente del dólar bajo que el colapso de la Alianza?

La ideología es el opio de los pueblos

Las contradicciones del progresismo en temas económicos son muchas, y su tratamiento técnico daría para otro libro. Desde las causas de la inflación a la sobreactuación (a favor o en contra) de la independencia del Banco Central, pasando por el efecto de los planes sociales sobre la demanda de empleo o de la tercerización sobre la oferta de empleo, las variadas definiciones de Estado fuerte o la relación amor-odio con el sistema financiero y su principal vehículo, la deuda, el debate económico está plagado de prejuicios ideológicos similares a los que rodean nuestra pasión por el dólar o el debate sobre el Estado o la inmigración.

La ideología es el opio de los pueblos, exageraba el intelectual "de derecha" Raymond Aron, refiriéndose al efímero enamoramiento de los intelectuales progresistas europeos con el comunismo de Stalin vencedor de los nazis en la primera posguerra. No todo es igual, las ideologías no han muerto; basta hacer las preguntas correctas para descubrir la ideología detrás de razonamientos en principio neutros. En el caso que nos interesa, la mayoría de las discusiones de política pública se basa tanto en evidencia e información dura como en creencias y posiciones morales. Es en este sentido que la ideología no es mala ni buena sino inevitable, parte de nuestra cultura, de lo que generamos para dar alguna consistencia a nuestras elecciones morales. Pero llevada al extremo de ser un valor en sí misma, anestesia la razón y nubla las señales de la realidad. En respuesta a las críticas recibidas por una reciente visita a la Universidad de Harvard, el político trotstkista Jorge Altamira mencionaba que León Trotsky, huyendo del estalinismo y viendo peligrar su vida, había legado sus documentos a la biblioteca de Harvard, para su protección. Trotsky, aparentemente, no compartía el antiamericanismo de la izquierda "moderna".

El progresismo se extravía en su discusión ideológica. Por eso vale la pena quedarnos con lo que representa. Medirlo en términos de progreso, de acceso a servicios públicos de calidad, de igualdad de oportunidades y movilidad social. Esta simple métrica no va a dirimir cuestiones complejas como el límite de los espacios públicos o el universo beneficiario del Estado, o incluso si el tipo de cambio debe ser alto o bajo. Pero nos va a ayudar a liberar estos debates del loop ideológico para enfocarlos en sus actores y sus consecuencias prácticas.

En la Argentina, en períodos de cambio, las políticas públicas suelen saltar de una posición ideológica a la opuesta, en un péndulo más retórico que práctico; tal vez sea esa nuestra manera de asignar culpas al otro. Por muchas razones, en el período de cambio que llega habrá que evitar el antiprogresismo. El éxito del nuevo ciclo dependerá también de que nuestra capacidad de rescatar al progresismo de nuestras viejas lealtades y nuestra memoria selectiva.

La intervención de la realidad

No recuerdo bien cómo empieza el asunto. Probablemente con alguna mención a la ley de medios. Comento las palabras de Alejandro Pereyra (el miembro del AFSCA propuesto por el FAP e impugnado por el gobierno), su descripción de la distancia entre la letra y la realidad de la ley, la decepción de la progresía bien pensante que vota un proyecto por lo que promete y luego se sorprende de los resultados. En la mesa piden ejemplos y menciono que, con la excusa de la inclusión de los pueblos originarios, el gobierno entrega licencias a punteros políticos, que los grupos oligopólicos sin cotización pública desinvierten repartiendo licencias entre socios y familiares. Como salió en los medios, les digo. ¿En qué medios?, preguntan.

Cuando no hay fuentes objetivas, simplemente deja de haber fuentes. Y sin fuentes no hay debate, hay tribuna. Un partido emotivo pero feo.

La inflación, por ejemplo. El INDEC dice 10%. La oposición 24%. El INDEC miente, dice la oposición. La oposición miente, dice el INDEC. Entonces nadie tiene razón, todos tienen algo de razón y algo de mentira. La inflación es, digamos, 17%.

La inflación es distinta, me dicen. Es difícil de esconder. Se siente en la calle. ¿Pero qué sucede con lo que no se siente? Les cuento que acabo de publicar un informe sobre la evolución de la industria argentina. Corto, descriptivo, basado en cifras oficiales. El informe muestra que, según estas cifras oficiales, la participación de la industria en el producto, el empleo y las exportaciones no ha crecido como dicen los funcionarios del Ministerio de Economía en sus discursos. Escribas oficialistas y lobistas del proteccionismo sectorial critican el informe porque, según ellos, define mal a la industria. No importa que no la definamos nosotros sino el Ministerio de Economía, que estén todos los datos en la página del ministerio. Como la industria no se siente y los datos se construyen, nada es verificable. Así estamos, construyendo datos, abrazados a la ficción.

Los datos son, no se construyen, les digo. Mis amigos disienten. Depende de cómo se presenten, me dicen. Uno de ellos da un ejemplo: si achicás la unidad de medición de un gráfico un cambio pequeño puede verse como un cambio grande. Un cambio no se hace más grande si reduzco la escala del eje, digo. Tampoco se hace más pequeño si alejo de mi vista la página donde imprimí el gráfico. Si algo que ayer valía 10 hoy vale 5, sé positivamente tres cosas: que hoy es más pequeño, que hoy es 5 más pequeño, y que hoy es la mitad que ayer. No importa la unidad, el color del gráfico o la mancha de café sobre la hoja.

Hay una diferencia semántica esencial entre la medición del dato y su interpretación. Podemos decir que la inflación no mide exactamente el costo de vida. Podemos decir que, por la presencia de mejores bienes y servicios públicos no incluidos en el ingreso, un hogar pobre, definido como uno que no supera cierto nivel de ingresos, es hoy menos pobre que hace cincuenta años. Podemos interpretar los datos. Pero si ponemos en duda el dato mismo, todas las interpretaciones se vuelven igualmente posibles, y se cancela la posibilidad de un saber objetivo.

Para el obispo Berkeley, idealista del siglo XVIII, existían sólo dos tipos de cosas: espíritus e ideas. Los espíritus eran seres activos que creaban y percibían ideas, y las ideas eran seres pasivos creados y producidos por los espíritus. Ser es ser percibido, decía Berkeley. El calor, el dolor de cabeza, la resaca, la indigestión, la inseguridad, la inflación, la pobreza, el hambre, serían apenas percepciones del espíritu. Necesitamos el dato para describir la realidad y ordenar su interpretación. Para no ser todos Berkeley debatiendo con nosotros mismos, vehementes defensores de mundos imaginarios.

Ya no insisto. Son las tres de la mañana y en vistas de que la batalla está perdida opto por seguir los consejos del obispo y refugiarme en mi isla berkeliana mientras me repito como un mantra la realidad existe, la realidad existe. Hasta que la realidad me despierta con la cuenta.

8. Arqueología estadística

Instagram de la década

¿Existió realmente la Argentina?

En un video aún disponible en YouTube, el arqueólogo alemán Helmut Strasse, vestido de caquis y bermudas, como recién llegado de un campo arqueológico, intenta probar, contra el escepticimo de su entrevistadora y de varios especialistas (Rupert Pfortner, Hans Ottenbauer) que la Argentina, ese lugar inverosímil, es (o fue) un país real. Para demostrarlo esgrime sus pruebas: un cartón de leche Vicco, un retrato de Gostanián, una esfera de yeso blanco que es la "parte superior de la estatua en homenaje a la cabeza que perpetró el Plan de Convertibilidad", un mate. Y un volumen de *Historia Argentina* que, aclara, no es como se cree, una novela de ciencia ficción. La entrevista a Helmut Strasse transcurre en un improbable año 2492. Helmut es un chiste, un personaje de Tato Bores de un programa de 1992 al que sólo hay que modificarle algunos nombres propios para volverlo de inquietante actualidad.

¿Existió realmente la inflación? ¿A cuánto asciende la pobreza, cuánto crecimos realmente? Los datos de la realidad argentina, como una antigua civilización, también están ocultos bajo muchas capas de polvo.

No es mi intención hacer historia sino hablar del futuro. Pero hay razones por las que hablar del futuro involucra revisitar la historia. Necesitamos entender las tendencias no tanto para saber cómo estamos sino para entender cómo venimos y hacia dónde vamos, para no sobreestimar el presente y subestimar los obstáculos. Además, con excepciones, el votante tiene una percepción estilizada y contemporánea de la realidad: ve lo que hay en la medida en que lo afecta directamente. Los grandes números, los promedios, son la foto que se llevará el votante de estos doce años, el recuerdo que desempolvará cada vez que tenga que comparar lo que viene con lo que fue.

Hagamos entonces, como Helmut, un poco de arqueología. Tomemos un espéculo y una pala y, con mucha delicadeza y un grano de pragmatismo, tratemos de explicar con números los doce años de la posconvertibilidad.

Comencemos a excavar.

Revisionismo histórico

En mayo de 2014 el INDEC publicó la demorada revisión de las cuentas nacionales para 2004-2013. El informe trajo dos novedades: la reescritura de la historia estadística de la última década, y una resignada perplejidad ante la proliferación de datos inconsistentes.

Estos números revisados demostraron que el crecimiento no fue tan espectacular como lo indicaban las mediciones oficiales previas: entre 2007 y 2013 crecimos un 9% menos de lo que nos habían dicho, aunque todavía 7% por arriba de lo que estimaban las mediciones privadas. Con este ajuste a medias, la performance argentina posterior a la recuperación poscrisis (2007-2013) ya no superó el promedio de las mayores economías de la región.

A pesar de este menor crecimiento, el tamaño de la economía resultó ser mayor gracias a un llamativo salto de 20% en el PBI a precios constantes de 2004 en relación con el valor que estaba vigente hasta antes de la publicación del informe. Como efecto colateral de este salto, subió también el producto en dólares, recuperando el segundo puesto en América del Sur detrás de Brasil.[129]

Una de las razones de la demora en revisar estas cifras fue seguramente sus implicaciones para el deflactor del PBI, el índice de precios implícitos que surge de dividir el PBI en pesos corrientes por el PBI en precios constantes y que, aunque no es lo mismo, es comparable con la inflación minorista. Por eso, un deflactor del PBI de dos dígitos habría estado en directa contradicción con la inflación de un dígito con la que insistió el gobierno hasta la salida de Guillermo Moreno de la Secretaría de Comercio. Como en un film *noir* en el que un asesinato fallido deriva en los siguientes, una vez retocado el IPC fue necesario retocar varios de los indicadores de actividad y desarrollo social hasta que todo el andamiaje estadístico quedó manchado de sangre.

A principios de 2014, una vez reconocida la manipulación de la inflación y reemplazado el inverosímil IPC de Moreno por el apenas más verosímil (aunque igualmente sesgado) IPCN de Kicillof, el costo de desnudar un crecimiento de dos dígitos del deflactor pasó a ser secundario. No obstante, nuevamente, la revisión se queda corta: elevó el deflactor en apenas 59% en relación con la serie anterior, y lo dejó a mitad de camino de las estimaciones privadas (y públicas no intervenidas) de la inflación, alimentando el escepticismo general.

El cambio de base también actualizó retrospectivamente la estructura productiva de la economía, al incorporar el cambio de precios relativos (en particular, el tipo de cambio más depreciado y el boom del precio de bienes primarios): previsiblemente, subieron el agro (del 6% al 9% del PBI) y la minería (del 2% al 6%).

Pero quizás el cambio más dramático en la composición de las cuentas nacionales corresponda a las tasas de ahorro y de inversión: los nuevos datos revelaron una sobrestimación de ambas en alrededor de 2% del PIB (la tasa de ahorro, según estas cifras, sería la menor en cuarenta años).

Hay al menos dos maneras de interpretar estos nuevos datos publicados por el INDEC.

La primera sugiere una reescritura de la historia económica reciente: menor crecimiento (aunque mayor a lo estimado extraoficialmente), menor inversión y ahorro, mayor inflación. Esta versión vendría con menos endeudamiento, déficit fiscal, presión tributaria y gasto público, merced al mencionado aumento del PBI nominal (el denominador con el que se dividen estas variables para hacerlas comparables en el tiempo y entre países). Esto incluye también el gasto en educación, que con la revisión quedaría por debajo del emblemático 6% comprometido por la Ley de Financiamiento Educativo.

Un segundo enfoque resaltaría las dificultades para empalmar series viejas y nuevas alrededor del nuevo año base, el inexplicable salto del 20% en 2004 o la insuficiente actualización del deflactor del PBI. O apuntaría que, según estos números, las exportaciones caen 5% mientras que, según el índice de comercio exterior, también publicado por el INDEC, suben 5%. Y ligaría estas inconsistencias con el sesgo sistemático a la baja de la reciclada inflación oficial (que terminó 2014 más de 10% por debajo de la variación general de precios estimada por estudios privados) o con la tímida revisión del dibujo de las exportaciones (que siguen siendo curiosamente más altas al salir de la Argentina que al llegar a destino), para concluir que, así como un dato no es más o menos correcto sino correcto o incorrecto, una revisión a medias no es la mitad de la solución, y que en todo caso la *glasnost* estadística insinuada en 2014 carece de la rigurosidad y la transparencia necesarias para justificar un esfuerzo revisionista.

Ajustar el relato a estas cifras caprichosas es un ejercicio estéril. Sólo un nuevo gobierno con la ambición y la convicción necesarias podrá, cual Helmut Strasse blandiendo una Supercard y una remera de Precios Cuidados, encarar la tarea arqueológica de reconstruir nuestras estadísticas en ruinas.

El fin del periodismo

El fin de los datos tiene su correlato en el fin del periodismo. No porque el periodismo deba restringirse a comunicar datos fríos, sino porque la relativización del dato viene de la mano de la relativización de la fuente. El juego es doble, en la medida en que la desconfianza generalizada relaja la disciplina y la moral periodística, y autoriza a todos a militar las noticias. Y lleva a un equilibrio malo.

Pongamos un ejemplo simple: el desendeudamiento.

El gobierno agitó durante años la bandera del desendeudamiento, que incluyó mojones como el pago anticipado al FMI, la resistencia a emitir en los mercados de capitales y el default patriótico de 2014. Pero en los últimos años, con la desaparición del superávit fiscal y reaparecidas y aceptadas varias deudas pendientes (con empresas que le hicieron juicio al país en el tribunal internacional del CIADI, con la expropiada Repsol, o con países a los que hacía más de diez años que no les pagábamos), el volumen de deuda externa comenzó a crecer más rápidamente. Y la pregunta si lo del desendeudamiento era verdad o relato volvió a los medios.

En noviembre de 2013, *Periodismo para Todos*, entonces el programa político de más audiencia en la televisión, emitió un informe sobre endeudamiento. Grabaron una larga entrevista en mi oficina en la que intenté explicar que desendeudarse no es un fin en sí mismo, y que en nuestro caso la gesta desendeudadora fue una cruda y costosa sobreactuación de la prudencia fiscal. Que el desendeudamiento se mide en función de la capacidad de pago (en el caso de un país, de su PBI) y que así medido efectivamente había caído por razones virtuosas, como el crecimiento o el ahorro fiscal, y no tan virtuosas, como el default, la manipulación de la inflación, la apropiación de los ahorros previsionales o la apreciación del peso. En fin, traté de explicar que el tema era más complejo que la pregunta binaria: desendeudamiento, ¿sí o no? Pero que puestos a contestar la pregunta binaria, la respuesta habría sido un calificado sí.[130]

El programa pasó veinte segundos de la charla en la que yo hablaba de otro tema, editó extractos de otras charlas con un sesgo más crítico y se centró en un contador que medía la deuda en dólares sin normalizar por producto, que subía todo el tiempo. La respuesta del programa a la pregunta binaria había sido un categórico sí.

El punto que me interesa no tiene que ver con la deuda sino precisamente con el carácter binario del periodismo del fin de ciclo. Forzado a dar una visión contraria a la oficial, el programa instrumentaba una serie de argumentos falaces para sustentar una respuesta que los economistas sabemos incorrecta. Lo curioso es que lo hacía en los mismos términos planteados por el gobierno: asumía que el desendeudamiento es bueno (no lo fue) y lo negaba, manipulando la información objetiva o la definición de los conceptos. La verdadera respuesta, en última instancia, se vuelve irrelevante. A nadie le importa la deuda. Lo importante es que el gobierno miente.

Evitemos la teoría de los dos demonios: el Estado tiene siempre una responsabilidad distinta. De un lado hay funcionarios públicos responsables de las finanzas públicas; del otro, un periodista.

Pero, mirando hacia adelante, lo crucial es que, en la dinámica de ataque y defensa, nos quedamos sin saber qué pasó y qué pasa (con la deuda, con la realidad), y cada uno se queda con su propia versión incorrecta. El fin del periodismo contribuye, por omisión, a profundizar creencias y prejuicios y falsos dilemas. Esto es particularmente relevante porque cuando nuestros referentes cambian de opinión, nosotros hacemos lo mismo sin razón aparente. Pensemos, por ejemplo, cómo cambiaron desde inicios de los 90 nuestros consensos sobre el tipo de cambio, el default, la convertibilidad o el endeudamiento, a veces en giros de 180 grados que nos devolvieron al punto de partida.

La dependencia de juicios ajenos está ligada con la disponibilidad de información. Si nos ocultan la inflación, es posible que por un tiempo creamos que no hay inflación. Podríamos atribuir esta dificultad para informarse a un mecanismo adaptativo de autoengaño o negación. Tendemos a favorecer la evidencia consistente con creencias y preferencias previas, y nos blindamos contra los datos de la realidad que las contradicen. Y si bien este sesgo moral excede la historia reciente de la Argentina, la pérdida de legitimidad de la política, la Justicia y el periodismo, profundiza la distancia entre los puntos de vista, y entre el punto de vista y la realidad verificable. No importa lo que pase, la evidencia se adecuará a nuestra intuición como un guante o una construcción paranoica.

Ahora que este gobierno se termina y se anticipa un nuevo ciclo de consensos y diálogo, ¿recuperaremos el periodismo que privilegia la fuente y la objetividad? ¿Volverá el lector a creerle al periodista más allá del "desde dónde lo dice"?

Quiz show

Son muchos los datos sospechados: pobreza, desigualdad, desempleo, crecimiento, exportaciones, inflación. Incluso el número de reservas es sospechado: se presentan en números brutos pero se esconden préstamos y deudas impagas, se informa un número diario preliminar que luego se revisa a la baja. En fin, se alimenta la pregunta de si realmente las tienen o se las gastaron. Las tienen pero, de nuevo, eso es anecdótico. El punto es la falta de credibilidad. La dificultad de reconstruir credibilidad. La legitimación de la duda. La sospecha de todo.

Imaginemos que el próximo gobierno tiene como prioridad bajar la inflación y que para marzo de 2016 ya tiene elaborado y aprobado un programa monetario que contiene una inflación esperada para el año.

El dato de inflación es esencial porque orienta las negociaciones salariales, que se intensifican en marzo. La inflación argentina es inercial: yo aumento lo que me aumentaron a mí, todos aumentamos lo que aumentan todos. Si la inflación en 2015 termina en 30%, los gremios pedirán algo más que 30% de aumento, posiblemente escalonado: una parte en marzo, otra en septiembre. Si quiero que la inflación de 2016 sea del 25%, tengo que dar un aumento del 15% en marzo y 10% en septiembre. Para esto, tengo que ofrecerle al trabajador una vía de escape: si la inflación no baja en los próximos meses a 25% anual, el 10% de septiembre se corrige hacia arriba con la inflación genuina. Pero para que el trabajador acepte una condición de este tipo, tiene que creer en mi índice de inflación.

En suma, es necesario reparar el INDEC y lanzar un nuevo IPC que sea creíble, digamos, en marzo. Es decir, es necesario "desintervenir" el INDEC y reemplazar a los militantes por los expertos en enero. Y corregir sesgos y realizar cambios en la metodología del IPC en febrero, para lanzar la primera medición revisada en marzo. Incluso así, el daño está hecho. Uno puede anticipar la reacción de los negociadores sindicales cuando se les ofrezca un aumento contingente a la medición del IPC. Todo este encadenamiento no es imposible. Pero dado el nivel de escepticismo tras ocho años de groserías estadísticas, es una operación quirúrgica de altísimo riesgo.

En las economías avanzadas, la meta de inflación suele tomarse sobre una medida de inflación "modificada", nuclear, a la que se le sacan los precios que tienen alta volatilidad, como frutas, verduras o combustibles. Esto es útil para aislarlos de shocks transitorios que de otro modo podrían forzar al Banco Central a mover tasas innecesariamente. En América Latina, en cambio, se usa la inflación tradicional, la que sale en el diario, y que hace que muchas veces el Banco Central se vea presionado a sobreactuar subiendo tasas y enfriando la demanda cuando no hay necesidad de hacerlo. ¿Por qué no se usa la inflación "modificada", más estable? Porque dada la mala reputación de nuestros bancos centrales, si se apuntara a una inflación que es como la inflación que conocemos menos un montón de cosas, el público sospecharía. *¿Qué es ese número nuclear que no incluye el tomate que compro para la ensalada y que el mes pasado aumentó 20%?* Así, de manera indirecta, la sobrerreacción del Banco Central es también el costo de la desconfianza.

La película *Quiz show* relata el caso del escándalo del programa televisivo de preguntas y respuestas *Twenty One*, en el que una investigación del Congreso reveló que los ganadores recibían las respuestas antes de la transmisión en vivo. La trama, que sería trivial en nuestros días, tiene peso precisamente porque el escándalo de *Twenty One* se produjo en un tiempo en el que el fraude televisivo era desconocido e impensado; es el shock en la mente virgen del televidente americano lo que convirtió al episodio en un hecho traumático y lo que justificó una comisión del Congreso para debatir un programa de entretenimientos.

Después de ocho años de fraude continuado en el INDEC, la mente virgen del consumidor de estadísticas local se ha convertido en un pantano. Los datos son sospechados antes de ser analizados, sobre todo cuando un dato sorprende positivamente. En ese contexto, convencer a los formadores de precios y al sindicato de que la inflación está bajando, condición necesaria para que la inflación efectivamente baje, es una tarea ardua y repetida de comunicación. Es, también, nuestra única esperanza.

Ciencias sociales

En nuestro trabajo arqueológico encontramos, bajo varias capas de escombros inclasificables, un correo electrónico que el director del INDEC, Norberto Itzcovich, envió al personal en su primer día en el cargo: "Quienes trabajamos en el INDEC militamos día a día con nuestras herramientas. La computadora, los formularios de encuestas, los análisis de datos, la capacitación y el estudio son nuestra militancia y nuestro compromiso".

La construcción de la realidad. Los datos como construcción, la información como militancia. En la Argentina cada vez se informan menos cosas. Hay quien dice que la información ya no es recopilable. Como en una escena del crimen excesivamente trajinada, los datos originales están borroneados o perdidos. Si es así, jamás sabremos la verdad.

Hay que dar vuelta esta página de la descontrucción del INDEC. Na hay que reinventar la rueda, sólo volver a lo que teníamos, para mejorarla. Pero hay que volver pronto: no sólo la política antiinflacionaria, también la política de ingresos contra la pobreza, la elaboración el presupuesto nacional o la programación de inversiones dependen de información certera y, sobre todo, creíble.

La información juega un rol fundamental como brújula para pensar el desarrollo. Cuando un gobierno enfatiza los logros de una industrialización inexistente o de una tasa de inversión presuntamente mayor que la de nuestros vecinos, se congratula por un éxito que no es tal y se alienta a seguir por un camino equivocado. Cuando descubrimos que no invertíamos ni industrializábamos como pensábamos, las señales de alerta nos mueven a reaccionar, a repensar la estrategia y modificar el rumbo. ¿Qué preferimos?

Pero la decisión de desandar el camino de la opacidad y relatividad estadística tiene que venir acompañada de una recuperación de la confianza en el instrumento, de la revalorización del dato.

Hay quienes critican a la economía su vocación por las matemáticas y la pretensión de ciencia dura. Son los que piensan a las ciencias sociales como un campo interpretativo que legitima y cuestiona cualquier hipótesis y que, desde el refugio de la pluralidad de sentidos, ningunea la regularidad de los datos, que es como ningunear la realidad.

La teoría de la relatividad de Einstein fue en su origen una construcción matemática imposible de probar; sólo más adelante, con el avance de la tecnología, pudo ser confirmada e incluso revisada en sus límites. Cuando estudiaba psicología, un profesor nos contó que a principios del siglo XX, naturalmente antes de que pudiera ser verificada, un filósofo francés elaboró una elegante refutación de la teoría de la relatividad en base a argumentos lógicos.

En ausencia de datos, podemos decir casi cualquier cosa.

Revisitando los hitos de la década ganada

La falta de información —y, sobre todo, la falta de credibilidad de la información— confunde y dispersa la memoria de estos años. Hay quienes creen que venimos de doce años de éxitos, empañados pero no cancelados por estos últimos años más deslucidos. Hay quienes creen en una primera etapa exitosa seguida de otra etapa fallida. Hay quienes ven doce años de errores encadenados disfrazados al comienzo por condiciones locales y globales favorables.

Insisto en que hay que dejar de hablar del presente mirando al pasado. Pero ahora voy a hacer una única salvedad. No faltan razones. El juicio sobre estos doce años y el diagnóstico de situación al comienzo del nuevo ciclo serán esenciales para el juicio retrospectivo del futuro. La memoria engaña; los datos, bastante menos.

Por otro lado, muchas de las críticas que recibo cuando argumento sobre la necesidad de un cambio se basan en los resultados de la década pasada. Desde luego, nada asegura que si hacemos lo mismo que en los últimos doce años, creceremos a la misma velocidad promedio o generaremos los mismos puestos de trabajo o tendremos la misma caída de la desigualdad. Las pruebas están a la vista: el desempeño del país fue marcadamente inferior en los últimos años que en los primeros.[131]

Pero, más fundamentalmente, los resultados esgrimidos por los críticos suelen tener al menos tres sesgos importantes.

El primer sesgo es el de la dilución estadística: si crecemos cuatro años a tasas chinas, cuatro años a tasas mexicanas (es decir, modestas) y cuatro a tasas brasileras (cercanas a cero), el promedio sigue siendo moderadamente favorable a pesar de la tendencia preocupante.

El segundo sesgo es también estadístico aunque más local: muchos de estos datos están inflados por la manipulación estadística que caracterizó a la Argentina a partir de enero de 2007. Al final, revisión mediante, no crecimos ni nos industrializamos tanto, ni sumamos importaciones ni redujimos continuamente la pobreza y la inequidad. Pero nos queda la memoria de cuando lo hacíamos, a pesar de los datos.

El tercer sesgo es de contexto: tuvimos resultados positivos, pero también los tuvieron otros países con políticas distintas. Nuestro crecimiento y nuestra reducción de la desigualdad son valiosas pero no necesariamente superiores a las de nuestros vecinos. Más simple: cuando todos crecen, crecer es bueno pero no es tan meritorio; así como cuando todos empeoran, empeorar es malo pero no tan criticable.

Por eso vale la pena comparar el desempeño socioeconómico del país a lo largo del tiempo y en relación con la región.

¿Cómo nos fue?

Lo que sigue es un acercamiento a la foto de los años de la poscrisis, al boletín de calificaciones que el votante medio recordará al calificar al próximo gobierno.

¿Qué comparar? Concentrémonos en lo esencial: crecimiento, inflación, endeudamiento, desigualdad, educación.

¿Con quién nos comparamos? La selección incluye países de la región (Brasil, Colombia, Chile) que tienen similitudes básicas con nosotros: tamaño e ingresos medios, recursos naturales. Y cuatro países desarrollados que representan a los modelos de desarrollo discutidos en capítulos anteriores: el tigre coreano, el canguro australiano (al que agregamos al castor canadiense, de patrón de desarrollo parecido) y la gacela israelí.

¿Qué períodos comparamos? Lo natural sería contrastar los promedios de los 90 (desde el primer año completo de convertibilidad, 1992, hasta el último, 2001) con los 2000 (el período posterior a la crisis que va de 2003 a 2013). Esto tiene sus contras: el desempeño económico tuvo subas y bajas *dentro* de ambos períodos. Para capturar tanto estas variaciones como los avances y retrocesos en relación con la década pasada, comparamos el promedio de los 90 con el promedio de la poscrisis, así como la situación actual (2013, o el año más reciente para el que haya datos) con el inicio de la poscrisis (2003). La tabla resume los resultados.

El score del crecimiento de la poscrisis no es malo: nuestro 5,5% está por arriba del 4,1% promedio de nuestros vecinos, aunque la tendencia desde las tasas chinas de los primeros años al actual estancamiento es muy negativa. Este patrón de crecimiento no difiere mucho de los 90, que empezaron con mucho ímpetu para apagarse a partir de 1998 y colapsar en 2001.[132] Por su parte, el ingreso per cápita en dólares casi se duplicó, en línea con lo ocurrido con nuestros vecinos, debido tanto el crecimiento como a la fuerte apreciación del peso.

La participación de la industria en el producto (una medida de industrialización) subió y luego bajó para terminar la década algo por encima del promedio de los 90, aunque por debajo de su valor en 2003 y del promedio, más estable, de nuestros vecinos. Lo mismo cabe para nuestras exportaciones en relación con el producto (una medida de competitividad), que se dispararon con la crisis y la devaluación (recordemos que las exportaciones son en dólares) y luego, con la apreciación, cayeron por debajo del nivel precrisis. En cuanto a la diversidad de nuestras exportaciones (otra medida, más fina, de competitividad), el porcentaje de bienes primarios como soja o petróleo viene subiendo desde los 90, aunque está aún por debajo del promedio de

América del Sur. Por último, después de una efímera alza, la inversión está estancada en un modesto 18%, por debajo del 22% de la región y, más aún, del 25% de las economías avanzadas.

¿Qué decir de nuestra inflación que no se haya dicho antes? Rankeamos en los primeros puestos mundiales y terminamos 2014 en niveles oficiales de 24% (que las estimaciones privadas elevan a 37%), contra promedios de 3,6% de los vecinos y 1,7% de los desarrollados. El deterioro de las estadísticas de inflación explica en parte la deriva de nuestro costo financiero: después de habernos acercado a nuestros vecinos rápidamente tras el canje de deuda de 2005, a partir de 2007 comenzamos a divergir y hoy terminamos el ciclo con un riesgo país cerca de 7% por arriba de ellos. Y como vimos en el capítulo anterior, después de unos años militando el dólar alto, la inflación apreció el peso a valores de enero 2002, bien por encima del promedio de los 90. Estamos caros.

Los puestos de trabajo crecieron algo más que en los países de la región y están por encima del promedio de los 90, con el *caveat* de que gran parte de la creación de empleo en los últimos años provino del sector público y de que, tal vez por tratarse de una población más joven, la tasa de empleo es baja en comparación. Si bien el progreso en el empleo comenzó a revertirse en 2012, el marcador de la década todavía se ve bien en relación con el resto. Y el salario real avanzó más que en el resto de los países de nuestra muestra.

Lo mismo puede decirse de los indicadores de desigualdad: la región mejoró (a diferencia de la mayor parte del mundo desarrollado) pero la Argentina mejoró aún más, fruto de la compresión salarial que discutimos en detalle en el capítulo 4 y por efecto de políticas como la moratoria previsional o la Asignación Universal por Hijo. Y, como mostramos en el capítulo 7, la mejora continuó hasta 2013,

BOLETÍN DE CALIFICACIONES DE LA DÉCADA

Variable	País/ Zona	1992/ 2001	2003/ 2014	2003	Último año
Crecimiento PBI real	**Argentina**	2,8%	6,2%	8,8%	2,9%
	LAC3	3,7%	4,3%	2,8%	3,8%
	Desarrollados	4,6%	3,2%	2,2%	2,6%
PBI per cápita (USD) PPA	**Argentina**	11.049	17.816	11.503	22.363
	LAC3	8.038	13.688	9.814	16.765
	Desarrollados	20.252	33.733	26.525	38.725
Participación Industrial (% del PBI)	**Argentina**	25,3	32,1	30,6	28,5
	LAC3	32,7	33,5	30,6	32,5
	Desarrollados	32,8	32,5	31,5	32,7
Exportaciones (% del PBI)	**Argentina**	9	19	26	15
	LAC3	18	2	22	21
	Desarrollados	29	34	31	34
Primarización (% exportaciones primarias)	**Argentina**	39,6%	48,6%	42,2%	54,7%
	LAC3	54,6%	61,8%	54,6%	67,9%
	Desarrollados				
Inversión (% del PBI)	**Argentina**	17%	19%	14%	18%
	LAC3	22%	21%	19%	22%
	Desarrollados	26%	25%	25%	25%
Deuda pública (% del PBI)	**Argentina**	32,4%	58,8%	116,5%	41,0%
	LAC3	39,4%	37,5%	44,0%	38,3%
	Desarrollados	53,4%	50,7%	51,0%	54,8%
Inflación	**Argentina**	10,1%	9,4%	3,7%	10,6%
	Argentina-prov		19,5%	3,7%	24,6%
	LAC3	160,5%	4,4%	5,6%	3,6%
	Desarrollados	4,3%	2,3%	1,5%	1,7%
Riesgo país (100 puntos básicos=1%)	**Argentina**	842	780	343	1.067
	LAC3	503	193	169	164
	Desarrollados				

Tipo de cambio real (2005=100)	**Argentina**				
	Argentina-prov	53	84	93	62
	LAC3**	97	106	97	125
	*Desarrollados**	99	105	94	114
Empleo (% de la población mayor de 15 años)	**Argentina**	50,0%	55,3%	49,0%	56,2%
	LAC3	57,6%	59,9%	57,8%	61,7%
	Desarrollados	54,3%	58,0%	56,6%	60,1%
Salario real (registrados; 2005=100)	**Argentina**	94	127	85	
	Argentina-prov	93	106	85	118
	LAC3	94	107	98	118
	Desarrollados	86	104	95	111
Distribución del ingreso (coeficiente GINI)	**Argentina**	49	39	54	42
	LAC3	57	54	56	52
	*Desarrollados*****	35	38	38	38
Pruebas PISA (matemática)	**Argentina**		388	388	386
	LAC3		359	407	397
	Desarrollados		512	511	510
Pruebas PISA (lectura)	**Argentina**		418	398	389
	LAC3		403	418	416
	Desarrollados		510	514	512
Inscripción secundaria neta (% de la población en edad)	**Argentina**	75%	85%		
	LAC3		78%**		
	Desarrollados	93%	93%***		
Graduación tericaria bruta (% de la población en edad)	**Argentina**	8%	12%	11%	13%
	LAC3	17%	15%	12%	16%
	Desarrollados	34%	43%	36%	52%

* Excluye a Corea por falta de datos. ** Excluye a Brasil por falta de datos. *** Excluye a Australia por falta de datos. **** Excluye a Corea y Australia por falta de datos.

Fuentes: Oficinas estadísticas nacionales, Banco Mundial. Para la Argentina también se encuentran los datos de inflación elaborados en base a un promedio geométrico ponderado de IPC provinciales en base a las correlaciones que tenían estos índices con el IPC-GBA antes de la intervención del INDEC (diciembre de 2006) de las que siguieron publicando el resultado sin verse afectados sus resultados por dicha intervención. Este índice de inflación se usó para deflactar salarios reales y calcular el tipo de cambio real.

el último período para el que contamos con una buena estimación.

El último aspecto es el más difícil de medir: no hay un indicador estándar que cuantifique los progresos en educación. Como ya dijimos, hay que distinguir lo cuantitativo: la escolarización, donde tanto la Argentina como la región y el resto del mundo vienen mostrando progresos importantes, y lo cualitativo: el desempeño, como el medido por las pruebas PISA. En el frente cuantitativo, entran más pero siguen saliendo pocos: ampliamos la cobertura neta (los alumnos en edad de cursar que en efecto cursan), tanto del secundario como del terciario, pero no logramos elevar la tasa de graduación, que sigue siendo baja incluso en relación con países comparables de la región. En el frente cualitativo estamos estancados frente al importante progreso de nuestros vecinos, y bien por debajo del rendimiento de los desarrollados, tanto en matemática como en lectura y comprensión de textos.

Notas al pie

Esta foto tiene varios puntos cuestionables. Hay consenso entre los analistas de que el crecimiento fue sobreestimado a partir de la intervención del INDEC, y persisten las dudas sobre la calidad de la revisión de 2012 de las cuentas nacionales (que involucran, además de las primeras seis variables de la tabla, al denominador de muchas otras: el PBI).[133] Por otro lado, una vez defraudada la confianza, todos los datos quedan bajo sospecha, y así surgen desde debates sobre la existencia de un INDEC educativo para mejorar los resultados de pruebas estándar,[134] hasta rumores inverificables de que los datos de desigualdad están maquillados mediante la imputación de ingresos inflados en la Encuesta Permanente de Hogares.

Más en general, sería ingenuo pensar que una tabla de este tipo podría encapsular el desempeño socioeconómico comparado de un país durante una década cambiante. Además, es imposible contar la historia de la última década con datos sospechados o faltantes: Helmut Strasse tendrá que excavar profundo y aun así podría no alcanzarle. De hecho, si nos limitáramos a los datos no cuestionados la tabla tendría apenas un par de líneas. Así, el ejercicio anterior se vuelve una ilustración de la centralidad de la información para contar la historia socioeconómica de manera científica.

Del ejercicio nos llevamos en cambio un dividendo cualitativo, politológico: un pantallazo de cómo nos vemos —y cómo nos veremos, con la información disponible, teñida por la evidencia anecdótica y filtrada por el paso del tiempo— dentro de un par de años.

Intentemos esta síntesis. En los 2000 no invertimos mucho, y es discutible que hayamos mejorado la calidad de nuestro capital humano, a pesar del mayor presupuesto y la extensión de la escolarización. El ciclo lo terminamos con recesión e inflación (estanflación), tipo de cambio apreciado (bueno para el turista y el importador, malo para el productor y el trabajador local) y alto costo financiero. Sin embargo, los promedios de la década no fueron malos: crecimos, creamos trabajo, recuperamos salario real y redistribuimos. ¿Pan para hoy? Probablemente. Pero la gente suele ver lo que sucede cuando sucede, y esto fue lo que vio. La vara con la que el votante medirá al futuro gobierno será alta.

La coyuntura pesa; muchos lectores pensarán cómo transitamos el camino al desarrollo que intento esbozar acá sin atravesar el campo minado que deja el gobierno anterior. Ya mencionamos algunas de las tareas inmediatas, las de los primeros cien días, que dominarán el debate electoral. Pero el presente es una imagen en movimiento —y mucho de este presente, espero, cambiará pronto para mejor. Así que permítanme excusarme de hablar del presente inmediato. Desde el momento en que termine de escribir este libro al día en que aparezca en las mesas de novedades ese presente habrá cambiado y, si intentara describirlo, acabaría siendo una muestra de futurismo vintage.

Hasta aquí, entonces, la foto del pasado, los datos. O un recorte de ellos, el más neutral posible.

Ahora volvamos al futuro.

Continuidad y cambio

Un amigo venezolano que participó en la campaña presidencial de Henrique Capriles me cuenta que en su primer viaje a Caracas, Stan Greenberg, asesor del partido demócrata estadounidense, estuvo horas reunido con los equipos del candidato familiarizándose con la realidad bolivariana (inflación, desabastecimiento, corrupción, restricciones de las libertades públicas y privadas, protestas, distribución y cobertura del gasto social) y cuando por fin se dio por satisfecho concluyó que el votante medio venezolano no deseaba un cambio, deseaba continuidad.

Me cuenta mi amigo (que, dicho sea de paso, coincide) que Stan Greenberg (así como antes Joseph Napolitan, el primer political consultant, *y muchos otros) sostiene que, con matices, el eje de una elección presidencial es continuidad o cambio, y que la clave de una buena elección es anticipar la ubicación del votante medio en este eje y representarlo mejor que el adversario.*

En un contexto de protestas masivas y conflictos generalizados, que el votante venezolano busque continuidad es en apariencia contraintuitivo. El cambio, después de todo, tiene buena prensa. Además, sería lógico argumentar que, después de años de chavismo en el poder, la mayoría de la población (y, en particular, el electorado de la oposición) demanda un cambio de actores y modos. Pero así como los deseos del ciudadano no siempre son los mismos que los del votante, no es lo mismo un cambio de actores que el Cambio. El primero apenas modifica el continente; el segundo, el contenido: las políticas, y la realidad del votante, su vida misma. El cambio implica incertidumbre y riesgo personal, y el votante promedio suele preferir riesgos más controlados.

Entonces, ¿nunca votamos el cambio? Con la salvedad de que la respuesta a este tipo de preguntas siempre ado-

lece de serios problemas de medición, podría decirse que el cambio se vuelve popular con las guerras y las crisis, como reacción o fuga. Por ejemplo, el costo de un default soberano sobre la actividad económica es difícil de identificar; el costo político es, en contraposición, mucho más palpable: casi ningún gobierno (o partido de gobierno) sobrevive una crisis de deuda. Pero en la medida en que la crisis se mantenga contenida, el votante preferirá no mover el barco; revisar lo malo pero, sobre todo, preservar lo bueno. El cambio, dentro de la continuidad.

El dilema entre continuidad y cambio se traslada a la Argentina, donde la confrontación antagónica se está disipando rápidamente, y lo seguirá haciendo (tal vez siguiendo el consejo del consultor político) a medida que nos acerquemos a las elecciones, insinuando una contienda centrada en el espacio de la continuidad. Es posible que Menem en la hiperinflación haya sido el último voto argentino por el cambio. La elección de Kirchner fue de continuidad: a principios de 2003, con la crisis contenida y frente a la mitad del gabinete duhaldista y a una plataforma que se ligaba con los 14 puntos que los gobernadores consensuaron con Duhalde en 2002, la dolarización menemista representaba el cambio. ¿Y qué decir de las reelecciones, esa parábola del viejo dicho del malo conocido?

Esta preferencia natural por la continuidad crea un dilema político en países como la Argentina que aún no le encuentran la vuelta al desarrollo y necesitan un cambio. Un cambio de enfoque que, en una sociedad democrática en la que la política refleja los consensos del electorado, requiere un cambio de consensos en la población, menos epidérmicos que los que suelen figurar en el debate electoral (por ejemplo, reconocer que consumimos por encima de nuestras posibilidades o entender y valorizar la decisión intertemporal del ahorro). Requiere un esfuerzo de los di-

rigentes para comunicar que las premisas sobre las que se construyó un relato más exitoso en lo político que en lo socioeconómico no eran del todo correctas, o al menos no lo son ahora.

Como todo lo que empieza desde abajo, es probable que el nuevo ciclo sea exitoso en un comienzo. Pero la clave de su éxito final dependerá de la capacidad de la política de contrabandear el cambio en el paquete de la continuidad.

Condenados a nosotros mismos

En *Por qué fracasan las naciones*, Daron Acemoglu y James Robinson sostienen que el insumo fundamental del desarrollo son las instituciones. Si las instituciones son "inclusivas", si protegen los derechos de propiedad, distribuyen democráticamente las oportunidades (y el poder) y estimulan la innovación, las naciones florecen. Si las instituciones son "extractivas", concentradoras de recursos, oportunidades y poder, las naciones fracasan. Sin instituciones liberales no hay innovación y sin innovación no hay desarrollo —de ahí, su pronóstico de un eventual estancamiento chino. Este determinismo institucional plantea un problema práctico: ¿estamos condenados a nuestras instituciones?

Antes de la fama mediática, Acemoglu y Robinson, junto con Simon Johnson, alcanzaron la fama académica documentando la relación entre la mortalidad del colono europeo y el crecimiento económico. La historia es más o menos así: en los siglos XVIII y XIX los colonos se asentaron e introdujeron instituciones inclusivas en áreas donde morían menos (Estados Unidos), y se limitaron a crear instituciones extractivas en donde morían más (África). Así, a partir de la correlación del crecimiento económico actual con la tasa de mortalidad de los antiguos colonos, se infiere la siguiente secuencia de causalidad: de la mortalidad al asentamiento a las primeras instituciones a las instituciones actuales al desarrollo.

Más allá de las críticas conceptuales (y de algunos deslices estadísticos) que relativizaron su relevancia, estas ideas apuntan a la pregunta implícita en el título: si un puñado de colonos determinaron el carácter de las instituciones que, a su vez, determinan nuestro desarrollo, ¿será que perdimos el tren hace siglos? ¿Qué tan persistentes son estas instituciones? En un mundo de creciente integración y mezcla, ¿cómo es que las diferencias institucionales no se diluyen en un continuo diverso y globalizado?

"Es menos probable ver a un albanés manejando en Berlín sin cinturón de seguridad que a un alemán manejando sin cinturón en Tirana", me decía hace poco el primer ministro albanés, Edi Rama. "A los checos, los polacos, los bálticos, les fue fácil la transición al capitalismo; bastó con que se reencontraran con su memoria, con sus instituciones presoviéticas. A nosotros nos cuesta el doble porque antes del comunismo no había nada".

"Somos donde vivimos", me dice, en la misma línea, un amigo argentino que vive en Estados Unidos. "En Buenos Aires tiro la basura a la vereda y el auto a los peatones; en Estados Unidos saco las bolsas lunes y jueves a la mañana, y freno en la senda peatonal." Diferencias triviales, pero que posiblemente se extiendan a la naturalización de la evasión y la corrupción, o a la relación con el estudio, el trabajo y el poder. Sólo así la influencia de los colonos podría extenderse doscientos años.

La convicción de que "somos donde vivimos" es descorazonadoramente fatalista.[135] ¿Somos buenos salvajes —o señores de las moscas— contenidos y moldeados a imagen de la institución que nos toca en suerte? ¿O somos sujetos capaces de liberarnos de la matriz institucional para entenderla y modificarla?

¿Somos donde vivimos o vivimos donde somos?

El discreto encanto del fatalismo institucional

¿De qué hablamos cuando hablamos de instituciones? El historiador y Nobel de economía Douglas North define instituciones como las reglas del juego en una sociedad o, más formalmente, como los límites autoimpuestos por las personas para modelar sus interacciones y estructurar los incentivos del intercambio humano, ya sea político, social o económico.[136] Sin derechos de propiedad, los individuos no tienen incentivos para invertir y producir, concluyen, simplificando, Acemoglu y Robinson —y escriben 500 páginas explicando el desarrollo económico (o su falta) en base a la presencia y esencia de estos derechos.

Los economistas hablamos todo el tiempo de las instituciones, usando esa misma palabra para denominar cosas muy diversas. Nada más ambiguo en el glosario socioeconómico que el término institución. Por eso mejor hablar, más en concreto, de los partidos políticos, el Congreso, la escuela, el Banco Central, la Justicia, los entes reguladores, los sindicatos, las cámaras empresarias, los lobbies, las reglas electorales, las fuerzas de seguridad, los derechos de familia, el sistema tributario, la universidad pública, el CONICET, el INDEC.

El problema del fatalismo institucional ("somos donde vivimos") es que gran parte de la evidencia que liga instituciones con desarrollo está plagada de problemas definicionales y causalidades cuestionables. Más simple: no es tanto que las malas instituciones causen pobreza y crisis, como que las crisis deterioren las instituciones. Más simple aún: las instituciones son más influenciables que lo que los institucionalistas suponen.[137]

Naturalmente, las instituciones importan para el desarrollo o la calidad de vida. Pero es ingenuo pensar que nuestro problema de desarrollo puede resolverse con un conjunto de leyes y contratos.

No creo en el enfoque reduccionista que nos dice que las instituciones determinan el desarrollo. No creo que seamos incapaces de modelarlas a imagen del modelo deseado de país. Pero sí creo que hay que construir y mejorar las instituciones, para lo cual hay que pensarlas de manera mucho más específica y accionable.

Tenemos que hablar de las instituciones porque si bien no determinan el ADN del subdesarrollo, una parte importante de la inercia del subdesarrollo está asociada con la inercia de las instituciones.

Es esta inercia la que hoy tenemos que modificar.

Los límites del optimismo

Parafraseando a García Márquez, podemos decir que cualquier decisión que se tome en estos tiempos de postrimerías es ya una decisión de comienzo de ciclo.[138]

A estas alturas, decir que la Argentina enfrenta una encrucijada es casi un lugar común. Default, inflación y recesión; incertidumbre y desconfianza. Parecería que el partido que se inició a fines de 2002 con grandes aspiraciones termina con todos atrás cuidando el 0 a 0. Ahora que el viento de cola se dio vuelta y nos encuentra sin ahorros y con deudas pendientes, la encrucijada es más compleja que el debate cotidiano entre endeudamiento o devaluación, reducción del gasto o suba de tasas: es sobre cómo volver a crecer, cómo recuperar nuestro capital humano, cómo recobrar el lugar de articulador regional que la Argentina nunca debió haber cedido. Bajar la inflación y levantar el cepo es arduo pero factible. En cambio, generar empleo e ingreso sustentables, desarrollarnos, es un desafío para el que, habiendo fracasado por izquierda y derecha en las tres décadas de democracia, no tenemos precedentes ni guiones probados.

En estos días de escepticismo conviene mirar a través de la coyuntura para pensar los desafíos del futuro: primero el control de daños y la casi inevitable recuperación, luego la producción y el desarrollo. Pero la ventana es corta. Las políticas que no sean impulsadas en los primeros seis meses del nuevo gobierno, no van a ver la luz en los siguientes tres años (o, reelección mediante, los siguientes siete). La dinámica política es tirana: 2016 es el punto de inflexión, el año bisagra que marcará la década. En cambio, 2017 es año de elecciones parlamentarias, 2018 de ilusiones de reelección, y así. No sólo en la Argentina el partido se define prematuramente, como lo atestiguan los ejemplos de Lula 2003 o Peña Nieto 2013. En todo caso, los cambios se introducen o no en los primeros cien días; el resto es elaboración y gestión, retórica y plancha.

Esto quiere decir que el nuevo gobierno deberá arrear votos para sus reformas ya en enero de 2016, lo que a su vez implica que estas reformas deben ser analizadas, redactadas y priorizadas (hay que seleccionar batallas) cuanto antes.

Ahora.

La inflación, el dólar, los cepos, los holdouts, que hegemonizan la campaña y que probablemente condicionen las políticas en 2016, son apenas la punta del iceberg de un balance más espinoso entre productividad y demanda de trabajo, crecimiento y bienestar.

El peligro es menoscabar los desafíos, convencernos de que con cambios cosméticos y renovación de elenco salimos adelante, de que la escasez de dólares y la caída del empleo, el colapso de las exportaciones y el déficit fiscal, el deterioro de los servicios públicos y la creciente dependencia de un Estado ineficaz son eventos recientes atribuibles a funcionarios inexpertos. El peligro, en suma, es no reconocer la necesidad de un cambio, donde la continuidad sea contención y protección social y no repetición de fórmulas anacrónicas y defensivas. Por eso no es malo este sentimiento de urgencia que nos despabila y nos obliga a repensar el desarrollo.

¿Somos donde vivimos? No es cierto. La Argentina no está condenada a nada. O, mejor dicho, está condenada a nosotros mismos. El desarrollo nos viene eludiendo desde hace décadas no a causa de un pecado original o algún otro determinismo irreparable sino como resultado de una ecuación en la que los ingredientes fundamentales están pero nunca terminan de conjugarse de manera adecuada.

Humildad ante la complejidad. En un momento en que el término "complejo" recibe un abuso comparable al recibido por el "progresismo", hay que recordar que las políticas de desarrollo son (con perdón del lector) complejas de dos maneras específicas.

La primera tiene que ver con sus aspectos no económicos, que suelen ser los más delicados (entre otras cosas, por ser los menos previsibles). Cualquier política pública debe hacer el esfuerzo de reconciliar la eficiencia económica con la capacidad técnica y administrativa para implementarla, y con la viabilidad política para llevarla a buen puerto sin sacrificar gobernabilidad.

La segunda complejidad tiene que ver con la naturaleza acumulativa, incluso gestáltica, de las políticas públicas. El desarrollo no es el índice de un Plan de Desarrollo. No es una lista de consignas mediáticas: más educación, más productividad, más instituciones, más inversiones, más igualdad. No son unas pocas grandes ideas en un Libro Blanco, sino muchas ideas pequeñas, combinadas y acumuladas pacientemente, con esfuerzo y entrenamiento, a lo largo del tiempo. Es una tarea paciente de aprendizaje, de prueba y error, de cooperación entre el Estado y sus ciudadanos, a lo largo de un tiempo muy largo. Una tarea y un tiempo que exceden con creces un período de gobierno, que nos exceden individualmente a todos nosotros.

Humildad ante la complejidad. Quedémonos con esto que podría ser el eslogan de una agenda de desarrollo. No hay que subestimar la complejidad de la tarea; en todo caso, hay que sobreestimarla.

"¿Por qué creés que se puede aprender de la historia si la historia no se repite?", me preguntó Pablo Gerchunoff tras leer el primer capítulo de este libro. "Aprendizaje", le contesté. "Las hiperinflaciones de los 80 fueron la madre de la prudencia fiscal y la política monetaria autónoma y la baja inflación de los 90; las crisis cambiarias de los 90 fueron la madre de la desdolarización soberana de los 2000. Saber historia te hace eludir la misma piedra, aunque haya otras." (Por eso es tan desconcertante la experiencia argentina de los últimos años, por su repetición y su falta de aprendizaje.)

"Pero si la historia no se repite (y estoy de acuerdo), las piedras que importan son las que no conocés", me retrucó Gerchunoff. Y es cierto, habrá que evitar las piedras que no conocemos.

Y recordar el desafío que tenemos por delante: esa oportunidad siempre lejana, siempre inminente, de construir una Argentina mejor.

Espero que este libro contribuya en esa dirección.

NOTAS

[1] La frase hace referencia a la pieza "A century of decline", del semanario *The Economist* del 15 de febrero del 2014.

[2] No insinúo con esto que no haya culpas que repartir, ni que a los gerentes los exima la obediencia ni que el kirchnerismo haya dejado de ser un tema de estudio, sino que todo lo anterior ya fue copiosamente abordado en otros lados (incluyendo mis dos ensayos previos) y seguirá siéndolo en los años siguientes.

[3] Scalabrini, a su vez, parafraseaba a Juan Domingo Perón, quien tiempo atrás le había dicho algo similar al presidente chileno Carlos Ibáñez del Campo.

[4] La cita, probablemente apócrifa, puede leerse, a su vez, como una versión aforística de la siguiente cita verídica: "No puede negarse que el fin supremo de toda teoría es que sus elementos básicos e irreducibles sean tan simples y pocos como sea posible sin resignar una representación adecuada de los datos de la experiencia", dictada en la Herbert Spencer Lecture de Oxford de 1933. A veces se denomina a esta definición "la navaja de Einstein" (cuanto más parsimoniosa la teoría, mejor) por su analogía con la célebre navaja de Occam, a su vez derivada de Aristóteles (cuantas menos hipótesis, mejor) y Ptolomeo (cuanto más simple la hipótesis, mejor).

[5] Recordemos a Scalabrini, no banalicemos lo complejo. Este síndrome de la riqueza prematura es apenas uno de los muchos aspectos detrás de nuestra historia de crisis y rebotes. Pero algunos de esos aspectos que hoy nos detienen en el pasado están al menos relacionados con esta imagen —y sobre todo con esta historia mítica— de país tempranamente rico con la que nos regocijamos o peleamos de manera alternada.

[6] Kuznets fue un economista ruso-americano que ganó el Nobel en 1971 por sus aportes al estudio empírico de los ciclos económicos y el desarrollo. Entre sus aportes más populares está la llamada "curva de Kuznets" que ilustra la relación no lineal (en forma de U) entre la de-

sigualdad del ingreso y el desarrollo (en contraste con la relación más lineal, inversa, entre crecimiento y pobreza): a medida que los países crecen, decía Kuznets, se vuelven primero más desiguales, después más iguales. Kuznets sostenía que al desarrollarse, los trabajadores pasaban de actividades agrícolas a actividades industriales donde prevalecía una mayor diferenciación salarial (y mayor inequidad). Por otro lado, el desarrollo trae más y mejor educación, reduciendo las inequidades de salida y elevando la influencia política de los hogares de menores recursos.

[7] "Olvídense de competir con los alemanes", insiste la nota con lo obvio. "Los chilenos y los uruguayos, a quienes los argentinos miraban con desdén, son hoy más ricos. Los niños de los dos países —y de Brasil y México— tienen mejores notas en exámenes internacionales", detalla, a pesar de que los datos, si bien distan de ser halagadores para la Argentina, no necesariamente confirman esta comparación. "The parable of Argentina", *The Economist*, 15 de febrero de 2014.

[8] Eduardo Levy Yeyati, "En la era del yuyo", Perfil.com, 15 de febrero de 2013.

[9] Pablo Gerchunoff y Lucas Llach, *El ciclo de la ilusión y el desencanto: un siglo de políticas económicas argentinas*, Buenos Aires, Ariel, 1998.

[10] El término "panglossiano" se refiere al optimismo infundado de Pangloss, tutor y posterior compañero de viaje del Cándido de Voltaire.

[11] "The palindrome of kirchnerismo", *The Economist*, 9 de agosto de 2014. Un palíndromo es un número, palabra o frase que se lee igual de adelante para atrás que de atrás para adelante, como *2002*, *reconocer* o *la ruta natural*.

[12] "De la Rúa y Duhalde fueron pura transición: De la Rúa, el actor central de la crisis catastrófica (que en gran medida recibió como herencia); Duhalde, el hombre que constató que después de una crisis catastrófica el margen de maniobra de la política económica se ensancha y permite sembrar la semilla de una nueva ola de optimismo", resume con precisión Pablo Gerchunoff en "Treinta años de economía política en democracia. La crítica, la compasión y la empatía en el método de la Historia", *Desarrollo Económico* N° 209-210, vol. 53, abril-diciembre de 2013, Buenos Aires.

[13] Aunque el experimento en sí mismo fue a su vez menos el reflejo de convicciones ideológicas que consecuencia de la misma holgura externa, como sugieren los giros improvisados a partir de que la restricción externa se profundizara a fines de 2013.

[14] Carlos Rangel, *Del buen salvaje al buen revolucionario: mitos y realidades de América Latina*, Caracas, Monte Ávila Editores, 1976.

[15] Por ejemplo, el primer resultado de una búsqueda en Google con las palabras "Cristina" e "imperialismo" es la mención a una cadena nacional de Cristina Fernández de Kirchner en la que, en relación con un nuevo capítulo de la saga de los holdouts en Nueva York, advierte: "Yo no soy ingenua. Esto no es un movimiento aislado de un juez senil de Nueva York porque los buitres se parecen a las águilas de los imperios", y concluye: "Si me pasa algo, que nadie mire hacia Oriente, miren hacia el Norte". Mariana Verón, "Graves acusaciones de Cristina contra los Estados Unidos", *La Nación*, 1° de octubre de 2014.

[16] Vivek Wadhwa, "The end of Chinese manufacturing and rebirth of US industry", *Forbes*, 23 de julio de 2012.

[17] Allan G. B. Fisher, "Production, primary, secondary and tertiary", *Economic Record*, 15.1, 1939; Colin Clark, *The conditions of economic progress*, London, Macmillan, 1940; Jean Fourastié, *Le Grand Espoir du XXe siècle. Progrès technique, progrès économique, progrès social*. París, Presses Universitaires de France, 1949.

[18] La creatividad semántica no se agota ahí: hay incluso quienes hablan de un sector quinario que engloba a la sociedad civil (ONG), y del que por el momento podemos prescindir.

[19] Estas ideas fueron publicadas en 1931 como *Economic possibilities for our grandchildren*, en el volumen *Essays in persuasion*. En ellas, Keynes incluye una explicación algo técnica asociando el "poder del interés compuesto" con este crecimiento exponencial.

[20] El epitafio, que María Elena Walsh lee en español en la canción "Réquiem de Madre", dice así: "Here lies a poor woman who always was tired / For she lived in a place where help wasn't hired / Her last words on earth were, Dear friends I am going / Where washing ain't done nor sweeping nor sewing / And everything there is exact to my wishes / For there they don't eat and there's no washing of dishes / Don't mourn for me now, don't mourn for me never / For I'm going to do nothing for ever and ever".

[21] Este y varios otros trabajos sobre el ensayo en cuestión forman parte de la recopilación *Revisiting Keynes: economic possibilities for our grandchildren*, editado por Lorenzo Pecchi y Gustavo Piga para MIT Press.

[22] Según el Banco Mundial, desde 1980 a la fecha la pobreza cayó a menos de la mitad, en todas las regiones (fuente: PovcalNet, Banco Mundial).

[23] El grupo de Bloomsbury, que toma su nombre de la zona del mismo nombre en la ciudad de Londres, fue influyente en círculos londinenses del primer cuarto del siglo XX.

[24] "Busting the myth of France's 35-hour workweek", *BBC Capital*,

12 de marzo de 2014; Liz Alderman, "In France, new review of 35-hour workweek", *The New York Times*, 26 de noviembre de 2014.

[25] Ibídem.

[26] "Why is everyone so busy?", *The Economist*, 20 de diciembre de 2014; Edmund S. Phelps, "The harried leisure class: a demurrer", *The Quarterly Journal of Economics*, 87.4, 1973, pp. 641-645.

[27] El título del trabajo parafrasea al de Keynes (*Economic possibilities of our children*) y está publicado en el número 4 del *NBER Reporter* de 2013, disponible en http://www.nber.org/reporter/2013number4/2013no4.pdf

[28] Cuando el pendrive pasa de 1 a 4 gigabytes de memoria sin que su precio varíe, la inflación del pendrive en el índice de precios es cero: la caída de 75% del precio por gigabyte no es registrada. Parte de este efecto podría incorporarse haciendo "regresiones hedónicas" que estiman el valor de la calidad desde el punto de vista del usuario, me explica mi colega de la UTDT Martín González Rozada, pero para eso hay que tener una muestra de productos y especificaciones que no está disponible en la mayoría de los países, incluyendo el nuestro.

[29] Paradójicamente, el consumo inducido está en directa contradicción con la idea keynesiana de satisfacción de las necesidades básicas, pero en línea con la sociedad de consumo, es decir, con la idea de la demanda como sostén de la actividad y el empleo, que suele asociarse con el pensamiento de Keynes.

[30] Una variante de esta historia, expresada en términos de valores, apunta a la naturaleza competitiva de una sociedad capitalista en la que "el ganador lleva todo" y el segundo es perdedor. En ella, uno trabajaría de más por cuestiones de ego: el reconocimiento, la fama o, más comúnmente, el ascenso o el status asociado al gasto superfluo.

[31] Dado que el tiempo libre lo ganamos fundamentalmente en los años previos a la televisión, uno podría inferir de manera casual (no causal) que la TV vino a llenar el "vacío" del ocio.

[32] Esta lección suele denominarse "paradoja de Moravec": contraintuitivamente, los razonamientos complejos requieren muy poca computación, mientras que las tareas sensomotrices básicas, con sus contingencias impredecibles y su necesidad de ajuste continuo, exigen una capacidad de computación mucho mayor. En palabras de Marovec: "Es relativamente fácil hacer que las computadoras emulen el desempeño de un adulto en tests de inteligencia, y difícil o imposible dotarlas de las aptitudes sensomotrices de un niño de un año".

[33] Incluso hay quienes ven en la creciente dificultad de la clase media

para acceder al crédito la semilla de la permisividad regulatoria que dio lugar a la crisis de las hipotecas basura en los Estados Unidos en 2007.

[34] Erik Brynjolfsson y Andrew McAfee, *La carrera contra la máquina*, Antoni Bosch, Barcelona, 2013.

[35] Los trabajos citados son "The future of employment: how susceptible are jobs to computerisation?", de Carl Benedikt Frey y Michael A. Osborne, publicado como documento de trabajo en septiembre de 2013; y "One-third of jobs in the UK at risk from automation", informe de Deloitte LLP del 10 de noviembre de 2014, disponible online en el sitio de Deloitte.

[36] Bob Butcher, "Hollowing out and the future of the labour market – the myth", VOX CEPR's Policy Portal, 17 de diciembre de 2013; Craig Holmes y Ken Mayhew, "The changing shape of the UK job market and its implications for the bottom half of earners", Resolution Foundation, 1º de marzo de 2012; Maarten Goos y Alan Manning, "Lousy and lovely jobs: the rising polarization of work in Britain", Centre for economic performance, London School of Economics, 2003; Caroline Lloyd, Geoff Mason and Ken Mayhew, "Low wage work in the United Kingdom", The Russel Sage Foundation, Nueva York, 2008; Steve McIntosh, "Hollowing out and the future of the labour market", UK government, Department of Business, Innovation and Skills, BIS Research, 2013, document Nº 134; Steve McIntosh y Craig Holmes, "Hollowing out and the future of the labour market", presentación del seminario en el National Institute of Economic and Social Research, 2013.

[37] Garry Kasparov, "The chess master and the computer", *The New York Review of Books*, 11 de febrero de 2010.

[38] Las palabras pertenecen a su último libro, *Where do we go from here: chaos or community?* Allí Martin Luther King mencionaba las estimaciones del economista John Kenneth Galbraith: el gobierno podría crear un ingreso básico universal con 20.000 millones de dólares de aquella época, "no mucho más de lo que gasta en expertos en Vietnam". Para King, sin embargo, el ingreso garantizado es sólo el principio de la solución. "Debemos diseñar nuevas formas de trabajo que promueven el bien social para aquellos a los que los empleos tradicionales les son negados… Garantizar un piso de ingreso simplemente […] congela y perpetúa las condiciones de pobreza."

[39] Lawrence H. Summers, "Reflections on the new 'Secular Stagnation hypothesis'", VOX CEPR's Policy Portal, 30 de octubre de 2014.

[40] La ley formulada en 1965 por Gordon Moore, cofundador de Intel, estima que el número de transistores que puede incluirse en un circuito integrado (una medida de la capacidad de procesamiento para un tamaño dado) se duplica cada dos años.

[41] Los cinco tigres asiáticos fueron, además de Corea, Hong Kong, Malasia, Singapur y Tailandia. No todos alcanzaron status de país desarrollado; Malasia aún está lejos de cruzar ese umbral y Tailandia incluso tiene un producto per cápita bastante inferior al nuestro.

[42] Por ejemplo, utilizando datos de los Estados Unidos de los últimos sesenta años, Berlingieri (www.voxeu.org/article/outsourcing-and-shift-manufacturing-services, 2014) muestra que la subcontratación (*outsourcing*) de servicios profesionales y de negocios "representa el 36% del aumento de los servicios y el 25% de la caída en la fabricación".

[43] Eduardo Levy Yeyati y Samuel Pienknagura, "Who's Afraid of Tertiarisation?", VOX CEPR's Policy Portal, 10 de diciembre de 2014.

[44] Agradezco a Mariano Meyer la sugerencia zoológica.

[45] El desempleo se mide como el porcentaje de la población activa que no consigue trabajo. La población activa, a su vez, se define como la población en edad de trabajar *que busca trabajo*. Por eso, las salidas de crisis pueden exhibir caída del desempleo con empleo estable o incluso en baja.

[46] Nouriel Roubini, "Rise of the machines: downfall of the economy?", Nouriel Roubini's Global EconoMonitor RSS 092, 8 de diciembre de 2014.

[47] Ejaz Ghani, "Growth escalators and growth convergence", VOX CEPR's Policy Portal, 17 de agosto de 2014.

[48] "Podrían actuar como escaleras mecánicas de crecimiento en las economías donde la fuerza de trabajo está capacitada adecuadamente. Pero las economías en desarrollo suelen tener una mano de obra predominantemente de baja cualificación", elabora Rodrik (www.project-syndicate.org/commentary/are-services-the-new-manufactures-by-dani-rodrik.2014-10).

[49] Albert O. Hirschman, *The principle of the hiding hand*, Brookings Institution, www.nationalaffairs.com/public_interest/detail/the-principle-of-the-hiding-hand, 1967; Malcolm Gladwell, "The gift of doubt", *The New Yorker*, 24 de junio de 2013.

[50] Andrés Oppenheimer, "El reto de Latinoamérica: 'Crear o morir'", *El Nuevo Herald*, 15 de noviembre de 2014.

[51] La globalización de los profesores y la proliferación de contenidos online (como en los MOOC que mencionamos en el capítulo anterior) reduce un tanto el valor pedagógico de estudiar afuera.

[52] El punto está algo más elaborado en el post "YPF, 1999", disponible en mi blog yeyati.blogspot.com.ar.

[53] Ejemplos recientes de transnacionalización de empresas van desde empresas de alimentos como Quilmes (adquirida por la brasileña Brahma) o Terrabusi (Kraft, hoy Mondelez) hasta gigantes exportadores de

bienes primarios como la petrolera Bridas (CNOCC) o la metalúrgica Acindar (Arcelor). El INDEC estimaba que en 2012 el 21,4% del valor de producción y el 20,8% del valor agregado del panel relevado por la Encuesta Nacional a Grandes Empresas (ENGE) son generados por empresas con capital de origen nacional (http://www.indec.mecon.ar/uploads/informesdeprensa/enge_01_14.pdf).

[54] *Crowdfunding* es, en rigor, la venta de lotes de acciones en una empresa naciente a un número grande y abierto de pequeños inversores. Pero en el caso de las plataformas online como Kickstarter o la latina de origen argentino idea.me, el rendimiento no es tanto en acciones como en "especie", en la forma de kits de productos o acceso a beneficios diferenciales.

[55] En un mercado chico y concentrado, las empresas pequeñas suelen acabar en manos de las grandes. Sigamos con Israel: sólo una empresa se ubica entre las 500 más grandes por capitalización de mercado, Teva Pharmaceutical. Y las principales empresas israelíes son todo lo contrario al identikit de la startup: holdings piramidales, concentrados, endeudados, mercadointernistas y de baja rentabilidad y competitividad. Veinticuatro conglomerados controlan el 25% de las 596 empresas cotizantes y más del 60% de la capitalización total de mercado de estas empresas. El pasado de un país, aun el de un país tan joven como Israel, explica en parte el desempeño del presente. En sus orígenes, Israel combinó un Estado empresario, reflejo de un gobierno socialista, y familias pioneras que invirtieron en una variedad de rubros diversos. En los 90, cuando el socialismo viró en liberalismo, la privatización de las empresas públicas fue a parar a las manos de los capitalistas concentrados o protocapitalistas rusos. Lo mismo pasa hoy con las numerosas startups. Los inversores de riesgo se enfocan en las primeras etapas (el 80% de los fondos van a financiar startups) pero las sueltan rápido. Sólo un 10% llega a la Bolsa, y lo hacen antes de estar maduras, a un precio bajo. Los inversores prefieren pájaro en mano, y los emprendedores quieren hacer su millón y pasar a otra cosa.

[56] Javier González Fraga, "La crisis de las pymes agroindustriales", *La Nación*, 19 de noviembre de 2014.

[57] En una perspectiva comparada, en la Argentina el gasto público consolidado —incluyendo el gobierno federal y las provincias y municipios— creció casi 15% (de algo más de 30% del PBI en 2006 a más del 44% en 2013). Ver L. Castro y W. Agosto, "¿Cuál podría ser el espacio fiscal del próximo período de gobierno?", Documento de Políticas Públicas 140, CIPPEC, 2014.

[58] Volveremos sobre este trabajo en el capítulo 4.

[59] Dani Rodrik, "De Estado benefactor a Estado innovador", disponible en la página web de Project Syndicate.

[60] "Industrial policy for the twenty-first century", Kennedy School of Government Faculty Research, Working Paper Series RWP04-047, noviembre de 2004.

[61] El contraste entre un ambiente basado en negocios (*deals*) y en reglas ha sido estudiado, entre otros, por Matt Andrews, Lant Pritchett y Michael Woolcock en su libro *Capability traps? The mechanisms of persistent implementation failure*, publicado por el Center for Global Development, Working Paper 234, 2010.

[62] Las pruebas PISA (Programme for International Student Assessment) que realiza la Organización para la Cooperación y el Desarrollo Económicos (OCDE) que engloba a los países desarrollados y algunos en desarrollo, evalúa lo que los estudiantes de 15 años saben y pueden hacer en lectura, matemática y ciencia cada tres años desde 2000. En 2012, participaron sesenta y cinco países del mundo, entre ellos ocho latinoamericanos: Argentina (y, por primera vez, la Ciudad de Buenos Aires), Brasil, Chile, Colombia, Costa Rica, México, Perú y Uruguay. Si bien evalúa todos los contenidos, cada edición de PISA se enfoca en uno específico; la de 2012 se centró en matemáticas.

[63] Ver "Avances y desafíos pendientes", informe de Alejandro Ganimian publicado por Educar 2050: http://bit.ly/1sIIIJq. La prueba en cuestión es administrada por el Laboratorio Latinoamericano de Evaluación de la Calidad de la Educación (LLECE) de la Oficina Regional de Educación para América Latina y el Caribe de la Organización de las Naciones Unidas para la Educación, la Ciencia y la Cultura (OREALC/UNESCO).

[64] "Sileoni, contra los rankings de calidad", *La Nación*, 26 junio de 2013.

[65] Además de falaz, el argumento del ministro es falso. Como señala Iván Petrella en su libro *Que se metan todos*, las pruebas también evalúan el esfuerzo, la solidaridad y el clima de trabajo en las aulas. En esta parte del examen de PISA 2012 también nos fue muy mal. Y somos el peor país del mundo en clima de trabajo en las aulas (ver páginas 106 y 107).

[66] En la misma línea, se revisó la designación de abanderados: ya no sería necesariamente el mejor promedio sino que también alumnos que se hubieran destacado por su labor solidaria, su aporte a la cultura o su desempeño en beneficio a la comunidad.

[67] El escándalo por la eliminación de los "aplazos" (en rigor, un cambio de notas) ilustra el síndrome de "matar al mensajero" del debate educativo en la Argentina. "Fue un cambio integral del régimen académico, en

sintonía con lo que se viene haciendo en la región", comenta Axel Rivas. Desde la perspectiva que nos interesa, sin embargo, es menos una involución que una capitulación ante el fracaso educativo.

[68] Expertos como Rivas atribuyen esta crisis a la matriz organizacional del colegio (paradójicamente, en sintonía con la analogía de la "araña" burocrática con la que Lant Pritchett denosta al anquilosado sistema educativo en el libro citado) y a factores culturalistas como la "crisis de la juventud".

[69] Este resultado debe relativizarse: la mejora del promedio está dominada por el gran avance de Chile, mientras que la robustez estadística de las mejoras en Brasil, Colombia y México han sido puestas en duda por los expertos. Para el caso de Brasil ver, por ejemplo, el trabajo de diciembre de 2014 de Carnoy, Khavenson, Costa, Fonseca y Marotta "Is Brazilian education improving? A comparative foray using PISA and SAEB Brazil test scores", Higher School of Economics Research Paper Nº WP BRP 22/EDU/2014.

[70] "Wage compression and the decline in inequality in Latin America", VOX EU, CEPR, 10 de junio de 2014. Para una versión extendida y en español, ver "América Latina y el Caribe sin vientos a favor", Banco Mundial, Washington, DC, abril de 2013.

[71] En español, ver "Tendencias recientes de la desigualdad de ingresos en América Latina", post de Guillermo Cruces sobre sus trabajos con Leonardo Gasparini y Leopoldo Tomarolli, publicado en el blog Foco Económico, 21 de septiembre de 2011.

[72] La distinción entre títulos de distinta exigencia no es nueva. En todos los países existen universidades (y títulos universitarios) de distintos niveles. No todos pueden estudiar en Harvard. No todos los que no pueden estudiar en Harvard pueden estudiar en la Universidad de Buenos Aires, que es pública y gratuita pero difícil para gente que trabaja. El menú ideal debe ofrecer todo el espectro, desde las aristocráticas universidades Ivy League hasta las escuelas profesionales para adultos. E incluye también instituciones con una población específica en vista, como es el caso de la Universidad de Howard, creada por profesionales afroamericanos con el objetivo de facilitar el acceso de la enorme población negra de Washington, DC. Negar la conveniencia (o lo que es igual, menoscabar el valor) de títulos de diferente jerarquía no sólo es hipócrita, sino, en la mayoría de los casos, elitista.

[73] El hecho de que este número sea 42 para las privadas y 27 para las públicas explica por qué el costo por estudiante es mayor en éstas a pesar de que pagan sueldos promedios muy inferiores –cuando los pa-

gan. Sobre el costo promedio por graduado, ver el informe número 30 del Centro de Estudios de la Educación Argentina de la Universidad de Belgrano, disponible en http://www.ub.edu.ar/centros_de_estudio/cea/cea_numero_30.pdf

[74] Si bien varios de estos argumentos pueden aplicarse al resto de las grandes universidades públicas, la UBA tiene un contexto particular, en la medida en que está rodeada de alternativas públicas y masivas y, en principio, de menor exigencia.

[75] De hecho, vale recordar que cuando uno habla de desempleo, la medición es el cociente de los empleados en relación no con los que están en edad de trabajar sino con los que buscan trabajo.

[76] La cuenta es simple: el tamaño del producto se eleva con la cantidad de población que produce.

[77] En los Estados Unidos esta elección de escuela se manifiesta de facto en la elección del lugar de residencia: es común que las familias de clase media alta se muden a barrios, generalmente más caros, donde las escuelas públicas son de más alto nivel. Así, la combinación de falta de elección de escuela y libre elección del lugar de residencia termina reproduciendo la segmentación en grupos socialmente homogéneos: los ricos viven en barrios de ricos con escuelas públicas ricas, y viceversa.

[78] Para sacarse la pátina de liberalismo rancio y ser más fashion, a los vouchers ahora se los llama "scholarships to attend private schools" (becas para asistir a escuelas privadas). Así los define, por ejemplo, el economista Michael Kremer en un trabajo sobre Colombia en el que encuentra que, después de 17 años, los beneficiarios muestran mejoras sociales. En el trabajo de 2014 titulado "Educational, labor market, and fiscal impacts of scholarships for private secondary school: evidence from Colombia", Kramer observa que los beneficiarios del programa son menos propensos a la repitencia y más propensos a graduarse y seguir estudios terciarios. De hecho, tomando en cuenta los mayores ingresos de estos individuos, el dividendo fiscal en términos de mayores impuestos supera el costo del programa. "Ahora bien, que esto funcione en Estados Unidos o Colombia no significa que vaya a funcionar en otros lugares", advierte Ganimian. Pero el pedigrí ideológico de los vouchers es bastante impuro: ya en un artículo de 1995, el economista heterodoxo Herbert Gintis sorprendía a propios y extraños al apoyarlos en su célebre artículo "The political economy of school choice", Teachers College Record 96(3), 1995, pp. 492-511.

[79] Hay cosas que se pueden hacer para disminuir este efecto (Chile, en su última reforma educativa, prohibió la selección de alumnos, o el

copago de la cuota), pero estas restricciones tienen un efecto menor o terminan introduciendo nuevas distorsiones.

[80] Felipe Barrera, "La fantástica historia de los contratos de maestros en California", Foco Económico, 2 de diciembre de 2014. Sobre la moda del modelo finlandés, ver el trabajo de Tom Loveless, "The perils of edu-tourism", Brookings Institution, noviembre de 2014. O, para un ejemplo de la cobertura periodística del mismo tema, Jenny Anderson, "From Finland, an intriguing school-reform model", *The New York Times*, 12 de diciembre de 2011.

[81] Lant Pritchett, un duro crítico del saber educativo, ilustra el caso en su libro *El renacimiento de la educación: Escolarizar no es educar*: países que aumentaron insumos sin mejorar las calificaciones en pruebas estandarizadas; países que duplicaron la escolarización y no acumularon capital humano.

[82] Hay varias referencias que apuntan en esta dirección que podríamos denominar "intermedia". Por ejemplo, el informe Mckinsey (http://www.mckinsey.com/client_service/social_sector/latest_thinking/worlds_most_improved_schools), o los numerosos análisis que la OECD hace de sus pruebas PISA (disponibles en su sitio web http://www.oecd.org/pisa/pisaproducts/pisa-in-focus-all-editions.htm). Como veremos más adelante, este mismo razonamiento se aplica también al caso de la jerarquización de la burocracia estatal: ninguna reforma organizacional puede prescindir de sus actores.

[83] Lejos de ser trivial, la distinción entre flujos y stocks es esencial para entender casi cualquier cosa en economía, y muchas veces es una fuente de confusión entre colegas y legos.

[84] De hecho, en *Vamos por todo* desarrollábamos una analogía entre la naturaleza rentista de la provincia de Santa Cruz y el perfil rentista, indiferente a la inversión o a los incentivos, desconfiado de una producción que asimila a la prebenda, del gobierno de los Kirchner. El rentista siente que no tiene que reproducir el capital, sólo lo explota como maná del cielo. Esto, naturalmente, es un error incluso para la renta petrolera; las reservas a la larga se agotan y hace falta invertir en exploración para mantener el stock.

[85] Darío Mizrahi, "Informe PISA: Argentina tiene los alumnos menos felices y de peor rendimiento–PISA 2012", *Infobae*, 31 de enero de 2014.

[86] El tema está desarrollado en una serie de columnas ("En qué ahorra la familia argentina", *Clarín*, 27 de febrero de 2011) y posts ("Mamá, amigos, tengo una TV color", 23 de octubre de 2010; "Voto ladrillo vs.

voto LCD", 6 de julio de 2011; "La lenta inquilinización de la familia argentina", 20 de febrero de 2012, todas disponibles en mi blog).

[87] Vale aclarar que la indexación resuelve sólo una parte del problema. El deudor argentino teme tomar deuda indexada. De ahí, la falta de demanda de hipotecas indexadas en el período previo a la intervención del INDEC. Tal vez convenga proveer un seguro contra la inflación, como se hace, por ejemplo, en Colombia. Con él, el préstamo hipotecario paga la tasa real negociada con el banco oferente, mientras su saldo ajusta por el nuevo IPC. Y si la diferencia entre este saldo ajustado y el que surge de ajustar por la inflación tope es positiva, el deudor paga hasta el ajuste tope y el seguro paga al banco la diferencia. El esquema genera los incentivos correctos a la política monetaria; si ésta es efectiva, la inflación nunca se dispara y el seguro nunca se activa.

[88] Esto último, vale aclarar, no es populismo sino realismo político. La motivación de origen del sistema previsional (en la Alemania de Bismarck) fue eludir el "dilema del samaritano". Independientemente de quién es el responsable de la falta de ahorro, el Estado, a posteriori, no podría (no puede) ignorar el drama de millones de adultos mayores viviendo sin techo de la caridad o en la indigencia, y debe acudir al rescate. Pero, anticipando esto y urgido por la ansiedad de consumir, el trabajador no ahorra lo suficiente. De ahí la idea del ahorro forzado: obligando al trabajador a contribuir a su propia jubilación, el Estado evita el costo del rescate.

[89] Lucio Castro; Paula Szenkman y Estefanía Lotitto, "¿Cómo puede cerrar el próximo gobierno la brecha de infraestructura?", Documento de Políticas Públicas/Análisis N°148, Buenos Aires, CIPPEC, marzo de 2015.

[90] F. H. G. Ferreira, J. Messina, J. Rigolini, L. López-Calva, M. A. Lugo y R. Vakis, *La movilidad económica y el crecimiento de la clase media en América Latina*, Washington, DC, Banco Mundial, 2013.

[91] Acá vale la pena distinguir nuevamente entre ingreso y riqueza. Lo que los ricos ocultan es riqueza pero, a diferencia del resto de la población, la mayor parte del ingreso de los ricos proviene de rentas sobre esa riqueza oculta. En los países en los que estas rentas son estimadas a partir de declaraciones de impuestos, las últimas tendencias sugieren, con variaciones, una mayor concentración en la cima. En un trabajo reciente para el Banco Mundial, con Guillermo Beyliss reestimamos el Gini argentino corrigiendo el ingreso de los ricos en base a estos datos de impuestos. Los resultados efectivamente sugieren una mayor concentración (el Gini

revisado es más alto). Pero el período para el que hay datos tributarios (1999-2004) dificulta evaluar si se trata de una tendencia (por ejemplo, que la brecha entre el Gini tradicional y el revisado tienda a abrirse) o sólo de los efectos transitorios de la crisis.

[92] Por ejemplo, en el Juego del Dictador (que bien podría llamarse el Juego del Altruista) de Kevin Haley y Daniel Fessler ("Nobody's watching? Subtle cues affect generosity in an anonymous economic game", *Evolution and human behavior*, 26, 2005), un participante (el "dictador") recibe una suma de dinero con la consigna de distribuirlo, anónimamente y a través de una computadora, con otro jugador. El juego, que explora el concepto de justicia distributiva, demuestra que, a diferencia de lo que a veces sugieren los modelos económicos tradicionales, existe un grado de altruismo o vocación de equidad: más de la mitad de los participantes distribuye algo de su dinero.

Pero el resultado más interesante para nuestro argumento es una derivación del juego, asociada con una intervención muy específica. Cuando el "dictador" elige su respuesta contra un fondo de pantalla neutro, sólo el 55% de los jugadores elige distribuir un parte de su dote. En cambio, cuando el fondo de pantalla de la computadora muestra un dibujo estilizado de un par de ojos observando al jugador, este porcentaje asciende a 88%. Los investigadores concluyen que, salvo que pensemos que la gente se ve conscientemente coercionada a donar dinero por un par de ojos en un fondo de pantalla, debemos pensar que esta respuesta a la "mirada del otro" está de algún modo formateada en nosotros a un nivel más básico. De hecho, la psicología experimental muchas veces identifica, de manera imperfecta, la huella química de este comportamiento. Encuentra comportamientos similares en niños preverbales ("Social evaluation in preverbal infants" de J. Kiley Hamlin, Karen Wynn y Paul Bloom, *Nature*, 450, 22 de noviembre de 2007) y hasta reacciones altruistas en nuestros primos, los monos capuchinos (Venkat Lakshminarayanan y Laurie Santos, "Capuchin monkeys are sensitive to others' welfare", *Current Biology*, 18, 2008).

[93] En el primero, una persona, guiada por un científico, administra descargas eléctricas de voltaje creciente a un paciente cuando éste contesta mal una pregunta, presuntamente para investigar el efecto del condicionamiento en el aprendizaje (el paciente es un actor, el shock es simulado y el científico es parte del experimento). En el segundo, un grupo de personas convenientemente aisladas en un sótano de la Universidad de Stanford, es dividido al azar en dos subgrupos: prisioneros y carce-

leros. En el primero, inducidos por el falso científico (la "autoridad") es suficiente para que algunos (no todos: muchos se retiran indignados) una persona sin rasgos sádicos o psicóticos visibles aplique shocks de altísimo voltaje a un extraño a pesar de su visible sufrimiento. Del mismo modo, en el segundo, algunos (no todos: varios se retiraron del experimento), legitimados por la autoridad científica, adoptan prácticas carcelarias como el acoso físico y la tortura psicológica.

[94] Arendt ve en esta inconsistencia una prueba más de que Eichmann no tenía conciencia de lo que hacía, su definición de banalidad. Este aspecto de la tesis de Arendt, vale aclarar, no está libre de críticas: ¿hasta qué punto este olvido no requiere predisposición, o complicidad con aspectos ideológicos del nazismo? ¿Hasta qué punto el ejecutor de las falsas descargas eléctricas de la película *I... como Ícaro* es inocente?

[95] Federico Sturzenegger, "También los empresarios caen en el populismo", *La Nación*, 27 de enero de 2015.

[96] Martín Krause, "Un debate sobre la responsabilidad social empresaria", *El Cronista Comercial*, 21 de septiembre de 2004.

[97] Paradójicamente, el término fue de hecho acuñado en 1966 por un jurista alemán, Otto Kirchheimer, para referirse a los partidos "atrapalotodo" surgidos en Europa en la segunda posguerra.

[98] Todorov Alexander *et al.*, "Inferences of competence from faces predict election outcomes", *Science*, 308.5728, 2005, pp. 1623-1626.

[99] El matemático y filósofo colombiano Antanas Mockus capturó la atención mediática con diversas excentricidades, incluyendo un episodio en el que se bajó los pantalones y mostró su culo a un grupo de más de mil estudiantes que le impedían dar su discurso en el auditorio León de Greiff de la Universidad Nacional de Colombia, de la que era rector. Mockus sería luego dos veces alcalde de Bogotá y en 2010 perdería la presidencia por escaso margen frente al candidato uribista (oficialista) Juan Manuel Santos. Jay Bulworth, el personaje ficcional de la película homónima escrita, dirigida y protagonizada por Warren Beatty, es un senador otrora progresista y ahora corrompido y hastiado, que en el medio de la enésima campaña para renovar su banca, y tras haber contratado a un asesino a sueldo para que lo mate y así cobrar una póliza a nombre de su familia, tiene un cambio de espíritu que lo conecta con sus orígenes progresistas y comienza a rapear lo que piensa sin tapujos, ganando una popularidad que lo pone camino a la presidencia.

[100] El estudio mencionado por el consultor se titula "La apariencia facial afecta las decisiones de voto" (Anthony C. Little *et al.*, "Facial ap-

pearance affects voting decisions", *Evolution and Human Behavior*, 28.1, 2007, pp. 18-27). El mismo fue analizado en el *New York Times* (Rebecca Skloot, "Faces decide elections", 9 de diciembre de 2007) y en *All things considered*, programa de la radio pública estadounidense muy popular entre la intelectualidad urbana de la costa este, donde intrepretaron que podíamos "olvidarnos de las encuestas políticas ya que los votantes prefieren a candidatos que se ven competentes, aunque no lo sean" (Melissa Bock, "Analysis: New research shows voters prefer political candidates who look competent even if they're not", *All things considered*, NPR, 6 de septiembre de 2005, disponible en http://www.highbeam.com/doc/1P1-109823393.html). Naturalmente, el fenómeno trasciende el ámbito electoral: hay trabajos académicos que demuestran que ciertos rasgos físicos y faciales aumentan la probabilidad de tener éxito profesional, e incluso favorecen el desempeño.

[101] Una característica de la boleta única santafesina es que está separada por cada cargo en juego, lo que aumenta la demanda de información. Tal vez por esto, la boleta única cordobesa o la de la Ciudad de Buenos Aires (que será reemplazada en esta elección por el voto electrónico) presenta todos los cargos en un mismo papel, lo que en principio disminuiría esta demanda de forma notoria.

[102] Guillermo O'Donnell, "La democracia delegativa", *La Nación*, 28 de mayo de 2009.

[103] "Abal Medina sobre la movilización: 'Que armen un partido y ganen elecciones'", Infobae.com, 14 de septiembre de 2012.

[104] Eduardo Levy Yeyati, "Política new age", *Perfil*, 18 de agosto de 2013.

[105] La canción "El hombre de la Calle", de Jaime Roos, termina con este verso: "A veces compra un diario / se lo lleva para ojear / las fotos del partido / en la página de atrás".

[106] En rigor, no hay lugar para todos en el gobierno. La polarización de los políticos profesionales se produce cuando queda claro quiénes tienen más chances de ganar y de asegurarles la estadía en el poder.

[107] L. Schiumerini y M. Page, "El efecto 'cancha inclinada': ventajas del oficialismo en la política de las provincias argentinas", Documento de Políticas Públicas N° 115, CIPPEC.

[108] También se observa que el Partido Justicialista es el que más "dividendo electoral" obtiene de estar en el gobierno, de lo que podríamos inferir que son los que mejor explotan las ventajas promocionales del Estado para beneficio propio, pero para eso deberíamos controlar por el

contexto económico y su correlato en los recursos fiscales disponibles, y eso nos llevaría demasiado tiempo.

[109] Curiosamente, el desprestigio de los partidos no implica sustitución del sistema de partidos: las candidaturas independientes en América Latina generalmente fracasaron y en la mayoría de los casos prima el consenso de que el partido sigue siendo el mejor vehículo de representación política.

[110] Los límites a la campaña con fondos públicos no son inusuales. En Brasil, por ejemplo, las transferencias del estado federal a los estados y municipios no pueden ser hechas de forma discrecional en año de campaña sin un proceso especial de fundamentación. En México, un presidente no puede participar de un acto de campaña de su delfín, y los candidatos deben renunciar a cargos públicos noventa días antes de la elección.

[111] A esto se suma "la total ausencia de sanciones en los casos flagrantes de violaciones a los pocos límites que existen (como la prohibición de publicitar actos de gobierno durante los quince días previos a las elecciones), que no hace más que alentar este tipo de abusos" (J. Pomares; M. Leiras; M. Page y S. Zárate, "Emparejar la cancha: una agenda para fortalecer la equidad y la transparencia en la competencia electoral", Documento de Políticas Públicas Nº 142, CIPPEC).

[112] Ricardo Hausmann, "La productividad de la confianza", *Project Syndicate*, 23 de diciembre de 2014.

[113] En rigor, el libro de Giuliani fue escrito antes de los atentados y se centró en su gestión como intendente de Nueva York, en particular, en su política de mano dura contra el crimen. Pero el día de las Torres fue un antes y un después. La revista *Time*, al nombrarlo hombre del año 2001, señalaba que "antes de 9/11, la imagen pública de Giuliani era la de un político ambicioso, sentencioso y rígido". Años más tarde, las críticas llovieron no sólo de sus oponentes; algunas se pueden leer en el informe de la Comisión 9/11 del gobierno federal de los Estados Unidos.

[114] Si reemplazamos el aumento o reducción de la AUH por el aumento o atraso del tipo de cambio volvemos a la discusión sobre la ideología del dólar en este capítulo.

[115] Palley no especificó en aquella ocasión con qué lo reemplazaría. Y, como muchos heterodoxos convencionales, demostró ser fuertemente proteccionista. De hecho, en una carta a Obama posteada en su blog personal pedía castigos económicos para los países con políticas de dólar alto —como la Argentina de la primera poscrisis.

[116] Luiz Carlos Bresser-Pereira, "The global financial crisis, neoclas-

sical economics, and the neoliberal years of capitalism", *Revue de la regulation*, 7, 1° semestre, 2010.

[117] En *Hello America*, un siglo después del colapso financiero y climático de los Estados Unidos, el protagonista, Wayne, parte hacia el oeste en el *SS Apollo*, atravesando un paisaje distópico plagado de fantasmas del pasado, en un viaje de descubrimiento en busca del Nuevo Mundo. Así describe Ballard la entrada de Wayne a Las Vegas: "Un lago de letreros de neón formaban una corona iridiscente, millas de luminarias atravesaban los pórticos de los casinos, encadenando las paredes de los hoteles y desparramándose en las cascadas musgosas. Bajo el cielo ultramarino, tan oscuro ahora que sus caras habían perdido el color, el espectáculo de esta otrora capital del juego parecía tan irreal como un sueño electrográfico". En *Escape from New York*, en un Estados Unidos plagado por el crimen en un futuro cercano (¡1997!), Manhattan se ha convertido en una cárcel de máxima seguridad; en rigor, una tierra de nadie autogestionada y aislada del mundo. El veterano Snake Plissken (Kurt Russell) es forzado a ingresar a Manhattan para rescatar a la hija del presidente, capturada en la isla tras un accidente del avión presidencial.

[118] La muestra incluía obras de Jean-Michel Basquiat, Larry Clark, Nan Goldin, Jenny Holzer, Barbara Kruger, Cady Noland y Paul McCarthy, artistas contraculturales asociados, tal vez forzadamente, con una variante del nihilismo antiamericano.

[119] El término neoliberalismo fue acuñado en 1938 por Alexander Rustow, quien sería el padre de la economía social de mercado de la Alemania de posguerra, en el marco de un coloquio convocado por Walter Lippmann para recuperar al liberalismo de la influencia del extremismo austríaco de Mises y Hayek, y abogaba por la libre empresa y la competencia pero guiadas por un Estado fuerte e imparcial, intervencionista. Es así que hasta los años 60 el neoliberalismo se asoció con la economía social de mercado (capitalismo más política social) promovida por Adenauer en la Alemania de posguerra y primo cercano del contemporáneo estado de bienestar inglés. Recién a partir de los 70 el término comienza a referirse a las políticas antiliberales —inspiradas en lo económico por Milton Friedman y expresadas políticamente en el Manifiesto Neoliberal de Charles Peters— opuestas a las reformas socialdemócratas y, en el caso de América Latina, defendidas por dictaduras promercado. Más cerca en el tiempo, el término está ligado con el Consenso de Washington (por el apoyo activo que recibió del Banco Mundial, el FMI y del Departamento del Tesoro de los Estados Unidos) que promovió en los 90 la eliminación

de controles de precios, la desregulación de los mercados de capitales, el libre comercio y la reducción de la participación del Estado en sectores no esenciales mediante la privatización de empresas y la austeridad fiscal. Así, como señalan los politólogos Taylor Boas and Jordan Gans-Morse en "Neoliberalism: from new liberal Philosophy to anti-liberal slogan" (*Studies in Comparative International Development*, volumen 44, 2, junio de 2009), el término dio una vuelta de 180 grados y hoy es, paradójicamente, sinónimo del fundamentalismo de mercado y del *laissez faire* paleoliberal al que sus inventores se enfrentaron.

[120] "Todas las familias felices se parecen; todas las familias infelices son infelices a su manera", dice el célebre comienzo de *Anna Karenina*.

[121] "Your beliefs don't make you a better person, your behavior does" (foto posteada por Bansky: https://pbs.twimg.com/media/B2N-h8QiIIAEVNOa.jpg).

[122] Por ejemplo, el aumento semestral de 11,3% en las jubilaciones anunciado por cadena nacional a principios de 2014 es alto en un escenario de precios estables pero exiguo para un período en el que los precios subieron más del 15%.

[123] Maximiliano Campos Ríos, "Los administradores gubernamentales: El sueño de una burocracia professional", *Escenarios Alternativos*, 2 de septiembre de 2013.

[124] Santiago Dapelo Nogués, "El gobierno lleva pagados ya $ 50 millones por una torre que no empezó a construirse", *La Nación*, 24 de marzo de 2015.

[125] Podría pensarse que el inmigrante sin recursos pediría prestado el dinero para la visa, pero ya sabemos lo difícil que le resulta al desocupado pobre obtener financiamiento, menos aún si es para irse del país. También podría pensarse en un sistema público de garantías y becas pero esto ya nos lleva lejos de la solución de mercado de Becker.

[126] Don Johnson interpreta a Von, un ranchero texano que lidera patrullas parapoliciales que salen a cazar inmigrantes mexicanos ilegales en la película de Robert Rodríguez, *Machete*.

[127] La palabra economía viene del griego: es la administración del patrimonio. O sea, de lo que hay.

[128] En "Famine, affluence, and morality", Singer aplica el razonamiento a la pobreza: donemos a la caridad lo que gastamos en consumos superfluos, dice. Partiendo de Singer, Joshua Greene se pregunta en *Tribus morales* por qué toleramos millones de pobres en lugares lejanos pero no decenas de pobres cercanos, y atribuye esta disonancia cognitiva a aspectos de la psicología evolutiva.

[129] Esto tuvo, a su vez, consecuencias sobre el servicio de deuda: según los nuevos datos del INDEC se pagó de más en 2009 (no debió pagarse el cupón del PBI correspondiente al año 2008) pero esto más que se compensó con lo que pagamos de menos todos los otros años, ya que el monto a pagar sube con el PBI.

[130] El desendeudamiento terminó en los primeros años de la nueva década y hoy el cociente deuda/producto está en alza.

[131] Esta diferencia que alumbró la aparición de la corriente nestorista que divide la década en éxito y fracaso y atribuye este último al cambio de liderazgo tras la muerte de Néstor Kirchner —una hipótesis reduccionista contra la que argumentamos largamente en *Vamos por todo*.

[132] Muchos asocian la recesión al -12% de crecimiento anual del año 2002, pero de hecho el 2002 fue un año de crecimiento. El -12% es sólo el arrastre estadístico de la hecatombe del último trimestre de 2001.

[133] Eduardo Levy Yeyati y Luciano Cohan, "Revisionismo: los nuevos números oficiales de la Argentina", FocoEconómico.com, 21 de mayo de 2014.

[134] Alejandro Ganimian, "El INDEC educativo", bastiondigital.com, 25 de marzo de 2015.

[135] Además, contradice de lleno la premisa, popular en los 90, de que los argentinos podemos escapar del subdesarrollo importando instituciones (como se argumentaba a favor de la convertibilidad o la dolarización) o personas con otro ADN institucional (como en el caso del protectorado a cargo de funcionarios de países "serios" que sugerían dos distinguidos economistas, Ricardo Caballero y Rudiger Dornbusch, para la Argentina de principios de 2002; ver http://economics.mit.edu/files/187). Si el ADN institucional fuera local, el pulcro gestor chileno se haría argentino en el transcurso de la charla con el taxista desde Ezeiza a Plaza de Mayo, y al mes estaría abrazando la heterodoxia creativa y mudándose a Puerto Madero.

[136] *Institutions, institutional change and economic performance*, Cambridge University Press, 1990.

[137] En las crisis caemos en el ranking institucional, y nos recuperamos en los rebotes; nos señalan con el dedo cuando cae el producto y sube el desempleo y nos alientan cuando entran capitales y rebota la actividad. Así como los datos de la mortandad de los colonos de Acemoglu y Robinson, muchos de estos índices de calidad institucional son subjetivos y están compilados para que den lo que tienen que dar; poco de esa danza de números tiene que ver con el desarrollo. La evidencia empírica sobre

el determinismo institucional es, en el mejor de los casos, muy débil. Para un relevamiento crítico de los intentos de la economía *mainstream* de mostrar empíricamente que mejores instituciones son la *causa* de más desarrollo, recomendamos los posts "The skeptics guide to institutions, Part I & Part II" (http://growthecon.wordpress.com/2014/11/18/the-skeptics-guide-to-institutions-part-1/). Para un panorama más completo, aunque no menos escéptico, de la literatura académica sobre el tema, sugerimos el capítulo 8, sobre instituciones y crecimiento del *Handbook of economic growth* (2014), de Sheilagh Ogilvie y A. W. Carus (disponible en http://www.econ.cam.ac.uk/people/faculty/sco2/full-texts/Ogilvie-Carus-2014-Handbook%20of%20Economic%20Growth.pdf).

Pero la endogeneidad de las instituciones va más allá de las percepciones: los derechos de propiedad se debilitan o desaparecen en las crisis y en las guerras. Abundan los ejemplos en países con instituciones modélicas: después de la primera guerra, todos los países europeos (menos Finlandia) se declararon en default; en 1933, Franklin Delano Roosevelt, mediante la Emergency Banking Act, abandonó unilateralmente el patrón oro que indexaba billetes y monedas y demás instrumentos financieros, para salir de la recesión inflando la economía con una devaluación del dólar (algo más elegante pero conceptualmente similar a la pesificación argentina de 2002). Las reglas institucionales suelen tener validez alrededor de la normalidad: son esenciales para determinar límites y reglas y fomentar el desarrollo cuando son consistentes con el contexto. Pero son menos efectivas cuando contradicen la realidad o enfrentan situaciones extremas.

[138] La cita original es de las *Palabras para un nuevo milenio*, que García Márquez escribiera para su discurso en el II Encuentro de Intelectuales por la Soberanía de los Pueblos de Nuestra América en 1985: "Cualquier decisión a mediano plazo que se tome en estos tiempos de postrimerías, es ya una decisión para el siglo XXI. Sin embargo, latinoamericanos y caribeños nos acercamos a él con la sensación desoladora de habernos saltado el siglo XX: lo hemos padecido sin vivirlo. Medio mundo celebrará el amanecer del año 2001 como una culminación milenaria, mientras nosotros apenas empezamos a vislumbrar los beneficios de la revolución industrial".

AGRADECIMIENTOS

Entre los muchos amigos que me iluminaron con su experiencia y su sabiduría durante la escritura de este libro no puedo dejar de citar a Lucio Castro, Luciano Cohan, Gabriela Costa, Javier Finkman, Pablo Gerchunoff, Lorena Moscovich, Mariano Narodowski, Julia Pomares, Axel Rivas, Luciana Vázquez y Jimena Zúñiga, quienes se tomaron el trabajo de leer partes del libro y de aproximarme comentarios. Las palabras de este libro son de cosecha temprana, maduradas a lo largo de los años y testeadas de a pedazos en la publicación de mis columnas o en la exposición oral en congresos y eventos, y reflejan lo que he sabido extraer de conversaciones con distinguidos amigos y colegas en frugales almuerzos interdisciplinarios en CIPPEC o la Universidad Di Tella, en ansiosas reuniones rotativas con economistas, en charlas informales con profesionales de la política o en las discusiones de clase en la UBA, la Di Tella o Harvard. A todos ellos, mi agradecimiento. Por último, este libro habría sido seguramente más fárrago y autoindulgente sin las labores de mi estilista editorial Sebastián Zírpolo y de mi editor Roberto Montes. Como suele decirse en la academia, con humildad borgiana, todos los aciertos son de ellos, todos los errores son míos.

ÍNDICE